Dietrich Benner

Studien zur Eigenlogik moderner Erziehung

Dietrich Benner

# Studien zur Eigenlogik moderner Erziehung

## und ihre Vernachlässigung in Bildungsforschung und Bildungspolitik

Der Autor
Dietrich Benner, Jg. 1941, Prof. Dr. Phil. Dr. h. c. mult., lehrte an den Universitäten Bonn, Freiburg und Münster, bevor er 1991 den Ruf auf den Lehrstuhl für Allgemeine Erziehungswissenschaft an der Humboldt-Universität zu Berlin annahm, der er seit 2009 als Emeritus angehört. Seit 2004 ist er Honorarprofessor an der ECNU Shanghai. Von 2008 bis 2014 war er ordentlicher Professor an der UKSW Warschau.

Dieses Buch ist erhältlich als:
ISBN 978-3-7799-8296-8 Print
ISBN 978-3-7799-8297-5 E-Book (PDF)
ISBN 978-3-7799-8298-2 E-Book (ePub)

1. Auflage 2024



Herstellung: Ulrike Poppel
Satz: xerif, le-tex
Druck und Bindung: Beltz Grafische Betriebe, Bad Langensalza
Beltz Grafische Betriebe ist ein klimaneutrales Unternehmen (ID 15985–2104-100)
Printed in Germany

Weitere Informationen zu unseren Autor:innen und Titeln finden Sie unter: www.beltz.de

# Inhalt

# Einleitung

Der Sinn für die Eigenlogik und Grundstruktur moderner Erziehung ist im Schwinden begriffen, nicht nur bei Eltern und in pädagogischen Berufen, sondern auch in der Erziehungswissenschaft und den Bildungswissenschaften, vor allem aber in der staatlichen Bildungspolitik.

Hierauf versuchen die unter dem Titel „Studien zur Eigenlogik moderner Erziehung" zusammengestellten Beiträge aufmerksam zu machen. Sie sind in den Jahren 2014 bis 2023 entstanden und nehmen Präzisierungen an der in meiner *Allgemeinen Pädagogik* (1987/2015) entwickelten Ordnung pädagogischer Grundbegriffe, Basistheorien und erziehender sowie bildender Handlungsformen vor. Für diesen Band werden sie nach drei Themenfeldern geordnet: vier Texte entwickeln *grundlagentheoretische Überlegungen* zur Struktur moderner Erziehung, drei präsentieren Untersuchungen zu genuinen *Praktiken der Erziehung*, zwei treten für eine mit der Eigenlogik der Erziehung abgestimmte *erziehungswissenschaftliche Theorieentwicklung und Forschung* ein, die zwischen Bedingungs- und Handlungskausalitäten in Erziehungs- und Bildungsprozessen unterscheidet und operativ ausgewiesen ist.

Unter den *grundlagentheoretischen Studien* behandelt die erste die Gesamtthematik aller Beiträge dieses Bandes, indem sie zwischen pädagogischer Normativität und außerpädagogischen Normativitäten unterscheidet. Sie markiert einen Unterschied, durch den sich moderne von vormoderner Erziehung nicht nur in ihren Orientierungen, sondern auch in ihrer Handlungsformen und Wirkungsweisen abhebt.

Die zweite Studie nimmt eine nicht-dualistische Unterscheidung zwischen Erziehung und Bildung vor. Unter Erziehungsprozessen werden in ihr Interaktionen, die von pädagogischen Akteuren ausgehen, unter Bildungsprozessen Wechselwirkungen zwischen Mensch und Welt verstanden, die nicht unmittelbar im gesellschaftlichen Zusammenleben stattfinden, sondern auf edukative Unterstützungen angewiesen sind und ihre Ziele erst erreichen, wenn edukativ unterstützte Bildungsprozesse in solche jenseits der Erziehung übergehen.

Das leitet zur dritten Studie über, die eine Unterscheidung dreier pädagogischer Handlungskausalitäten vornimmt. Von diesen bezieht sich die erste auf gegenwirkende und unterstützende Einwirkungen durch Erzieher, Lehrer und Berater, die zweite auf Wirkungen, die aus Wechselwirkungen zwischen Heranwachsenden und einer widerständigen Welt hervorgehen, in denen beide, die Welt aneignenden Heranwachsenden und die von diesen angeeignete Welt, sich verändern. Die dritte Kausalität baut auf der ersten und zweiten auf und tritt hervor, wenn Bildungsprozesse von Erziehung unabhängig werden und Heranwachsende fähig geworden sind, selbständig weiterzulernen, Neues zu lernen und an Bildungsprozessen in den ausdifferenzierten Feldern der menschlichen Praxis, in Arbeit und Ökonomie, Ethik und Moral, Recht und Politik, Kunst und Religion sowie Erziehung und Bildung, zu partizipieren.

Die vierte Studie entwickelt ein Konzept für die Beschreibung pädagogischer Interaktionen und die Beobachtung von Übergängen von Erziehungs- in Bildungsprozesse sowie von diesen in eine Kompetenzentwicklung, die nicht mehr durch Erziehung unterstützt werden muss. Die Bedeutung des Konzepts für Theorieentwicklung, Forschung und Praxis könnte darin liegen, dass seine Beobachtungen und deren Analysen zwischen misslingenden und gelingenden Erziehungs- und Bildungsprozessen zu unterscheiden erlauben und damit eine Lücke schließen, die derzeit zwischen Erziehungs- und Bildungsprozessen und Outputmessungen von Kompetenzen besteht.

Die *Untersuchungen zu Praktiken moderner Erziehung* setzen mit einer Studie zum Begriff der Freiheit im pädagogischen Sinne ein, der allen Praktiken der Erziehung zugrunde liegt. Unter Freiheit im pädagogischen Sinne wird nicht mehr eine anderen Freiheiten nachgeordnete Freiheit verstanden, sondern eine Freiheitszumutung im Bildungsgang von Heranwachsenden, die biologischen, psychologischen und ökonomischen aber auch moralischen, politischen und religiösen Freiheiten vorausgeht und zugrunde liegt und eine Voraussetzung dafür ist, dass Heranwachsende überhaupt freie Formen des Denkens, Urteilens und Handelns entwickeln und an außerpädagogischen Freiheiten partizipieren können.

Für die regierende und disziplinierende pädagogische Handlungsform besagt dies, dass sie den Willen und das Handeln Heranwachsender nicht länger außerpädagogischen Normen unterwerfen darf, sondern nur dort legitim ist, wo sie Kinder und Jugendliche vor Gefahren schützt und an uneinsichtigem Handeln hindert, nicht aber ihren Willen normiert und dem Willen der Erwachsenen unterwirft. Vergleichbare Veränderungen wie in der regierenden Erziehung lassen sich auch für die unterrichtende und urteilsbildende und die beratende und intergenerationelle Erziehung aufzeigen.

Die Urteilsbildung unterstützende Form der Erziehung wird im zweiten Beitrag als lehrende oder didaktische Handlungsform moderner Erziehung vorgestellt. Sie unterscheidet sich von vormodernen Formen der Erziehung dadurch, dass sie Erfahrung und Umgang der Heranwachsenden über Lehr-Lernprozesse erweitert, die ein Weltverstehen fördern, das auf einer Vielheit vormoderner und moderner Wissensformen basiert. Die Operationen der lehrenden Praxisform werden in Anlehnung an hierüber geführte Diskurse in die eines didaktischen Fragens, Zeigens und Antwortens unterschieden. Sie entfalten ihre edukative, bildende und Kompetenzen fördernde Wirksamkeit als Praktiken eines Unterrichts, der Umgang und Erfahrung anfangs narrativ, dann mit Blick auf die moderne Vielheit von Wissensformen und schließlich auch pragmatisch erweitert.

Die dritte Studie ist der beratenden Praktik der Erziehung gewidmet. Sie klärt, warum die zum Handeln überleitende beratende Praktik so lange als eine solche verstanden wurde, die bei Heranwachsenden einen gehorsamen Willen gegenüber einem schon vernünftigen Willen der Erwachsenen entwickelt und erst spät für urteilsbildende und streitende Formen der Erziehung geöffnet wurde, wie sie heute in Zivilgesellschaften zugelassen und für intergenerationelle Verständigungsprozesse unverzichtbar sind.

Die Beiträge des letzten Teils kehren zu den grundlagentheoretischen Reflexionen des ersten Teils zurück und erörtern die Frage, wie eine operativ ausgewiesene, die *Eigenlogik der Erziehung thematisierende Erziehungs- und Bildungsforschung* entwickelt werden kann, die in allen Praxisfeldern der Erziehung Wirkungszusammenhänge zwischen regierenden, Erfahrung und Umgang erweiternden und beratenden Formen der Erziehung untersucht. Diese Frage wird an zwei interdisziplinären Projekten erörtert, in denen religiöse und ethisch-moralische Kompetenzen nicht als Output, sondern als durch Erziehung und Unterricht vermittelte Kompetenzen mit den Teildimensionen Grundkenntnisse, Urteilen und Partizipieren sowie Handlungen Entwerfen modelliert wurden.

Die heute nach Methoden differenzierte Bildungsforschung ist in ihren Praktiken der Datenaggregation, -auswertung und -analyse aufgrund des Fehlens eines angemessenen Theoriemodells von einer solchen Erziehungs-, Bildungs- und Kompetenzforschung noch weit entfernt. Ihre quantitativen und qualitativen Ansätze stimmen darin überein, dass in ihnen die für pädagogisches Handeln und erziehungswissenschaftliche Theorieentwicklung und Forschung grundlegenden Unterscheidungen zwischen Erziehung, Bildung und Kompetenz und die Frage der Wirksamkeit der verschiedenen pädagogischen Handlungsformen allenfalls eine nachrangige Rolle spielen. Die Methodenzentrierung und Vernachlässigung pädagogischer Handlungskausalitäten führt dazu, dass viele Forschungsvorhaben nicht hinreichend zwischen Wirkungszusammenhängen in sozialen Bedingungs- und in pädagogischen Handlungsfeldern unterscheiden, sondern übersehen, dass die sozial- und kulturwissenschaftlich erforschbare Wirksamkeit von Bedingungsfeldern sich nicht unabhängig von den konkreten Handlungen entfaltet, deren Spielräume durch sie erweitert oder verengt werden können, und dass Handlungskausalitäten nicht unmittelbar aus Bedingungskausalitäten folgen, sondern diese auch korrigieren und verändern können.

Während nun qualitative Forschungsmethoden die Kausalitäten in Bedingungsfeldern z. B. im Anschluss an Bourdieu nach ökonomischen, sozialen, kulturellen und symbolischen Kapitalsorten unterscheiden, korreliert die stärker statistisch arbeitende empirische Bildungsforschung Merkmale wie Geschlecht, sozialer Status, Bildungsabschlüsse der Eltern u. v. a. m. mit den Ergebnissen ihrer Outputmessungen. Beide Male verschwinden die durch pädagogische Unterscheidungen beschreibbaren Wirklichkeitsbereiche der Erziehung in einer Blackbox, die auf der Basis der erhobenen qualitativen und quantitativen

Daten nicht nachträglich geöffnet werden kann. Das Verschwinden der pädagogischen Praxis und ihrer Kausalitäten scheint für viele heute selbstverständlich und unproblematisch zu sein, obwohl es in anderen Handlungsfeldern nicht selbstverständlich ist und auch nicht einfach hingenommen wird.

Manche Hochschulen bilden in parallelen Studiengängen Hebammen und Fachkräfte für Früherziehung und Soziale Arbeit aus. In den Ausbildungsgängen für Hebammen ist eine Einführung der Studierenden in Entbindungstechniken ebenso selbstverständlich wie der Anspruch, ihre Wirksamkeit medizinisch zu evaluieren. Anders verhält es sich zuweilen in den pädagogischen Ausbildungsgängen. Während in der Ausbildung von Hebammen niemand auf die Idee käme, medizinische Techniken und Behandlungsformen zu vernachlässigen und Bourdieus Kapitalsorten diagnostisch einzusetzen, avancieren in der Ausbildung angehender Pädagogen Bourdieus Kapitalsorten zuweilen zu Ungerechtigkeitsindikatoren, eine Betrachtungsweise, die dann Defizite im Bereich der pädagogischen Handlungsformen verdeckt.

Noch nie hat es eine solche Vielfalt an methodisch ausgewiesenen Forschungsansätzen aus Psychologie, Kultur- und Sozialwissenschaften gegeben wie heute, noch nie einen so geringen Austausch zwischen diesen und eine so weitgehende Ausblendung pädagogischer Sachverhalte und Zusammenhänge. Bedenkt man dies, so kann nicht überraschen, dass eine bildungswissenschaftliche Forschung, die von edukativ unterstützten Bildungsprozessen abstrahiert, nur wenig oder gar nichts zur Verbesserung der Erziehung beiträgt. Das Problematische an dieser Entwicklung ist, dass sie von denen, die für sie Verantwortung tragen, kaum oder gar nicht als solche erkannt und verstanden wird.

Die unter dem Namen PISA regelmäßig durchgeführten Outputmessungen ermitteln seit mehr als einem Jahrzehnt der Tendenz nach permanent sinkende Kompetenzstände. Ihre Messungen sind inzwischen zu einer negativen Protokollinstanz einer Entwicklung geworden, die von einer Bildungspolitik, die auf eine Bildungsforschung ohne Erziehungs- und Bildungstheorie gesetzt hat, mitverursacht worden ist. Die für Ende 2023/Anfang 2024 vorliegenden Ergebnisse besagen, dass die an Schulen in Deutschland gemessenen Kompetenzstände noch nie so niedrig waren. Was verwundert, sind nicht die Befunde, sondern dass sich niemand über sie aufregt und wie man mit ihnen umgeht. So hat die „Ständige Kommission" der deutschen Kultur-Minister-Konferenz bei der Vorstellung ihres Gutachtens zur Weiterentwicklung der Grundschule erst kürzlich so getan, als gebe es die auf der Hand liegenden Probleme nicht. Vor einem sprachlosen Publikum aus Praxis und Wissenschaft, aus dem niemand persönlich zu Worte kam, versicherte der Leiter des Mercator-Instituts für Sprachförderung, es gebe keinen Mangel an Unterrichtsstunden, sondern überall nur erfolgreiche Forschung und Fortschritte. Schon in Kürze werde jedes Kind die staatlich gesetzten Bildungsstandards erreichen (vgl. das Video unter: https://www.youtube.com/watch?v=0H6MRiWm1aw).

Erklärungen wie diese sind wissenschaftlich unredlich und machen deutlich, wie sehr es der derzeit verantwortlichen Bildungsforschung und Bildungspolitik an Selbsterkenntnis fehlt. Der Staat versucht seine Mitverantwortung sogar zu verbergen, wenn er den tatsächlichen Unterrichtsausfall und die Daten, aus denen er hervorgeht, verheimlicht, so in Berlin, wo Unterrichtsstunden, in denen eine Klasse ohne Lehrer ist, dann nicht als Unterrichtsausfall gewertet werden, wenn nebenan ein Lehrer in einer anderen Klasse unterrichtet, der im Notfall Aufsichtsaufgaben übernehmen könnte. – Man stelle sich vor, im Medizinsystem würden wegen Ärztemangel nicht erfolgte Behandlungen als stattgefunden ausgegeben, wenn in einem Raum neben dem Wartezimmer ein Arzt Behandlungen durchgeführt hat, der im Notfall hätte intervenieren können.

Weite Teile der Presse interpretieren die sinkenden Kompetenzwerte als Zunahme von Ungerechtigkeiten im deutschen Bildungssystem, ohne die von empirischer Bildungsforschung und Bildungspolitik beschrittenen Irrwege in der Vernachlässigung pädagogischer Kausalitäten und Handlungsformen auch nur anzusprechen. Dagegen haben Erziehungswissenschaftler diese Entwicklung schon früh vorausgesehen und problematisiert. Zu den ersten Kritiken gehört eine von mir im Jahre 2000 verfasste und 2002 veröffentlichte Studie, in der ich vergeblich daran erinnert habe, dass schon einmal ein vom Berliner Max-Planck-Institut für Bildungsforschung entwickeltes Großprojekt im Bereich der Curriculumforschung scheiterte, weil es die Qualität des Erziehungs- und Bildungssystems im Ausgang von wünschenswerten Outputs zu verbessern versprach und die Aufgabe einer Verbesserung der Qualität und Wirksamkeit von Unterricht vernachlässigte. Meine damalige Prognose, das könne sich bei PISA wiederholen, ist inzwischen nicht nur eingetreten, sondern durch die Entwicklung sogar überholt worden. Am Berliner Max-Planck-Institut ist die zuletzt von Jürgen Baumert geleitete Abteilung für erziehungswissenschaftliche Bildungsforschung mit der Begründung geschlossen worden, die dort im Zusammenhang mit PISA betriebene Grundlagenforschung sei erfolgreich abgeschlossen und habe eine Anwendungsforschung hervorgebracht, die heute überall an Lehrstühlen für empirische Bildungsforschung – oft mit denselben Problemreduktionen – betrieben wird. Mit dieser Begründung wurde ausgerechnet die Abteilung aufgelöst, die dem Institut zuletzt den Status eines von der Erziehungswissenschaft anerkannten Referenzinstituts gesichert hatte, und dies zu einem Zeitpunkt, zu dem eine andere Abteilung, die unter der Leitung von Wolfgang Edelstein ein bildungstheoretisches Profil entwickelt hatte, ohne fachliche Nachfolge geblieben war (siehe hierzu Tenorth 2023) und eine erziehungs-, bildungs- und schultheoretisch ausgewiesene Grundlagenforschung hätte aufgebaut werden müssen, um die Folgen und Nebenwirkungen einer fehlgeleiteten Entwicklung auch im Institut selbst zu klären und zu korrigieren.

In der erziehungswissenschaftlichen Grundlagenforschung haben Elmar Anhalt (2012) und Thomas Rucker (2014) auf eine nicht zu vernachlässigende

Komplexität von Erziehungs- und Bildungsprozessen hingewiesen, deren Ausblendung die Erziehung beschädigt, die Theorieentwicklung in die Irre führt und die Forschung an unterkomplexen Fragestellungen ausrichtet. Andreas Gruschka (2009; 2011) hat in zahlreichen Studien daran erinnert, dass Lehren eine für Unterricht unverzichtbare Praktik ist, die nicht Problemlösekompetenzen optimiert, sondern ein Weltverstehen fördert, auf das in Bildungsprozessen nicht verzichtet werden kann. Gert Biesta (2008; 2017; 2019; 2020) fordert seit Jahren zu einer „Wiederentdeckung" der lehrenden Praktik der Erziehung auf. Und Johannes Bellmann hat gezeigt, dass Evidenzbasierung das Fehlen operativer pädagogischer Fragestellungen nicht kompensieren kann, sondern Nebenwirkungen erzeugt, die das von unterrichtlichen Prozessen absehende Kompetenzkonzept zum Scheitern bringen können. Auch Heinz-Elmar Tenorth kritisiert heute, nachdem er lange mit guten Gründen für eine empirische Wende in Bildungstheorie und Bildungsforschung eingetreten ist, dass PISA eine Bildungsforschung ohne Bildungstheorie betreibt, und fordert dazu auf, in allen zur Verfügung stehenden Paradigmen verstärkt eine der Thematik angemessene und theoretisch ausgewiesene Forschung zu betreiben (Tenorth 2021/2023).

Vor dem Hintergrund der in den zurückliegenden mehr als 20 Jahren gemachten Erfahrungen darf es ein *Weiter so!* nicht geben. Noch sehen weite Teile der empirische Bildungsforschung dies nicht ein und suchen sich gegen ihre Kritiker zu immunisieren. Dass aber die KMK sich der von der Deutschen Gesellschaft für Erziehungswissenschaft und anderen erhobenen Forderung bisher verschlossen hat, die Arbeit der Ständigen Kommission auf eine breitere, auch operativ und erziehungswissenschaftlich ausgewiesene Grundlage zu stellen, muss korrigiert werden (siehe hierzu das Schreiben des Vorstandes der DGfE an die Vizepräsidentin der Kultusministerkonferenz vom April 2023; siehe auch die Berliner Erklärung vom 9.12.2022).

Die in diesem Band zusammengeführten Texte sprechen sich für weitreichende Korrekturen, nicht aber für eine Rückkehr von Erziehungswissenschaft und Bildungspolitik in einen Status quo ante ohne empirische Bildungsforschung aus. Sie treten für eine Stärkung der Eigenlogik der Erziehung ein und entwickeln Vorschläge für neue Abstimmungen zwischen Erziehung, Bildung und Kompetenz. Zu diesen gehört die Verfeinerung des Kompetenzbegriffs, der nicht länger durch das Konstrukt sogenannter Problemlösekompetenzen definiert werden kann, sondern die durch Unterricht zu entwickelnden Teilkompetenzen Grundkenntnisse, Verstehen und Urteilen sowie eine auf ihnen basierende Partizipationskompetenz in sich aufnehmen muss, die Heranwachsenden befähigt, diskursiv und reflektierend in zentralen Bereichen öffentlicher Bildung am gesellschaftlichen Leben teilzunehmen.

Berlin im Januar 2024
Dietrich Benner

# 1 Grundlagentheoretische Überlegungen

Der erste Teil besteht aus vier grundlagentheoretischen Texten. Der erste entwickelt einen Begriff der Normativität moderner Erziehung, der zweite unterscheidet zwischen erziehungs- und bildungstheoretischen Fragen und Aspekten pädagogischen Handelns, der dritte zwischen edukativen, bildenden und kompetenzbasierten Kausalitäten in pädagogischen Interaktionen. Der vierte entwirft ein Konzept für eine theoriegeleitete Deskription pädagogischer Interaktionen, das die zuvor entwickelten Zusammenhänge für pädagogische Ausbildungsgänge, erziehungswissenschaftliche Forschung und pädagogische Evaluationen von Reformen aufzubereiten sucht.

# Über die eigenlogische Normativität der Erziehung und ihre Bezüge zu anderen Normativitätsansprüchen[1]

Der Beitrag nähert sich dem Thema „Normativität" in pädagogischen Kontexten von Christoph Möllers allgemeiner Normentheorie her (1) und entwickelt einen Begriff pädagogischer Normativität, der diese an Transformationen außerpädagogischer in innerpädagogische Normativitäten zurückbindet (2). Was hierunter zu verstehen ist, wird an den klassischen pädagogischen Handlungsformen einer disziplinierenden und regierenden Erziehung, eines Erfahrung und Umgang erweiternden Unterrichts und einer Heranwachsende beim Übergang in selbstverantwortetes Handeln beratenden Erziehung gezeigt (3). Verstöße gegen die so gefasste eigenlogische Normativität werden anschließend am Film „Elternschule" (2018) von Jörg Adolph und Ralph Büchler untersucht, der u. a. auch Übergangsprobleme von einer fehlgeleiteten Erziehung in therapeutisches Handeln sowie von diesem in eine ihre Eigenlogik beachtende Erziehung thematisiert und dokumentiert (4).

## 1 Von Möllers Untersuchung der „Möglichkeit der Normen" zur Bestimmung der Eigenlogik pädagogischer Normativität

Normativität findet sich, wie Christoph Möllers in seiner Studie Die Möglichkeit der Normen (2015) gezeigt hat, überall: in wissenschaftlichen Theorien und Technologien ebenso wie in gesellschaftlichen Teilsystemen und ausdifferenzierten Formen menschlicher Praxis. Normativität ist universell und unvermeidbar. In ihrer Vielfalt kann sie nur erfasst werden, wenn sie „jenseits" des klassischen Duals von „Moralität und Kausalität" gedacht und erforscht wird (vgl. den Untertitel in Möllers 2015).

Normativität gibt es nicht nur im moralischen, sondern auch im ökonomischen, politischen, pädagogischen, ästhetischen und religiösen Handeln. In keinem dieser Felder steht sie in Opposition zu Kausalität. Bereichsspezifische Normativitäten sind überall über spezifische Kausalitäten vermittelt, die Normativität mit konstituieren und darum nicht als das Andere von Normativität verstan-

1 Dem Beitrag steht in Zusammenhang mit einem öffentlichen Vortrag, der am 23. Oktober 2019 an der ECNU Shanghai gehalten wurde.

den werden können (für das pädagogische Handeln vgl. Herbart 1804, 121; für Erziehungs- und Bildungsprozesse siehe Tenorth 2002).

Was für Normativität gilt, trifft auch auf Nicht-Normativität zu. Nicht-Normativität meint nicht „Normfreiheit“, sondern grenzt sich stets von bestimmter Normativität ab. Proklamationen von Nicht-Normativität setzen sich von anderen Normierungen ab. Normativität ist kein beliebiger Tatbestand, der einfach hingenommen werden müsste, noch etwas, das negiert und überwunden werden könnte. Sie ist plural strukturiert, wandelt sich in der Geschichte und bleibt an Entscheidungen zurückgebunden, die offengelegt werden können und in reflexiven Zusammenhängen auch offengelegt und diskutiert werden (siehe Popper 1973, Kapitel 5; für Erziehung, Pädagogik und Erziehungswissenschaft siehe Heid 2015).

Zur Pluralität von Normativität gehören nicht nur die Abgrenzungen zwischen moralischer, ökonomischer, pädagogischer, rechtlicher und politischer sowie ästhetischer und religiöser Normativität, sondern auch solche zwischen wissenschaftlichen und nicht-wissenschaftlichen Betrachtungsweisen. Letztere können nicht einheitswissenschaftlich vorgenommen werden, sondern stehen zur Vielheit der historisch entwickelten Paradigmen und Wissensformen in Beziehung, die unterschiedliche Abgrenzungen zwischen wissenschaftlicher und nicht-wissenschaftlicher Rationalität vornehmen. Was nach einem Paradigma wissenschaftlich genannt wird – z. B. die Untersuchung von Zweckursachen im aristotelischen Sinne – wird nach anderen Paradigmen – z. B. dem induktiv-szientifischen Paradigma Bacons oder dem hypothetisch-deduktiven Newtons und Poppers – einer nicht- oder außerwissenschaftlichen Betrachtungsart zugeordnet (siehe hierzu ausführlicher Benner 2020/2022, 76–195).

Für die Beziehungen zwischen unterschiedlichen Normen und Normativitäten in system- oder handlungstheoretischen Bedeutungszusammenhängen gilt Ähnliches. So ist die im Titel dieses Beitrags angesprochene Beziehung zwischen pädagogischer Normativität und außerpädagogischen Normativitäten aus pädagogischer Sicht eine andere als unter außerpädagogischen Fragestellungen. Außerpädagogische Normativitäten sind auf pädagogische Vermittlungen angewiesen, ohne dass die einen die anderen normieren können. Weder geben außerpädagogische Normativitäten vor, was unter pädagogischen Vermittlungen zu verstehen ist, noch bestimmen diese, wie außerpädagogische Normativitäten definiert werden und sich selbst verstehen. Beziehungen zwischen pädagogischen und außerpädagogischen Normativitäten sind vielmehr komplex (vgl. Anhalt 2012; Rucker 2014). Erstere setzten eine Normativität des zu Vermittelnden voraus, ohne die pädagogische Vermittlungen gar nicht möglich wären. Letztere sind auf pädagogische Vermittlungen angewiesen, ohne ihre pädagogische Vermittelbarkeit begründen zu können.

## 2 Zur eigenlogischen Struktur der Erziehung

In der Theoriegeschichte pädagogischen Denkens und Argumentierens, aber auch im konkreten pädagogischen Handeln, konkurrieren Konzepte, die in der Erziehung vorrangig ein Mittel und eine Praxis zur Durchsetzung außerpädagogischer Anforderungen im Denken und Tun nachwachsender Generationen erblicken, mit Vorstellungen, die Erziehung als eine zugleich tradierende und transformierende intergenerationelle Praxis verstehen und konzipieren.

Beiden Auffassungen ist gemeinsam, dass sie Erziehung als eine nicht-reziproke Praxis Erwachsener gegenüber Heranwachsenden interpretieren, in der Zu-Erziehende auf eine edukative Förderung und Unterstützung angewiesen sind und pädagogische Akteure Verantwortung für gelingende pädagogische Interaktionen übernehmen. Solange Erziehung als ein bloßes Mittel zur Tradierung kultureller Praktiken und gesellschaftlicher Üblichkeiten verstanden wurde, fand sie im unmittelbaren Zusammenleben der Generationen statt, ohne dass es einer eigenlogischen Abgrenzung pädagogischer von anderen Praktiken bedurfte. Die Frage nach der Eigenlogik des Pädagogischen stellte sich erst, als das intergenerationelle Zusammenleben – meist aus außerpädagogischen Gründen – in Krisen geriet und die Abhängigkeit der Erziehung von gesellschaftlichen Normen um eine Abhängigkeit gesellschaftlicher Normativität von pädagogischen Transformationen ergänzt wurde.

Wo im Folgenden von pädagogischen Transformationen und transformatorischer Erziehung und Bildung die Rede ist, geschieht dies in weitgehendem Einvernehmen mit Konzepten, die in den zurückliegenden Jahrzehnten von Helmut Peukert (1998), Winfried Marotzki (1990) und Hans-Christoph Koller (2018) entwickelt worden sind. Wie diese verstehe auch ich unter der pädagogischen Praxis eine transformatorische Praxis, unterscheide aber zwischen erziehungs- und bildungstheoretischen sowie didaktischen und sozialpädagogischen Transformationen (vgl. Benner 1987/2015, 103 ff., 243 ff.) und binde diese – im Einvernehmen mit Koller (2005) – an negative Erfahrungen und Irritationen zurück.

Wo Transformationen mit krisenhaften Erfahrungen einhergehen, lassen sich Veränderungen im Generationenverhältnis beobachten, in denen nicht nur die Erziehung der nachwachsenden Generation, sondern auch die schon abgeschlossene Erziehung der Erzieher zum Problem wird. Dies geschah nicht erst in der Zeit der europäischen Aufklärung des 18. und beginnenden 19. Jahrhunderts (vgl. Kant 1803, A 7), sondern lässt sich bis in Platons Höhlenerzählung in der Politeia (Platon: Politeia, 514a–517a) zurückverfolgen. Sie handelt noch nicht von einem Fraglichwerden des Generationenverhältnisses zwischen Erwachsenen, Kindern und Jugendlichen, sondern von Brüchen in den Beziehungen unter Erwachsenen, deren Horizont auf das Innere einer Höhle begrenzt ist und gewaltsam verändert und erweitert wird. Die Begrenzung beschreibt Platon mit der Metapher, dass die

Höhlenbewohner auf Stühlen an Kopf und Füßen gefesselt gleichgerichtet auf eine Höhlenwand blicken, auf der sie ihnen bekannte Gegenstände und Bewegungen wahrnehmen. Das einmütige Welt- und zwischenmenschliche Verhältnis der Höhlenbewohner zerbricht, als einem von ihnen die Fesseln gelöst werden und er gezwungen wird, seinen Blick erst in das Hintere der Höhle und dann auch nach draußen zu der von der Sonne beschienenen Welt zu wenden. Er macht neue Erfahrungen und kehrt in die Höhle zurück, um diese mit seinen Mitbewohnern zu kommunizieren. Sie aber verstehen ihn nicht mehr und meinen, er sei mit „verdorbenen Augen" zu ihnen zurückgekehrt.

Hinter Platons Höhlenerzählung steht die Geschichte des Sokrates, der von den Bürgern seiner Vaterstadt zum Tod durch den Giftbecher verurteilt wurde, weil diese die von ihm angestoßenen Diskurse wegen ihrer Normverletzungen nicht mehr ertragen konnten und ihn beschuldigten, die Götter zu leugnen und die Jugend zu verführen. Aus den Ereignissen in der Höhle und dem Schicksal des Sokrates zieht Platon den Schluss, niemand könne seine Erfahrungen anderen so mitteilen, dass diesen dadurch ein von fremden Augen Gesehenes eingesetzt werde. Bildender Umgang und „Paideia" (Erziehung und Bildung) seien vielmehr an eine „Kunst der Umlenkung des Blicks" zurückgebunden, die nur von Menschen ausgeübt werden könne, die gelernt haben, den eigenen Blick zu wenden und auch bei anderen von diesen selbst zu vollziehende Blickwendungen zu unterstützen (siehe Platon: Politeia, 518b–d).

Schon an dem von Platon entwickelten Begriff der Paideia lassen sich edukative von bildenden Kausalitäten unterscheiden. Erstere gehen von Personen aus, die andere zu bildenden Blickwendungen auffordern, letztere müssen von denen, an die diese Aufforderungen adressiert waren, selbst vollzogen werden. Edukative Kausalitäten der von Platon angesprochenen Art hat Rousseau in der beginnenden Moderne als solche der „Erziehung durch Menschen" (éducation des hommes), bildende als solche der „Erziehung durch Dinge" (éducation des choses) genannt und durch eine methodisch ausgewiesenen „negative Erziehung" (éducation négative) miteinander verbunden (siehe Rousseau 1762/1979, 11, 88; vgl. auch Blankertz 1990). Sie verläuft nach Dewey über Irritationen und negative Erfahrungen, die von Erziehern und Lehrern arrangiert und von Zöglingen und Schülern erlitten werden. Sie führen zu Unterbrechungen in schon erworbenen Erfahrungskontinuitäten und bewirken ein „Aufschieben" des Denkens und Urteilens, das nicht mehr „weiter so", also wie bisher verfährt, sondern neue Selbst- und Weltdeutungen entwickeln kann (Dewey 2002, 78; siehe hierzu Benner/English 2004; English 2013).

Über negative Erfahrungen verlaufende Erziehungs- und Bildungsprozesse gehen mit Veränderungen in der Normativität des Denkens, Urteilens und Handelns einher, die weder der Macht pädagogischer Akteure entspringen noch in das Belieben der Lernenden gestellt sind. Die neuen Erfahrungen und ihre Deutungen entstehen in Bildungsprozessen, die auf edukative Unterstützung angewiesen sind und sich in freien und mannigfaltigen Wechselwirkungen vollziehen, aus denen sich ein methodisiertes Weiter- oder auch Umlernen entwickelt, das, wo es gelingt und eingeübt worden ist, auf keine neuerlichen edukativen Unterstützungen mehr angewiesen ist (zur Verhältnisbestimmung von Weiter- und Umlernen vgl. Meyer-Drawe 1986; zur Finalität der Erziehung, ihr eigenes Ende zu antizipieren, siehe Benner 1987/2015, 94–96).

In Anknüpfung an Platon, Rousseau und Dewey kann gesagt werden, dass Erziehung aus edukativen Unterstützungen bildender Wechselwirkungen besteht (vgl. Prange 2000). Ihre eigenlogische Struktur zeichnet sich dadurch aus, dass die edukativen Unterstützungen nicht von denen ausgehen, die den Blick wenden sollen, und die bildenden Wechselwirkungen nicht in der Macht von Erziehern, Lehrern und Beratern liegen, sondern immer drei Arten von Kausalität im Spiel sind: eine edukative, mit der pädagogische Akteure Bildungsprozesse Heranwachsender unterstützen, eine bildende, die Blickwendungen entspringt, die Lernende selbst vollziehen, und eine methodische, die auf beiden aufbaut und dort, wo sie zustande kommt, Übergänge von edukativ unterstützten Bildungsprozessen in solche jenseits der Erziehung absichert.

Von den drei Kausalitäten bereitet die edukative bildende Wechselwirkungen vor, aus denen eine methodische Kompetenz entsteht, die Weiter- oder auch Umlernen ermöglicht, das nicht mehr auf edukative Einwirkungen angewiesen ist. Für die Beziehungen zwischen pädagogischer Normativität und anderen Normativitäten bedeutet dies, dass ohne außerpädagogische Normativitäten bildende Transformationen gar nicht möglich sind und dass letztere das lernende Selbst und die von ihm erkannte Welt so transformieren, dass externe Normativität in interne Normativität umgewandelt wird.

## 3 Zur Unterscheidung elementarer Normativitätstransformationen in Erziehungs- und Bildungsprozessen

Fragt man weiter, wodurch sich die eigenlogische Normativität der Erziehung von Erziehungskonzepten unterscheidet, die das pädagogische Handeln durch außerpädagogische Normativität zu steuern suchen, so bietet sich eine Differenzierung der Transformationen externer in interne Normativität nach drei elementaren Praxisformen der Erziehung an. Von diesen unterstützt die regierende und disziplinierende Erziehung Transformationen von Fremddisziplinierung in Selbstdisziplinierung, der Erfahrung und Umgang erweiternde Unterricht Transformationen von Fremdunterrichtung in Selbstunterrichtung und die beratende Erziehung Übergänge von pädagogischer Fremdberatung in eine Beratung der Heranwachsenden mit sich selbst und anderen.

Vorstellungen von solchen Transformationen sind in der Problemgeschichte pädagogischen Denkens, Argumentierens und Handelns nicht erst in der Moderne entstanden, wohl aber erst im 20. Jahrhundert in größerem Umfang praktisch geworden. Aristoteles wies noch die gesamte pädagogische Praxis als eine regierende Tätigkeit Erwachsener gegenüber nachwachsenden Generationen aus, wusste aber bereits, dass jede vernünftige Erziehung dem Ziel verpflichtet ist, Übergänge vom Regiertwerden zum Regieren herbeizuführen (Aristoteles: Politik, 1332 b12–113 a3). Rousseau unterschied solche Übergänge später in politische und pädagogische und band die Legitimität politischer Transformationen daran zurück, dass sie die Unterscheidung zwischen Regierten und Regierenden nicht auf Dauer stellen, sondern Lebensformen absichern, in denen Menschen und Bürger Gesetzen gehorchen, an deren Konstitution sie selbst mitgewirkt haben (siehe Rousseau 1966, 42–45).

Nach der Überführung des antiken politischen Generationenverhältnisses zwischen regierenden Erwachsenen und regierten Heranwachsenden in ein modernes, zwischen politischer und pädagogischer Regierung unterscheidendes Generationenverhältnis ließ sich die regierende Erziehung nicht mehr länger als eine Praktik legitimieren, die stellvertretend positive Normierungen bei Heranwachsenden durchsetzt. Sollen staatliche Gesetze zu Beratungs- und Entscheidungsgegenständen einer von Bürgern mitgestalteten Politik erhoben werden, so darf die politische Orientierung der Bürger nicht mehr durch Erziehung festgelegt und vorbestimmt werden. Für die im politischen Sinne regierende und die pädagogisch regierende Praxis konnte nicht mehr übergreifend die Normativität des politischen Raums gelten. Vielmehr musste nun eine eigenlogische pädagogische Regierungsnormativität entwickelt werden, die der Erziehung untersagt, was ihr zuvor als Aufgabe zugewiesen wurde: nämlich die Lebensform, den gesellschaftlichen Stand und das Denken und Handeln der Erwachsenen zu normieren. Die neue Ordnung brachte Rousseau auf den Begriff, die einzige Gewohnheit, in die Erziehung einführen dürfe, bestehe darin, Heranwachsenden ein Denken und Handeln zu ermöglichen, das nicht gewohnheitsmäßig vorgegebenen Normen folgt, sondern Normen der Gesellschaft des Ancien Régime in solche einer reflektierenden Normativität transformiert (Rousseau (1762/1979, 47). In seinen Ausführungen zur „Regierung der Kinder" folgerte Herbart, regierende Erziehung dürfe künftig „keine positiven Zwecke" mehr im „Gemüt" der Heranwachsenden verfolgen, sondern Kinder und Jugendliche nur noch an uneinsichtigem Handeln hindern (Herbart 1806, 30–38).

Seit Rousseau ist legitime Regierung Heranwachsender durch Erwachsene an die transformatorische Grundnorm zurückgebunden, Fremdregierung nicht erst nach dem Ende der Erziehung, sondern schon im Erziehungsprozess in Selbstregierung zu überführen. Die Moderne fügte auf diese Weise der schon von Aristoteles aufgestellten These vom notwendigen Übergang von Fremd- in Selbstregierung die Einsicht hinzu, dass Kinder an ihre künftige Bestimmung nicht einfach gewöhnt werden dürfen, sondern diese selbst wählen und hervorbringen sollen. Die mit dieser Neubestimmung der Aufgaben der regierenden und disziplinierenden Erziehung abgestimmten Veränderungen in der pädagogischen Strafpraxis wurden zu Beginn des 19. Jahrhunderts von Herbart (ebd., 30 ff.) und Schleiermacher (1826, 102–108) klar benannt, setzten sich aber erst im letzten Drittel des 20. Jahrhunderts durch, als Erziehung darauf verpflichtet wurde, auf körperliche und geistige Züchtigungen zu verzichten und sich zu einer bloß gegenwirkenden, vor allem aber unterstützenden Erziehung weiterzuentwickeln (vgl. deMause 1980; Ariès 1998). Dies führte schließlich in unseren Tagen dazu, dass staatliche Gesetze körperliche Züchtigungen verbieten. Nachdem das Züchtigungsrecht der Ehemänner gegenüber ihren Frauen in Bayern 1928 und die Prügelstrafe an Schulen im Jahre 1983 aufgehoben wurden, trat als letztes im Jahre 2000 auch ein Verbot der Kinderzüchtigung durch Eltern in Kraft.

Positive Orientierungen können nach den Regeln der modernen Erziehung nicht regierend, disziplinierend und gewöhnend, sondern nur mehr über eine Welterfahrung und zwischenmenschlichen Umgang erweiternde sowie Übergänge in selbstverantwortetes Handeln beratende Erziehung vermittelt und erworben werden. Hierzu mussten weitere Transformationen der alten beratenden Erziehung in moderne Formen pädagogischer Beratung gefunden und durchgesetzt werden. Die Begrenzung der traditionellen Elternrechte und -pflichten wurde erst dadurch möglich, dass die Eigenlogik moderner Erziehung auch auf die beratende Erziehungspraxis ausgelegt wurde und sich ein neues Generationenverhältnis entwickelte, in dem die Zukunft der Heranwachsenden nicht nur diesen selbst, sondern auch ihren erwachsenen Bezugspersonen unbekannt ist. An die Stelle des traditionellen vormundschaftlichen trat schließlich ein modernes Generationenverhältnis, das den Eltern verbietet, was einmal zu ihren Pflichten gehörte, nämlich den Stand, Beruf und die Lebensform ihres Nachwuchses festzulegen (siehe die Beschränkung der Elternrechts im Allgemeinen Landrecht für die Preußischen Staaten, 1794).

In seiner Allgemeinen Pädagogik (1806) entwarf Herbart für die neue Erziehung neue Formen einer beratenden Erziehung, welche Heranwachsende dazu anhält, ihren Bildungsgang selbst zu entwerfen und zu beurteilen. Nach den von Herbart aufgestellten Regeln müssen Heranwachsende lernen, ihre schon erworbenen Lebenserfahrungen zu erinnern sowie rückblickend selbst zu beurteilen, die Kriterien der Beurteilung reflexiv zu prüfen und an allgemeinen sittlichen Ideen der inneren Freiheit, der persönlichen Vielseitigkeit und Vervollkommnung, eines gegenseitigen Wohlwollens sowie einer neuen und gleichen Rechtlichkeit auszurichten, in der über das, was gut und billig ist, nicht autoritativ entschieden, sondern intergenerationell beraten wird (siehe ebd., 127–141; vgl. auch Benner et al. 2015).

Das neue Generationenverhältnis impliziert, dass das Ende der Erziehung nicht erst mit der Volljährigkeit erreicht und durch ein staatlich gesetztes Alter der Rechtsmündigkeit definiert, sondern von der Erziehung selbst herbeigeführt und gesichert wird (vgl. Schleiermacher 1826, 15–17). Die über die Sprache vermittelte Kommunikationsmündigkeit wird heute mit dem Erlernen der Muttersprache, die Mündigkeit, Freunde selbst zu wählen mit dem Eintritt in den Kindergarten und die Bewegungsmündigkeit in der Spanne zwischen dem Laufen-Lernen und dem Schuleintritt angestrebt. Zwar besteht nach wie vor eine Aufsichtspflicht der Eltern, die aber zunehmend in den Formen einer nur an uneinsichtigem Handeln hindernden und den Übergang zu selbstverantwortetem Handeln beratenden Erziehung ausgeübt wird.

Auch in der dritten Form pädagogischen Handelns, derjenigen einer Erweiterung von Erfahrung und Umgang durch erzählenden und darstellenden, analytischen und synthetischen Unterricht, ist eine transformatorische Veränderung in der Normativität der Erziehung zu beobachten. Sie lässt sich bis in die Anfänge unterrichtlicher Erziehung zurückverfolgen. Heranwachsende durch Unterricht zu erziehen, hat sich zu allen Zeiten von regierenden und das Handeln der Heranwachsenden normierenden Erziehungspraktiken unterschieden. Der Grund hierfür war, dass im Unterricht etwas gelehrt, vermittelt und angeeignet wird, das im Leben selbst nicht erlernt werden kann: Schriftsprache, Algebra und Geometrie und später auch die Anfänge der Wissenschaften, die im gesellschaftlichen Zusammenleben der Menschen vergessene Geschichte und vieles andere mehr. Unterrichtliches Lehren und Lernen hat eine Künstlichkeit, die auf einer Normativität basiert, die regierend nicht erzeugt und beratend nicht reproduziert werden kann. Schon lange, bevor die regierende Erziehung sich an Vorstellungen einer Selbstregierung der Kinder und die beratende Erziehung an der Selbstberatung der Heranwachsenden orientierte, folgte Unterricht einer Orientierung, die Übergänge von Fremd- in Selbstunterrichtung anstrebte.

Ohne eine solche Normierung ist Unterricht nicht möglich. Überall wird Unterricht durch etwas bestimmt, was in ihm vermittelt und gelernt werden soll. In allen Fächern wäre er ohne ein in der Sprache und den Wissenschaften bereits entwickeltes Wissen und Können gar nicht möglich. In wissenschaftspropädeutischen Lehr-Lernprozessen muss die implizite Normativität des zu Vermittelnden in eine explizite Normativität transformiert, d. h. fraglich gemacht, diskursiv thematisiert und gemeinsam entwickelt und interpretiert werden. Wissenschaftliche Erkenntnisse lassen sich nicht dogmatisch lehren und erwerben. Was im Unterricht behandelt werden soll, muss unter Fragestellungen der Urteilskraft- und Meinungsbildung gelehrt und angeeignet werden. Die Gesetze der Wissenschaften lassen sich ebenso wenig wie die Zusammenhänge der Geschichte einfach autoritativ verkünden, gewöhnend erlernen oder aus Pietät glauben. Sie besitzen eine theoretisch-reflexive Normativität und Performativität, die dort, wo sie unterboten wird, den Gegenstand selbst, um den es im Unterricht geht, beschädigt und auflöst. Dies ist u. a. der Grund, warum selbst unter totalitären Bedingungen zu den Wissenschaften hinführender Unterricht nicht gleichgeschaltet werden, sondern eine befreiende und zum Selber-Denken und Urteilen anregende Kraft entfalten kann.

An der reflexiv-performativen Struktur des unterrichtlichen Lehrens und Lernens haben auch die regierende und beratende Erziehung teil, insofern sie immer wieder durch unterrichtliche Einschübe unterbrochen werden können und müssen. Schon Aristoteles lehrte, dass Unterricht erst sein Ziel erreicht, wenn die in ihm Lernenden das Gelernte sich so angeeignet haben, dass sie – zwar nicht professionell, aber doch umgänglich – andere an ihm teilhaben lassen und in es einführen können. Das gilt in abgewandeltem Sinne auch für die regierende und beratende Erziehung. Sie ist dann erfolgreich, wenn Heranwachsende gelernt haben, selbstdisziplinierende Akte durch unterrichtliche Erfahrungserweiterungen zu unterbrechen und in intergenerationellen wie interpersonalen Beratungen Erfahrungserweiterungen einzubauen, die nicht allein regierend und beratend vorgenommen, sondern auch durch unterrichtliches Lehren und Lernen abgesichert werden.

## 4 Zur Unterscheidung zwischen pädagogischer und therapeutischer Normativität, erläutert an aktuellen Diskussionen zum Film „Elternschule"

Die drei Transformationen außerpädagogischer in innerpädagogische Normativität in den Praktiken der Erziehung verbindet, dass sie über negative und positive Erfahrungen verlaufen, die freilich bei pädagogischen Akteuren und den Heranwachsenden nicht dieselben, sondern unterschiedliche sind (vgl. Benner 2003). Und sie können auf beiden Seiten gelingen, teilweise misslingen oder auch gänzlich scheitern. Ein solches Scheitern wird im Film „Elternschule" (2018) auf Seiten der erziehenden Erwachsenen und ihrer Kinder an Fällen dokumentiert, die Folgen einer misslungenen Erziehung sind. Der Film zeigt hilflose Erwachsene und kaum ansprechbare Kinder im Vorschulalter, die sich in nahezu ausweglosen Situationen befinden. Es werden Eltern vorgestellt, die ihre Kinder zu „füttern" oder zum Einschlafen sowie Laufen zu bringen versuchen und jedes Mal auf Widerstand stoßen, weil Kinder zwischen angebotenen Speisen wählen und sich diese in den Mund führen lassen, dann aber die Nahrungsaufnahme verweigern und die Speise ausspucken oder eine Schlafstelle nur an der Seite einer Bezugsperson akzeptieren und mit Weinen und Schreien reagieren, sobald sich diese entfernt. Vergleichbar ergeht es einem etwa fünf Jahre alten Mädchen, das an Stelle des Laufens die Verweigerung des Laufens erlernt hat und sich immer wieder zu Boden fallen lässt, wenn es sich bewegen soll.

Die im Film auftretenden Mütter und Väter haben mit ihren Kindern die Kinder- und Jugendklinik Gelsenkirchen aufgesucht, um sich dort Rat und therapeutische Hilfe zu holen. Sie haben in dieser – jedenfalls was die gezeigten Fälle betrifft – eine in weiten Teilen erfolgreiche Beratung und Behandlung gefunden, in deren Folge die unlösbar erscheinenden Ess-, Lauf- und Einschlafprobleme erst therapierbar und dann weitgehend lösbar wurden. Die Beschreibung der Fälle geschieht durchgängig in evolutionsbiologischen und psychologischen Kategorien, die dargestellten Szenen aber zeigen auch Übergänge von therapeutischen Situationen in pädagogische Interaktionen, die unterschiedlichen Normen und Normativitäten folgen, die im Film nicht als solche reflektiert, sondern nahezu durchgängig in therapeutischer Sprache kommentiert werden. Das hat dazu beigetragen, dass der Film eine vielfältige Kritik, u. a. vom Deutschen Kinderbund, erfahren hat und gegen die Klinik ein juristisches Verfahren wegen Kindesmisshandlung eingeleitet wurde, das inzwischen aber eingestellt worden ist (vgl. Schönrock 2018).

Die im Film angesprochenen, aber nicht pädagogisch kommentierten Situationen und Erziehungsverhältnisse sind in der erziehungs- und bildungstheoretischen Literatur nicht unbekannt, sondern werden in dieser unter erziehungs- und bildungstheoretischen Fragestellungen sowie mit Blick auf eine eigenlogische Struktur und Kausalität von Erziehungs- und Bildungsprozessen analysiert und interpretiert. So hat Rousseau (1762/1979, 25 f., 47, 52 f.) im ersten Buch des Emile das „Weinen“ und „Schreien“ der Kinder – ganz anders als der Film – nicht als Ausdruck eines durch die Evolution hervorgebrachten natürlichen Egoismus des Kleinkindes, sondern als Resultat einer fehlgeleiteten Erziehung interpretiert. Seine Analyse und Deutung lässt sich auch auf das im Film gezeigte Weinen und Schreien auslegen und besagt dann, dass diese durch Erziehung mitverursachte Verhaltensweisen sind, die, einmal entstanden, nicht mehr ohne weiteres pädagogisch verändert werden können. Rousseau zeigt für seine Zeit, dass Kinder sich erst bedienen lassen und dabei lernen, über ihre Erzieher zu herrschen. Das führe zu Situationen, in denen entweder die Erwachsenen die Befehle erteilen und die Kinder gehorchen oder die Kinder die Befehle geben und Erwachsene tyrannisieren. Der einzige Ausweg aus solchen Situationen bestehe darin, dem Entstehen solcher Herrschaftsverhältnisse durch eine Erziehung entgegenzuwirken, die sich an der unbestimmten Perfektibilität des Kindes orientiert, die freie Entwicklung seiner Fähigkeiten fördert und unterstützt, keine falschen Abhängigkeiten erzeugt und Kindern „mehr wahre Freiheit und weniger Herrschaft“ zugesteht (ebd., 54 f.).

Interpretiert man den Film aus dem Blick einer pädagogischen Handlungstheorie, die um die eigenlogische Normativität und Kausalität der Erziehung weiß, so erkennt man in den Verhaltensweisen der im Film vorgestellten Kinder und in der Verzweiflung ihrer Eltern Folgen einer Erziehungspraxis, die den beklagenswerten Zustand miterzeugt hat. Eine solche Sichtweise aber ist dem Film selbst gänzlich fremd. Er zeigt therapeutische Interventionen, ohne deren Notwendigkeit und Richtung pädagogisch zu beschreiben und zu interpretieren.

Dies hat in den Augen vieler Kritiker die im Film gezeigte therapeutische Praxis in die Nähe von Kindesmisshandlungen gerückt und zu moralischen und juristischen Verurteilungen geführt, die sich ebenso wenig wie die Therapie für die (para)pädagogische Genese der Fälle interessierten

Statt zwischen den normativen Orientierungen und Mitteln therapeutischen und pädagogischen Handelns zu unterscheiden und die der Therapie vorausgegangene Erziehung einzubeziehen und zu beurteilen, argumentieren die Kritiker der therapeutischen Praxis von einer Position aus, deren kinderrechtliche Argumentationen keineswegs gering zu schätzen sind pädagogische Analysen und Bewertungen aus der Sicht pädagogischer Handlungstheorie aber nicht erreichen und auch nicht ersetzen können. Unterscheidet man zwischen therapeutischem und pädagogischem Handeln, so muss man auch zwischen therapeutischem und pädagogischem Disziplinieren und Regieren, Therapie und didaktischem Lehren und Unterrichten sowie therapeutischem und pädagogischem Beraten unterscheiden.

In der pädagogischen Praxis sind disziplinierende Zwangsmaßnahmen nur erlaubt, wenn sie keine positiven Ziele durchzusetzen und nur Schaden von dem Kind abhalten oder in seiner Umgebung zu vermeiden suchen. Gilt das auch für therapeutisches Handeln, das Auswege aus einer Situation sucht, in der die Möglichkeiten der Erziehung durch eine die Eigenlogik der Erziehung verletzende pädagogische Praxis geschwächt oder zerstört worden ist? In vielen der im Film „Elternschule" (2018) gezeigten Fälle deutet alles darauf hin, dass die erwachsenen Bezugspersonen ihre eigene Hilflosigkeit und die der Kinder durch ihr eigenes Verhalten mit erzeugt haben, eine Hilflosigkeit, die, einmal entstanden, durch Erziehungsmaßnahmen allein nicht mehr korrigierbar ist.

In solchen Fällen kann es erlaubt sein, schreiende, Nahrung erst auswählende und dann ausspuckende Kinder sowie Kinder die weder aus eigener Kraft noch durch pädagogische Unterstützung einschlafen können, einer Therapie zuzuführen, die zu Beginn einen pädagogisch nicht legitimierbaren und in pädagogischen Interaktionen auch nicht erlaubten Zwang ausübt. Im Film üben solchen Zwang Therapeutinnen und Therapeuten aus, indem sie Kinder ihrem Weinen und Schreien bis zur Erschöpfung überlassen, oder Kinder, welche die keine Nahrung mehr aufnehmen und bei sich behalten können, für eine begrenzte Zeit vom gemeinsamen Essen ausschließen, bis Hunger die Bereitschaft zur Nahrungsaufnahme wiederhergestellt hat oder Einschlafprobleme auf dem Umweg über die Erfahrung von Schlaflosigkeit wieder lösbar werden.

Die Legitimität therapeutischer Maßnahmen konfligiert dann mit ihrer pädagogischen Illegitimität und ist doch zugleich darin begründet, dass das zu therapierende Verhalten zuvor durch Erziehung erzeugt wurde und mit pädagogischen Mitteln allein nicht mehr korrigiert werden kann. Ob letzteres wirklich der Fall ist, muss freilich immer wieder neu geprüft werden. Erst die Ausweglosigkeit, in die eine fehlgeleitete Erziehung geführt hat, erlaubt therapeutische Interventionen der gezeigten Art, dies aber auch nur solange, wie ein bessere und andere Erziehung noch nicht möglich ist. Vor allem aber darf eine neu einsetzende Erziehung nicht einseitig an und evolutionsbiologischen Konzepten eines vermeintlich natürlichen Egoismus des Kindes oder therapeutischen Standards ausgerichtet werden. Die neue Erziehung muss vielmehr als transformatorische konzipiert werden und externe in interne Normativitäten einer erziehenden, unterrichtenden und beratenden Erziehung überführen.[2]

2 Im letzten Text über „Grundlegende pädagogische Unterscheidungen und ihre gegenstandskonstituierende Bedeutung für Praxis, Theorieentwicklung und Forschung" wird dieser Gedanke im Abschnitt „5. Erprobung des Ansatzes in einer Re-Analyse von Szenen aus dem Film ‚Elternschule'" weitergeführt.

# Erziehung und Bildung![3]

## 1 Erziehung und Bildung: Mehr als eine bloß deutsche Unterscheidung

Bei der Übersetzung deutschsprachiger pädagogischer und erziehungswissenschaftlicher Texte in andere Sprachen treten insbesondere bei den Begriffen „Erziehung“ und „Bildung“ immer wieder Schwierigkeiten auf. Diese nehmen noch zu, wenn nicht einfach von Erziehung und Bildung, sondern von Erziehungs- und Bildungstheorie die Rede ist. Die angesprochenen Probleme haben inzwischen zu der weit verbreiteten, gleichwohl irrigen Auffassung geführt, die Unterscheidung zwischen Erziehung und Bildung gebe es nur im deutschen Sprachraum und lasse sich nicht in andere Sprachen übersetzen.

Ein Teil der gar nicht zu bestreitenden Schwierigkeiten hängt damit zusammen, dass schon die deutschen Begriffe „Erziehung“ und „Bildung“ nicht eindeutig sind und es unter deutschen Pädagogen und Erziehungswissenschaftlern spezielle Aversionen und Vorlieben gegen bzw. für den einen oder anderen Begriff mit erheblichen Bedeutungsvarianten gibt. So wurde in der DDR unter Erziehung insbesondere die politisch-ideologische Erziehung verstanden, während von Bildung mit Blick auf wissenschaftspropädeutische Funktionen der Unterrichtsfächer die Rede war. Andere versuchten, durch die Begriffe Erziehung und Bildung eine zeitliche Ordnung pädagogischer Prozesse zu beschreiben, der zufolge der Mensch erst erzogen werden muss, um dann gebildet zu werden oder sich bilden zu können. Eine andere Unterscheidung behauptet, Erziehung strebe stets ein bestimmtes Resultat an, Bildung dagegen sei vor allem prozessorientiert.

Was aber die mit beiden Begriffen verbundenen Aversionen und Vorlieben betrifft, so sei hier nur an die Vorbehalte erinnert, die Peter Petersen gegen den Bildungsbegriff hatte, oder an die Ablehnung, die der Erziehungsbegriff bei Heinz-Joachim Heydorn erfuhr. Petersen grenzte den Erziehungsbegriff vom Bildungsbegriff ab, indem er Bildung an Individualität und freie Wechselwirkung von Mensch und Welt, Erziehung dagegen an edukative Prozesse zurückband, in denen Heranwachsende in vorgegebene Formen des Gemeinschaftslebens eingeführt werden. Mögliche Verbindungen von „Bilden und Erziehen“ gründete er darauf, dass er beide als „Urakte im Werden“ interpretierte (Petersen 1924, 107). An Petersens Unterscheidung gefällt auch heute noch, dass er mit ihr keine Alter-

3 Überarbeiteter Text eines Vortrags, den ich auf Einladung von Wolfgang Sander am 11. Juni 2014 im Rahmen der Vorlesungsreihe „Bildung – Bildungstheorie“ an der Justus-Liebig-Universität Gießen und am 31. Oktober 2014 auf Einladung von Eva Matthes an der Universität Augsburg gehalten habe.

native von Erziehung oder Bildung verband, sondern nach einer Verbindung – Petersen spricht sogar von „Synthese“ – suchte. An Petersens Zuordnung von Erziehung und Bildung missfällt zugleich, dass sie Erziehung als bloße Anpassung Heranwachsender an die Gemeinschaft definiert und Bildung als Entwicklung einer gegenüber der Sozialität isolierten Individualität interpretiert.

Mit bei Petersen wirksamen Traditionen des Erziehungsbegriffs hängt zusammen, dass Heydorn den Begriff Erziehung generell unter Ideologieverdacht stellte und dem Bildungsbegriff den „Vorzug“ gab. Wie Petersen definiert auch er Erziehung als eine bis in die Frühgeschichte der Menschheit zurückreichende Praxis, durch welche „sich eine gegebene Gesellschaft zu reproduzieren“ sucht (Heydorn 1970, 257). Von der Erziehung sagte er, sie sei eine „Exekutive“ des Politischen und als solche immer „affirmativ“, von der Bildung, sie sei ein „agens“ des Politischen, das auf eine Überwindung des Widerspruchs von „Bildung und Herrschaft“ ziele und eine Befreiung von Herrschaft verspreche (Heydorn 1969, 181–183; zur Kritik siehe Benner/Brüggen/Göstemeyer 1982/2009; vgl. auch Tenorth 2011, 357–358).

Löst man sich von den eingangs angesprochenen Dualen von Erziehung und Bildung und den überholten geschichtsphilosophischen Konstruktionen einer Geschichte ohne Fortschritt (Petersen) bzw. einer Überwindung des Widerspruchs von Bildung und Herrschaft (Heydorn), so ergeben sich Möglichkeiten für eine systematische und problemgeschichtliche Fassung sowohl des Erziehungs- als auch des Bildungsbegriffs, welche am Erziehungsbegriff festhält und diesen nicht länger auf einen affirmativen Begriff begrenzt, sondern durchaus emanzipativ auslegt und zu einem Bildungsbegriff in Beziehung setzt, der auf ein „Jenseits“ der Erziehung verweist, das nun jedoch weder individualistisch noch emanzipativ und auch nicht versöhnend, sondern als ein Unabhängigwerden des Zöglings und Schülers von seinen Erziehern und Lehrern gedacht wird. Eine mit der Eigenlogik von Erziehungs- und Bildungsprozessen abgestimmte Verhältnisbestimmung von Erziehung und Bildung versteht dann unter Erziehung nichtreziproke Interaktionen, in denen natürliche und professionelle Pädagogen auf Lernprozesse Heranwachsender in der Absicht einwirken, Bildungsprozesse in Gang zu setzen, die dort, wo sie gelingen, keiner edukativen Aufsicht und Kontrolle mehr bedürfen (zur sonderpädagogischen Bedeutung dieser Konzeption siehe Kuhn 2015). Solche Bildungsprozesse werden zwar durch erzieherische Maßnahmen angestoßen und initiiert, nicht aber im eigentlichen Sinne bewirkt.

So lernen Schüler im Unterricht nicht vom Lehrer, sondern mithilfe des Lehrers an einer Sache oder Aufgabe. Die Erziehungsthematik ist primär eine solche für pädagogische Akteure, die auf Bildungsprozesse Heranwachsender verantwortlich einzuwirken suchen, nicht aber eine der Lernenden selbst. Hierzu wird sie erst, wenn sich Heranwachsende in einem schon etwas fortgeschritteneren Alter Fragen des Endes der Erziehung zuwenden und Blickwendungen von der Zöglings- und Schülerrolle in die pädagogisch Handelnder vollziehen und dann nicht mehr erzogen werden, sondern als Erzieher oder Miterzieher selbst pädagogische Verantwortung übernehmen (vgl. Benner/Brügger 2014). Die Bildungsthematik aber bezieht sich auf gegenstands- und sachbezogene Lernprozesse und diesen zugrunde liegende Wechselwirkungen mit einer widerständigen Welt, für die es keine isolierte pädagogische Verantwortung gibt.

Unterscheidet man die Sachverhalte von Erziehung und Bildung so und verknüpft man beide Begriffe in dem angedeuteten Sinne, dann kann man sagen, dass pädagogisch inszenierte Erziehungsprozesse Bildungsprozesse zum Ziel haben. Durch ihre Ausrichtung auf Bildungsprozesse, die nicht zwischen Erzieher und Zögling bzw. Lehrer und Schüler, sondern zwischen unterschiedlichen Vertiefungen in Sachen, Fragen und Probleme stattfinden, haben Erziehungsprozesse stets Übergänge in Bildungsprozesse im Blick. Erziehung ist dabei insofern emanzipativ, als sie ihr Ende nicht auf das Erreichen der Volljährigkeit vertagt, sondern jedes Mal schon dort zu erreichen sucht, wo pädagogische Maßnahmen im Selbst- und Weltverhältnis eines Lernenden bildende Wirkungen erzielen. Bildende Wirkungen sind daran erkennbar, dass Heranwachsende an Fragen, Sachen und Problemen, nachdem sie in diese eingeführt wurden, neue Erfahrungen machen und aus eigenem Antrieb weiterlernen oder auch umlernen (Meyer-Drawe 1986), ohne jedes Mal auf die Hilfe und Unterstützung eines Erziehers, Lehrers oder Beraters angewiesen zu sein. Erziehungsprozesse dagegen sind nur dann pädagogisch legitim, wenn sie ein Unabhängigwerden der Lernenden von pädagogischen Einwirkungen im Sinn haben; für Bildungsprozesse gibt es dagegen kein definitives Ende. Man kann zwar von einem Menschen sagen, seine Erziehung sei beendet und er sei gut oder schlecht erzogen, nicht aber, er sei an das Ende seines Bildungsprozesses gelangt.

Die so gefasste Unterscheidung zwischen Erziehung und Bildung bzw. Erziehungs- und Bildungsprozessen – und die an sie anschließende Unterscheidung zwischen Erziehungs- und Bildungstheorien – ist keine auf den deutschen Sprachraum begrenzte, sondern findet sich überall, wo Erziehung Erfahrung und Umgang erweiternde und ergänzende Aufgabenstellungen verfolgt und als eine aus dem unmittelbaren Zusammenleben der Generationen herausgehobene Praxis stattfindet (siehe Benner/Peng 2013). Wo dagegen in geschlossenen intergenerationellen Erfahrungs- und Umgangsräumen erzogen wird, spielt die Unterscheidung zwischen Erziehung und Bildung nur eine marginale Rolle. Eingebettet in Sozialisationsprozesse, findet Erziehung im unmittelbaren Zusammenleben der Generationen statt, ohne dass zwischen Erziehungs- und Bildungsprozessen unterschieden werden muss (vgl. Sünkel 2008). Wo hingegen sozialisatorisch erworbene Gewohnheiten problematisiert werden, wird zwischen erzieherischen Einwirkungen und ihrer Bedeutung für das Gelingen oder Misslingen von Bildungsprozessen unterschieden. Erst recht gilt dies für eine Erfahrung und Umgang erweiternde pädagogische Praxis. Für sie ist die Unterscheidung zwischen Erziehung und Bildung sowie erziehungs- und bildungstheoretischen Problemstellungen unverzichtbar und von grundlegender Bedeutung.

Die erziehungstheoretische Seite pädagogischen Handelns bezieht sich auf die Frage, wie Sachverhalte und Zusammenhänge, die in Einheit von Erfahrung und Umgang weder lernbar noch lehrbar sind, mit pädagogischer Unterstützung vermittelt werden können. Die bildungstheoretische Seite bezieht sich auf Erfahrung und Umgang erweiternden Aufgaben der Erziehung und die Frage, wie Bildungsprozesse unter edukativen Einflüssen so gestaltet werden können, dass sie von pädagogischer Unterstützung unabhängig werden. Zu den erziehungs- und bildungstheoretischen Problemstellungen kommt eine dritte Thematik hinzu. Sie bezieht sich auf die Struktur und Funktion pädagogischer Institutionen als Orte, an denen Übergänge von Erziehungs- in Bildungsprozesse stattfinden, die im intergenerationellen Zusammenleben der Menschen nicht ohne weiteres möglich sind.

Auf der Grundlage dieser Unterscheidungen lassen sich unter Erziehungstheorien Theorien pädagogischen Wirkens verstehen, die sich an pädagogische Akteure richten und Techniken entwickeln, die Erfahrung und Umgang auf künstliche Weise erweitern. Von diesen heben sich Bildungstheorien dadurch ab, dass sie die Legitimität der Erziehung an Übergänge von Erziehungs- in Bildungsprozesse zurückbinden und pädagogisch initiierte Bildungsprozesse auch jenseits der Erziehung thematisieren. Unter Theorien pädagogischer Institutionen schließlich werden Theorien verstanden, die pädagogische Institutionen als Institutionen des Übergangs von pädagogischen in gesellschaftliche Handlungsfelder interpretieren (zur Abgrenzung und Verhältnisbestimmung der drei Theoriebereiche siehe Benner 1987/2015, 131–215).

Von diesen Zuordnungen wird niemand behaupten wollen, es gäbe sie nur im deutschen Sprachraum. Sie beziehen sich auf Sachverhalte, die in allen modernen Gesellschaften gegeben sind und diskutiert werden. John Dewey hat sie in „Democracy and Education" (1916) auch ohne Verwendung der deutschen Begriffe ‚Erziehung' und ‚Bildung' genau in dem hier angesprochenen Sinne formuliert (siehe English 2013). Die Aufgabe moderner Erziehung und Bildung erblickte er darin, bei Heranwachsenden Fähigkeiten zu entwickeln, die es diesen erlaubt, ein individuelles Leben zu führen, in gesellschaftliche Handlungsfelder einzutreten, miteinander zu kommunizieren und an Öffentlichkeit zu partizipieren (siehe Dewey 1916, 26–28, 73–74, 88–99 sowie die Ausführungen in den Kapiteln 11, 186–203, und 12, 203–218; vgl. auch Schleiermacher 1826/1983, 16; Hegel 1811, 273). Dies gelang ihm, obwohl sich die Vieldeutigkeit des englischen Begriffs ‚education' nicht 1:1 ins Deutsche übersetzen lässt. Mit der Übersetzung von „Democracy and Education" in „Demokratie und Erziehung" nahm Erich Hylla eine thematische Engführung vor, die die deutsche Unterscheidung zwischen Erziehung und Bildung nicht nutzte und bildungs- und institutionentheoretischen Problemstellungen Deweys weitgehend ausblendete.

## 2 Was unter einem erziehenden Unterricht zu verstehen ist, der bildet

Der Begriff des „erziehenden Unterrichts“ geht auf Herbart zurück. In seiner Allgemeinen Pädagogik aus dem Jahre 1806 unterscheidet dieser drei Formen pädagogischen Handelns. Erstens eine „Regierung von Kindern“, welche Heranwachsende nicht im eigentlichen Sinne erzieht, sondern nur an uneinsichtigem Handeln hindert und dabei keine positiven Zwecke zu erreichen sucht; zweitens eine Form der Erziehung, die er „erziehenden Unterricht“ bzw. „Erziehung durch Unterricht“ nennt, und drittens eine von ‚ziehen' abgeleitete „Zucht“, unter der er keine züchtigende Erziehung, sondern eine beratende Erziehung im Übergang vom pädagogischen zum intergenerationellen Handeln versteht.

Ein für unser Thema zentraler Hinweis zu dieser Dreiteilung findet sich in Herbarts Replik auf Jachmanns späte, 1814 erschienene Rezension seiner Allgemeinen Pädagogik. Er lautet: „Man frage nun nicht nach einer positiven Definition, welche den Zweck der Regierung der Kinder feststelle! Bildung und Nicht-Bildung, das ist der kontradiktorische Gegensatz, welcher die eigentliche Erziehung von der Regierung scheidet“ (Herbart 1814, 263). Herbart betont hier zunächst den negativen, am Handeln hindernden Charakter regierender Maßnahmen und unterstreicht dann, dass es in den unterrichtenden und beratenden Handlungsformen der eigentlichen Erziehung auf den Unterschied von Bildung und Nicht-Bildung ankomme. Für die beratende Erziehung besagt diese Unterscheidung, sie habe nicht zum Ziel, Heranwachsende positiv zu gewöhnen, sondern diese dazu anzuhalten und darin zu unterstützen, eine eigene Urteilskraft zu entwickeln und im Handeln nicht fremden, sondern eigenen Einsichten zu folgen. Was aber besagt Herbarts kontradiktorischer Gegensatz von Bildung und Nicht-Bildung für einen erziehenden Unterricht, der bildet? Auf diese Frage soll im Folgenden eine vorläufige, erziehungstheoretisch, bildungstheoretisch und institutionentheoretisch argumentierende Antwort gegeben werden.

Die erziehungs- und bildungstheoretischen Antworten lautet: Bildungsprozesse lassen sich nicht intentional steuern, sondern gehen aus bildenden Erfahrungen hervor, die Schüler als Lernende an Gegenständen, Sachverhalten und Problemstellungen machen. Für solche Erfahrungen ist ein Verhältnis von Leiden und Tun grundlegend, dass Platon in seiner „Höhlenerzählung“ in der Politeia als Kunst der Umlenkung des Blicks, Fichte in seiner Grundlage des Naturrechts als Wechselwirkung von „Sinn“ und „Artikulation“, Dewey in Demokratie und Erziehung mit Verweis auf „passive“ und „aktive“ Momente der Erfahrung und Petzelt (1967) in seiner Studie Über das Lernen an der methodischen Struktur von „Frage“ und „Antwort“ verdeutlicht haben. Sie alle stimmen mit Herbart darin überein, dass der Lehrer unterrichtet, indem er einen Unterrichtsgegenstand durch an Lernende gerichtete Fragen fragwürdig macht und bei den Lernenden durch

Zeigegesten einen Bildungsprozess initiiert. Der Schüler lernt nicht vom Lehrer, sondern an den Sachen, die der Unterricht thematisiert. Mit Unterstützung der Fragen des Lehrers sowie mithilfe didaktisch konzipierter Lehr-Lernmittel, die im Unterricht fragend (Petzelt 1967) und zeigend (Prange 2005) eingesetzt werden, vertieft sich der Schüler in den jeweiligen Lerngegenstand (siehe hierzu auch Matthes 2011; Benner 2022b). An diesem macht er die Erfahrung, dass er ihn aus eigener Kraft nicht verstehen kann. Vermittelt über negative Erfahrungen und mithilfe des fragenden und zeigenden Lehrers, der Wendungen des Schülerblicks veranlasst, hervorlockt und herbeiführt, verändern sich im erziehenden Unterricht der Schüler und der Lerngegenstand (Mitgutsch 2009; English 2013). Der Schüler nimmt Neues wahr, sodass er selbst und die von ihm befragte Welt nicht bleiben, was sie waren, sondern andere werden.

Lehrer und Schüler tun im Unterricht also nicht dasselbe; auch ahmt der Schüler den Lehrer nicht nach. Schüler lernen im Unterricht nicht durch ein lehrendes Vormachen und ein lernendes Nachmachen, sondern durch ein Zusammenspiel zwischen erziehenden Lehrakten eines Lehrers und bildenden Lernakten, in denen sich das Wissen und Nicht-Wissen und die Welt, um die in diesem gewusst und nicht gewusst wird, zugleich verändern.

Das leitet zur dritten Teilfrage über, was in institutionentheoretischer Hinsicht unter einem erziehenden Unterricht zu verstehen ist. Im Unterricht lernen Schüler nicht performativ durch Erfahrung im Umgang mit einem Lehrer, sondern erweitern sich ihre Welterfahrung und ihr zwischenmenschlicher Umgang auf künstliche Weise. Dies geschieht durch Wechselwirkungen von Tun und Leiden, die durch Fragen und Zeigen sowie Suchen und Finden in Gang gesetzt und gehalten werden. Was in der Einheit von Erfahrung und Lernen sowie Leben und Umgang angeeignet werden kann, muss nicht auf dem Umweg über einen erziehenden Unterricht, der bildet, erlernt und angeeignet werden. Sehen, Greifen, Hören, Laufen und Sprechen lernen Kinder im Raum einer sozialisatorischen Erziehung, in der es keines Seh-, Greif-, Hör-, Lauf- oder Sprachlehrers bedarf. Taub Geborene, die das Hören nicht durch Erfahrung in der Wechselwirkung von Vormachen und Nachahmen erlernen können, bedürfen dagegen eines erziehenden und sprachbildenden Spezialunterrichts, mit dessen Hilfe sie sprechen lernen, ohne sich und andere zu hören.

In institutionentheoretischer Hinsicht ist die Schule ein Ort für Erfahrung und Umgang erweiternden Unterricht. In ihr lernen Schüler, was in Erfahrung und Umgang sozialisatorisch nicht gelernt werden könnte, aber gelernt werden muss, um die Welt zu verstehen und in dieser ein individuelles und partizipatorisches Leben führen zu können. Zu den Gegenständen, die nur so gelernt werden können, gehören die Kulturtechniken des Schreibens und Lesens, des arithmetischen Rechnens und geometrischen Zeichnens und der mit ihrer Hilfe möglichen Vertiefungen in Poesie und Naturkunde. Das Curriculum des erziehenden Unterrichts hat sich in der Neuzeit und Moderne beträchtlich erweitert. Fernsehen und Telefonieren erlernen Heranwachsende durch Erfahrung und Umgang, die historischen, wissenschaftlichen und technischen Grundlagen der modernen Welt aber sind nicht durch Erfahrung erlernbar, sondern müssen über den Umweg einer Erziehung vermittelt und angeeignet werden, die Erfahrung und Umgang transzendiert, indem sie durch Unterricht bildet.

Solcher Unterricht ist von der Sache her im Wesentlichen Fachunterricht (vgl. Reh 2013). Gäbe es das fachliche Wissen, in das eingeführt wird, nicht, wäre Schulunterricht gar nicht möglich. Die den Schulfächern zugrundeliegenden Unterrichtswissenschaften handeln ausnahmslos von Sachverhalten, die durch Erfahrung und Umgang – entweder aus sachlichen oder aus umgänglich-moralischen Gründen – nicht zu vermitteln wären. So findet sexuelle Aufklärung im Sexualkundeunterricht nicht durch Vormachen, Nachmachen und Mittun, sondern in der Form einer unterrichtlichen Aufklärung statt, in der das, was Schüler und Schülerinnen lernen, gerade nicht getan wird.

Vergleichbares gilt für den Geschichtsunterricht. Er führt in eine gesellschaftlich nicht unmittelbar präsente Geschichte ein, an der Heranwachsende erst wissentlich partizipieren können, wenn sie die historische Vermitteltheit der Wirklichkeit und deren Involviertheit in Geschichte durch Unterricht kennengelernt haben. In ihm wird erinnert, was ohne Unterricht in der Gesellschaft vergessen bliebe und darum künstlich vermittelt und angeeignet werden muss.

Auch naturwissenschaftliche Theorien und Technologien erlernt niemand in deren alltäglichem Gebrauch. Vom Bedienen von Lichtschaltern führt kein Weg zur neuzeitlichen Elektrizitätslehre, vom Sehen durch eine Brille kein Weg in die wissenschaftliche Optik, vom Wohnen in einem Haus kein Weg zu Statik und Wärmetechnik. Ebenso wenig gibt es einen direkten Weg von der Beobachtung eines Sonnenauf- und -untergangs zu den Gesetzen der Astronomie, vom Geschmackssinn zum periodischen System der Elemente oder vom Musikhören zur Harmonie- und Kompositionslehre.

Die angesprochene Ordnung eines erziehenden Unterrichts, der bildet, hat Herbart in seiner Unterscheidung zweier im Unterricht getrennt zu thematisierender und miteinander zu verknüpfender Reihen einer Reihe der „Erkenntnis“ und einer Reihe der „Teilnahme“, auf Begriffe gebracht. Erziehender Unterricht, so führt er im zweiten Buch der Allgemeinen Pädagogik aus, erweitert Welterfahrung zu Wissenschaft und Kunst und zwischenmenschlichen Umgang zu Ethik/Politik und Religion. Das folgende Schema ordnet die Interessengebiete alltägliche Welterfahrung, wissenschaftliche Welterkenntnis und Kunst der Erfahrung erweiternden Unterrichtsreihe der Erkenntnis und die Interessengebiete zwischenmenschlicher Umgang, Gesellschaft und Religion der umgängliche Erfahrung erweiternden Unterrichtsreihe der Teilnahme zu. Die Dreiecke weisen darauf hin, dass erziehender Unterricht nicht das Interesse an Erfahrung in die Interessen an Wissenschaft und Kunst und ebenso wenig das Interesse an

Umgang in die Interessen an Gesellschaft und Religion überführt, sondern in beiden Reihen jeweils drei Interessen ausbildet, die sich gegenseitig ergänzen.

Schema: Die sechs Erfahrung und Umgang erweiternden Interessengebiete des erziehenden und bildenden Unterrichts nach Herbart

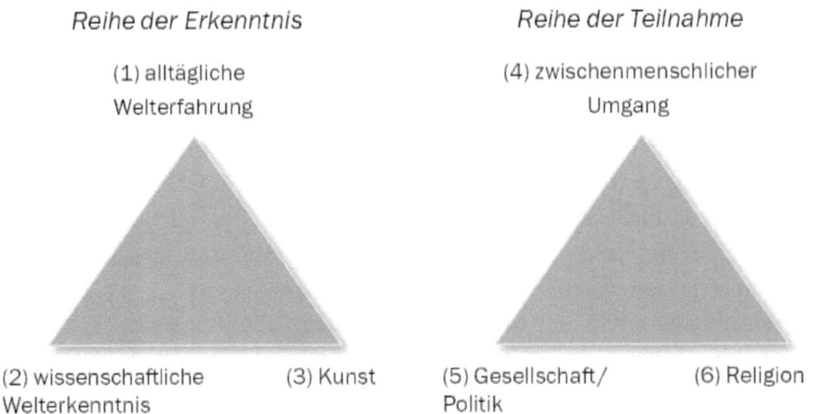


Den alltäglichen Sonnenaufgang und -untergang lernt der Schüler durch die Aneignung der in der neuzeitlichen Physik aufgestellten Planetengesetze szientifisch verstehen und mithilfe der Kunst zugleich als eine bleibende ästhetische Erfahrung interpretieren. Dabei erweitert die Kunst das wissenschaftliche Weltbild ebenso, wie dieses den Horizont der Alltagserfahrung erweitert. Vergleichbares gilt für die durch erziehenden Unterricht anzubahnenden bildenden Wechselwirkungen zwischen Umgang, Gesellschaft und Religion. Im Umgang wird Moral gewöhnend tradiert, durch historisch gesellschaftliche Studien der Umgangshorizont dann zum Interesse an Gesellschaft und Politik erweitert und durch religiöse Studien um einen Vorblick auf den eigenen Tod und die Erinnerung an schon Gestorbene ergänzt. Darüber kann die Auseinandersetzung mit lebensweltlich zugänglicher Religion durch Unterricht zu einer Auseinandersetzung mit fremden Religionen vertieft werden.

Die von Herbart unterschiedenen sechs Interessengebiete sind auch heute noch hilfreich, um unterrichtsabhängige Voraussetzungen für die Entwicklung eines vielseitigen Interesses als solche kenntlich zu machen. So stimmt die von Jürgen Baumert (2002, 113) vorgelegte Differenzierung der Weltzugänge in solche einer mathematisch-naturwissenschaftlichen Weltmodellierung, einer ästhetisch-expressiven Weltbegegnung und -gestaltung, einer normativ-evaluativen Auseinandersetzung mit Wirtschaft und Gesellschaft und einer religiösen und philosophischen Rationalität weitgehend mit Herbarts Differenzierung der Interessengebiete überein und vermeidet mit guten Gründen zugleich, diese nach Herbarts doppelter Trias zu ordnen.

Herbarts Ordnung reicht heute nicht mehr aus, um die thematische Breite, fachliche Ordnung und methodische Struktur eines zeitgemäßen erziehenden und bildenden Unterrichts zu bestimmen. Um die Fachorientierung des erziehenden Unterrichts stärker zu betonen und in diese die Vielheit heutiger Wissensformen zu integrieren, habe ich schon vor Jahren vorgeschlagen, für die unterrichtlichen Domänen des wissenschaftspropädeutischen Unterrichts in der Oberstufe des Schulsystems und der Eingangsphase des Studiums mehrere Ebenen einer bildenden Interpretation wissenschaftlicher Aussagesysteme zu unterscheiden. Tut man dies, so lässt sich wissenschaftspropädeutischer erziehender Unterricht so konzeptualisieren, dass in allen Domänen bildende Blickwendungen zwischen verschiedenen Wissensformen stattfinden. Das gelingt jedoch nur, wenn auf eine einheitswissenschaftliche Ausrichtung der Lehr-Lernprozesse verzichtet und berücksichtigt wird, dass den verschiedenen Wissensformen unterschiedliche methodische Konstituierungen zugrunde liegen (vgl. die Explikation dieses Modells am Beispiel der Evolutionstheorie Darwins in Benner 2020/2022, 278–282).

Für die Sekundarstufe I lässt sich eine solche Konzeption am Beispiel eines Gesundheitskundeunterrichts illustrieren, den in den 60er Jahren des vergangenen Jahrhunderts Gisela Blankertz (1967) zum Thema Tuberkulose konzipiert und gehalten und Herwig Blankertz (1969/1975) in seinen „Theorien und Modellen der Didaktik" zur Illustration der Bedeutung der „methodischen Leitfrage" herangezogen hat. Wissensformen unterscheiden sich nicht nur durch das, um was in ihnen gewusst wird, sondern auch durch die Art und Weise, in der sie methodisch basiert Fragen stellen, erörtern und beantworten. Ohne die zugehörige methodische Leitfrage gäbe es kein wissenschaftspropädeutisches Wissen vom jeweiligen Gegenstand, ohne sie wäre keine Wissensform im Unterricht vermittelbar und von den Lernenden anzueignen (siehe auch Beck 1982). Das von Gisela und Herwig Blankertz entwickelte Konzept der „methodischen Leitfrage" besagt, dass es einen „Implikationszusammenhang (von) inhaltlichen und methodischen Entscheidungen" gibt (Blankertz 1969/1975, 92–98), der bei der Planung und Durchführung von Unterricht berücksichtigt werden muss. In dem zur Explikation dieser These konzipierten Gesundheitskundeunterricht lautete die methodische Leitfrage: „Wie schütze ich mich vor Infektion?" (ebd., 97).

Hermann-Josef Kaiser (1972/2018) hat der Unterrichtsmethode nicht nur eine technisch-operative, sondern auch eine den Unterrichtsgegenstand mitkonstituierende Bedeutung zugesprochen. Ein wissenschaftspropädeutischer Unterricht im Bereich der Gesundheitskunde kommt heute nicht mit einer einzigen Leitfrage aus. Hierum wussten bereits G. und H. Blankertz, wenn sie in der genannten Unterrichtseinheit zwischen Betrachtungsweisen einer medizinischen, einer biologisch-bakteriologischen, einer politisch-gesellschaftlichen, einer historischen sowie einer literarischen Bearbeitung des Themas unterschieden.

Damit im Unterricht mehrere Wissensformen thematisiert werden können, gilt es die methodische Leitfrage zu pluralisieren und gegenstandsbezogen auf verschiedene Wissensformen zu applizieren. Um den Schein einer induktiv zu erschließenden Sachlogik zu vermeiden und Blickwendungen zwischen verschiedenen Betrachtungsweisen in Gang zu setzen, muss erziehender Unterricht überall die Konzentration auf eine einzige Wissensform vermeiden und mehrere sich auf die Sache beziehende Wissensformen berücksichtigen.

Tableau: Paradigmatische Wissensformen und zugehörige methodische Leitfragen

| **Paradigma** | **Methodische Leitfrage/Gegenstandskonstitution** |
|---|---|
| Teleologische Wissensform und -ordnung nach Aristoteles | Durch welche Maßnahmen lassen sich die Selbstheilungskräfte des Körpers stärken? |
| Szientifische Wissensform und -ordnung nach Bacon | Was sind die kausalen Ursachen von Krankheit und durch welche Mittel schützt man sich vor Infektion? |
| Hermeneutische Wissensform und -ordnung nach Gadamer | Welches Gesundheitsverständnis liegt dem aristotelischen und baconschen Wissenschaftsverständnis zugrunde und in welchen Sprachformen artikulieren sich diese? |
| Hypothetisch-falsifikatorischer Problemlösungsrahmen nach Popper | Warum leben statistisch gesehen Arme kürzer und Reiche länger und wie lassen sich die Beziehungen zwischen Armut, Reichtum, Krankheit und Gesundheit verändern? |
| Aufdeckung von ideologischen Verblendungszusammenhängen nach Adorno | Sind Krankheiten einfach als natürlich hinzunehmen oder haben sie auch gesellschaftliche Ursachen und welche Ideologien verbergen sich hinter bestimmten Strategien einer Medizin, die von diesen Ursachen abstrahiert? |
| Lebensweltliche Ordnung nach Husserl und Fink | Wie zeigen sich Krankheit und Gesundheit in den koexistenzialen Handlungsfeldern von Arbeit, Liebe, Herrschaft, Tod und Spiel und wie werden sie dort lebensweltlich erfahren? |
| Pragmatisch-nicht-hierarchische Ordnung der ausdifferenzierten Bereiche menschlichen Handelns (Dewey u. A.) | Was ist unter einem ökonomisch, moralisch, politisch, ästhetisch und religiös gelingenden Leben zu verstehen und wie verhalten sich in diesem Krankheit und Gesundheit zueinander? |
| Skeptisch-transzendental-kritische Problematisierung der Voraussetzungen aller genannten Wissensformen nach Fischer und Ruhloff | Worin liegen Reichweite und Grenzen der zuvor unterschiedenen Wissensformen und welchen Klärungsbedarf gibt es mit Blick auf weitergehende Fragen der Analyse und Kritik der verwendeten Grundbegriffe und ihrer Verknüpfungen? |

Das Tableau unterscheidet – ohne Anspruch auf Vollständigkeit – zwischen insgesamt acht paradigmatischen Wissensformen und ordnet diesen jeweils spezifische, den Unterricht mit konstituierende methodische Leitfragen zu. Zwischen den unterschiedenen Wissensformen und den ihnen zugehörigen methodischen Leitfragen sind vielfältige Kombinationen möglich. Keine Wissensform kann die anderen ersetzen. Auch sind unterschiedliche Anordnungen möglich, ohne dass eine übergreifende Logik bereitstünde, die es erlaubte, einer bestimmten Wissensform einen untersten und einer anderen einen höchsten Rang einzuräumen. Die skizzierte Ordnung besagt nicht, dass alle Wissensformen und methodischen Leitfragen in jeder Unterrichtsstunde berücksichtigt werden müssen, wohl aber, dass ein Unterricht, der nur eine Wissensform thematisiert, als defizitär anzusehen und zu problematisieren ist.

Wie methodische Leitfragen so kombiniert werden können, dass neben szientifischen auch historisch-hermeneutische, ideologiekritische, phänomenologisch-lebensweltliche, transzendental-kritische und pragmatische Wissensformen angesprochen werden, ist Gegenstand einer pädagogischen und erziehungswissenschaftlichen Forschung, die an vielseitig bildenden Erfahrungen interessiert ist, die Schüler und Schülerinnen bei der unterrichtlichen Vermittlung dieser Wissensformen machen. Ihre Fragestellungen sind nicht zuletzt auch bei der Evaluation von Unterricht und der Bestimmung der durch Unterricht zu fördernden domänenspezifischen Kompetenzen zu berücksichtigen.

## 3 Zur Bedeutung der skizzierten Zusammenhänge für eine als Erziehungs- und Bildungsforschung ausgewiesene Unterrichtsforschung

Es gibt derzeit keine Unterrichtforschung, die Problemstellungen eines erziehenden Unterrichts, der bildend wirkt, thematisierte und bearbeitete. Es gibt auch keine Bildungsforschung, die sich zugleich als Erziehungsforschung verstünde. Dies wiegt, wie Peter Zedler (2011) gezeigt hat, schwer angesichts der Tatsache, dass Bildungsforschung sich erst durch solche Bezüge zu einer pädagogisch und erziehungswissenschaftlich ausgewiesenen Disziplin entwickeln könnte. Von Ausnahmen abgesehen, vernachlässigt die empirische Bildungsforschung derzeit nicht nur wichtige Aspekte der Vermittlung von domänenspezifischem Grundwissen, sondern auch unterrichtsabhängige Aspekte der im öffentlichen Erziehungs- und Bildungssystem zu vermittelnden und zu erwerbenden Kompetenzen. Das muss aber keineswegs so bleiben. Mit einer veränderten erziehungs-, bildungs- und schultheoretischen Rahmung (vgl. Benner 2002) ließen sich beispielsweise Defizite und Leistungen im Bereich der Lesekompetenz zum linguistischem Regelwissen der Testpersonen in Beziehung setzen (Röber 2011a, b) und Erkenntnisse darüber gewinnen, ob eine Berücksichtigung solchen Regelwissens im Unterricht zu einer Verbesserung der fachlichen Unterrichtsqualität und vermittelt hierüber zu einer Optimierung der domänenspezifischen Grundkenntnisse und der auf diesen aufbauenden schriftsprachlichen Kompetenzen von Schülerinnen und Schülern führt.

Teile der empirischen Bildungsforschung verfolgen gegenwärtig jedoch andere Strategien. Statt Kooperationen mit der Erziehungswissenschaft und den Fachdidaktiken auch über die Grenzen ihres eigenen Wissenschaftsparadigmas hinaus zu suchen, arbeiten einige empirische Bildungsforscher, die sich nicht als Erziehungswissenschaftler verstehen, an Konzepten, die Ergebnissen der empirischen Bildungsforschung gegenüber professionellen Pädagogen und in der Bildungspolitik eine datenbasierte Evidenz sichern sollen (vgl. kritisch hierzu Bellmann / Müller 2011; Bellmann 2017). So stellte die Wuppertaler Bildungsforscherin Cornelia Gräsel im Dezember 2014 auf einem an der Universität Hamburg veranstalteten Forum zur „Kritik der empirischen Bildungsforschung" ein Projekt vor, das zur Steigerung der „Praxisrelevanz der empirischen Bildungsforschung" beitragen will. In diesem werden Lehrerinnen und Lehrern zunächst Abstracts aus psychologischen Studien der empirischen Bildungsforschung vorgelegt. Anschließend werden sie gefragt, welche Bedeutung sie diesen Abstracts für eine Veränderung ihres Lehrerverhaltens beimessen. Und schließlich soll überprüft werden, ob sich auf diese Weise eine Optimierung „evidenzbasierter Praxis" erreichen lässt.

Gräsel antwortet mit ihrem Forschungsvorhaben auf Defizite einer empirischen Bildungsforschung, die in den zurückliegenden Jahren Kompetenzmessungen unter Vernachlässigung erziehungs-, bildungs- und schultheoretischer Problemstellungen vorgenommen hat und sich nun zunehmend mit dem Problem konfrontiert sieht, ihre eigenen Ergebnisse nicht pädagogisch und erziehungswissenschaftlich interpretieren zu können. Zu vermuten ist, dass der von Gräsel et al. eingeschlagene Weg nur erfolgreich sein wird, wenn frühzeitig pädagogischer und erziehungswissenschaftlicher Sachverstand eingeholt wird. Statt beliebige Abstracts aus pädagogisch-psychologischen Untersuchungen Lehrerinnen und Lehrern für eine private Hypothesenbildung anzubieten und aus den Wirkungen einer solchen Hypothesenbildung Schlüsse auf die „Praxisrelevanz der empirischen Bildungsforschung" zu ziehen, müssten die Konstruktion von Testaufgaben und die mit ihrer Hilfe durchzuführenden Kompetenzmessungen stärker mit Erfordernissen einer erziehungs-, bildungs- und schultheoretisch ausgewiesenen pädagogischen Praxis abgestimmt werden. Dies würde womöglich zu einer größeren Anschlussfähigkeit von empirischer Bildungsforschung und pädagogischer Theoriediskussion und vermittelt hierüber auch zu einer theoriebasierten Annäherung von Bildungsforschung und erziehungswissenschaftlicher Forschung führen.

Einen anderen Weg hat Andreas Gruschka (2009) in seinen Arbeiten zur Unterrichtsforschung eingeschlagen. In diesen wird in Anlehnung an Verfahren der objektiven Hermeneutik zunächst Unterricht in Form von Wortprotokollen aufgezeichnet. Die Wortprotokolle werden anschließend daraufhin befragt, ob an ihnen Defizite des aufgenommenen Unterrichts sichtbar werden und ob sich ihnen Hinweise auf Möglichkeiten einer Optimierung von Unterricht entnehmen lassen. Anregend und innovativ scheint mir dieser Ansatz in folgenden Punkten zu sein:

- Wortprotokolle von Lehrer- und Schüleräußerungen im Unterricht zeigen, wie Unterricht auf der sprachlichen Ebene verläuft und wie schwer es ist, einen gelingenden anspruchsvollen Unterricht zu realisieren;
- Wortprotokolle lassen punktuell erkennen, wie Lehrerfragen und Schülerfragen divergieren und dabei Anschluss aneinander verlieren;
- Unterrichtstranskriptionen zeigen, dass bestimmte Konzepte von Unterricht nicht ausreichen, um guten Unterricht abzusichern;
- an Protokollen und ihren Auswertungen zeigt sich aber auch, dass die Transkriptionen von Unterricht und ihre Interpretationen einen erheblichen Bedarf an weitergehender Theorieorientierung erzeugen;
- objektive Hermeneutik ist ein Verfahren der Textanalyse, das nicht automatisch für die Analyse pädagogisch relevanter Zusammenhänge zwischen didaktischen Planungskonzepten von Unterricht und unterrichtlich ausgelösten Bildungsprozessen bei Schülern geeignet ist;
- bildende Wirkungen zeigen sich nicht primär oder ausschließlich an dem, was Lehrer und Schüler im Unterricht sagen und explizit formulieren, sondern auch an dem, was Lehrer durch Operationen des Fragens, Zeigens, Systematisierens und Problematisierens unter Zuhilfenahme von Lehrmitteln bei Lernenden anstoßen, ferner an negativen Erfahrungen, die Schüler und Schülerinnen in Lehr-Lernprozessen machen, sowie an den Schlüssen, die sie aus entsprechenden Erfahrungen ziehen;
- vor allem aber wäre zu klären, durch welche Ausführungen Lehrer die Unterrichtstranskriptionen ergänzen könnten und was sie in diesen als beobachtet bzw. nicht beobachtet, erkannt und nicht erkannt oder ausgeblendet identifizieren und welche bildende und professionalisierende Bedeutung sie den Aufzeichnungen für eine tiefergehende Interpretation ihrer eigenen Erfahrungen sowie derjenigen ihrer Schüler beimessen.

Ob, wie von mir in diesem Beitrag vorgeschlagen, eine stärkere Berücksichtigung unterschiedlicher Wissensformen und der diesen zugrundeliegenden methodischen Leitfragen tatsächlich einen Beitrag zur Verbesserung von erziehendem Unterricht sowie zur Intensivierung bildender Erfahrungen erbringen können, ist eine Frage, der mit den Verfahren der empirischen Bildungsforschung und dem von Gruschka entwickelten Instrumentarium nachgegangen werden kann. Dazu müssten jedoch erst einmal die Aufgabenkonstruktionen in den Kompetenztests und die Rückkoppelungen zu den Wortprotokollen unter den in diesem Beitrag entwickelten Überlegungen optimiert werden.

Die von Teilen der empirischen Bildungsforschung gehegte Hoffnung, aus den Ergebnissen von Kompetenzmessungen Unterrichtskonzepte ableiten zu können, gehen ebenso in die Irre wie Hoffnungen einer Unterrichtsforschung, die Unterricht auf der Grundlage von Wortprotokollen und ohne Umweg über eine pädagogisch ausgewiesene Theoriediskussion zu verbessern sucht. Erziehung durch Unterricht, der bildet, verlangt nach einer Überprüfung der Lernleistungen von Schülern an den Lehrleistungen von Lehrern, die nicht zuletzt durch fachspezifische sowie domänenspezifisch ausgelegte erziehungs-, bildungs- und institutionentheoretische Kriterien ausgewiesen ist. Eine Bildungsforschung, die nicht zugleich Erziehungsforschung ist oder von Anfang an um deren Fragestellungen ergänzt wird, kann dagegen ihre eigenen Ergebnisse nicht einmal differenziert pädagogisch interpretieren. Sie weiß nicht um die Abhängigkeit ihrer Ergebnisse von Konzepten eines erziehenden Unterrichts. Vergleichbares gilt auch für eine Erziehungsforschung, die nur das Lehrerhandeln und dessen unmittelbare Auswirkungen auf das Verhalten von Schülern im Blick hat. Sie abstrahiert davon, dass bildende Wirkungen des Unterrichts durch den Lehrer nur angestoßen, niemals aber kausal verursacht werden.

Was Unterricht ist, lässt sich aus der Sicht der ihn planenden und leitenden Lehrer ebenso wenig wie aus Schülersicht fassen. Von Unterricht sprechen wir erst dann, wenn Lehrer durch Unterricht so pädagogisch wirken, dass Schüler in Auseinandersetzung mit dem jeweiligen Unterrichtsgegenstand bildende Erfahrungen machen und lernen. Eindrucksvoll belegte dies eine Veranstaltung, die 2012 im Rahmen des Osnabrücker Kongresses der DGfE durchgeführt wurde. In ihr erprobten ethnomethodologisch arbeitende Unterrichtsforscher aus einer von Werner Helsper geleiteten Gruppe und empirische Bildungsforscher aus einem von Eckhard Klieme geleiteten Team die Kombinierbarkeit quantitativer und qualitativer Verfahren am Thema „Unterrichtsstörungen“. Es gelang den Referenten, nachzuweisen, dass unter bestimmten Bedingungen und in bestimmten Kontexten an Schulen wenig oder kaum noch Unterricht statt- findet. Bei ihrem Versuch, neue Wege der Unterrichtsforschung zu entwickeln, verloren die Forscher jedoch aus dem Blick, dass ihre Projekte gar nicht einen erziehenden und bildenden Unterricht, sondern die Abwesenheit und das Verschwinden eines solchen Unterrichts in der Schulwirklichkeit zum Gegenstand hatten.

Es zeugte von einem Niedergang der Unterrichtsforschung (Terhart 2014), wenn diese künftig in zwei Richtungen zerfiele, von denen die eine unter weitgehender Ausblendung der unterrichtlichen Schulwirklichkeit outputorientierte Kompetenzmessungen vornähme und die andere die Erforschung von Nicht-Unterricht zum Gegenstand der Unterrichtsforschung stilisierte. Will man einer solchen Entwicklung entgegenwirken, so müssten in Forschung, Lehreraus- und Lehrerweiterbildung wieder stärker Zusammenhänge von Erziehung und Bildung thematisiert und die theoretischen und praktischen Anstrengungen zur Kultivierung eines erziehenden Unterrichts, der bildet, intensiviert werden.

# Über drei Arten von Kausalität in Erziehungs- und Bildungsprozessen und ihre Bedeutung für Didaktik und Unterrichtsforschung[4]

Der Text entwickelt und vertieft in fünf Thesen eine Unterscheidung dreier Formen von Handlungskausalitäten, die für Erziehungs- und Bildungsprozesse konstitutiv sind. Von diesen abstrahieren gegenwärtig nicht nur die empirische Bildungsforschung, sondern auch weite Teile der bildungstheoretischen Diskurse. Anliegen des Beitrags ist es, die Erforschung dieser Kausalitäten als eine Theorieentwicklungs- und Forschungsaufgabe auszuweisen, die nur in Kooperation zwischen pädagogischer und erziehungswissenschaftlicher Grundlagentheorie, empirischer Bildungsforschung und erziehungs- und bildungstheoretisch argumentierenden und forschenden Fachdidaktiken bearbeitet werden kann.

**These 1:** Mit den Begriffen ‚Erziehung' und ‚Bildung' lassen sich Sachverhalte genauer fassen, die zwar aufeinander verweisen, nicht aber identisch sind. Im Zentrum des Begriffs ‚Erziehung' stehen das Handeln und Wirken natürlicher und professioneller Erzieherinnen und Erzieher sowie Lehrerinnen und Lehrer. Im Zentrum des Begriffs ‚Bildung' stehen Wechselwirkungen zwischen Mensch und Welt, in denen sich beide, der Weltinhalte aneignende Mensch und die von diesem lernend angeeignete Welt, verändern.

Die erste These greift eine weit in die Problemgeschichte pädagogischen Denkens zurückzuverfolgende Unterscheidung auf, mit der in der Antike Lern- und Bildungsprozesse Erwachsener interpretiert wurden. Sie ist heute auf Erziehungs- und Bildungsprozesse von der frühen Kindheit an auslegbar. Der Begriff ‚Erziehung' thematisiert nicht-reziproke pädagogische Interaktionen, in denen natürliche und professionelle Pädagogen auf Lernprozesse Heranwachsender in der Absicht einwirken, Bildungsprozesse in Gang zu setzen. Wo dies gelingt, werden Bildungsprozesse zwar edukativ angestoßen und initiiert, nicht aber im eigentlichen Sinne edukativ verursacht und bewirkt.

So übernimmt das Kleinkind die Sprache seiner Umgebung keineswegs unmittelbar von seinen Bezugspersonen, sondern eignet sich diese in Auseinandersetzung mit einer vorgegebenen historischen Sprache an, die ihm zur

---

4 Der Text geht auf einen Vortrag zurück, den ich am 11. Januar 2018 auf Einladung von Malte Brinkmann an der Humboldt-Universität zu Berlin und am 19. Januar 2018 auf Einladung von Eva Matthes an der Universität Augsburg gehalten habe.

Muttersprache und später zum Ausgangspunkt für das Erlernen der Schrift und von Fremdsprachen wird. Auch andere Unterrichtsinhalte lernen Schülerinnen und Schüler nicht unmittelbar von Lehrpersonen, sondern mit deren Hilfe in Auseinandersetzung mit Sachen und Aufgaben. Die Erziehungsthematik ist darum primär eine solche für pädagogische Akteure, nicht aber eine der Lernenden selbst. Die Bildungsthematik bezieht sich dagegen nicht primär auf pädagogische Interaktionen, sondern auf gegenstands- und sachbezogene Lernprozesse und diesen zugrunde liegende Wechselwirkungen von Mensch und Welt. Diese stehen im Unterschied zur Erziehung unter keiner vorrangig pädagogischen Verantwortung.

Legt man das Gesagte auf den Unterricht als eine besondere Form pädagogischer Praxis aus, so kann man sagen, dass Lehrerinnen und Lehrer sowie Schülerinnen und Schüler im Unterricht keineswegs dasselbe tun. Lehrer lehren, indem sie Weltinhalte für ihre Schüler erst fragwürdig und dann zugänglich machen (vgl. hierzu Petzelt 1962). Schüler lernen, wie wir bei Alfred Petzelt nachlesen können, nicht dadurch, dass Lehrer ihnen im Unterricht die richtigen Antworten vorgeben. Vielmehr lockt der Lehrer, wie Klaus Prange (2005) in seiner operativen Pädagogik gezeigt hat, die Antworten seiner Schüler durch strukturierte Zeigegesten hervor. Diese lenken die Aufmerksamkeit der Lernenden auf etwas, das sie sich aus eigener Kraft nicht aneignen könnten. Der Schüler lernt, indem er sich, veranlasst durch Fragen und Aufforderungen eines Lehrers, in ihm zugleich bekanntes und unbekanntes Gelände vorwagt und am Spalt zwischen Gewusstem und Nicht-Gewusstem neue Erfahrungen macht und Einsichten entwickelt, die er ohne edukative Unterstützung nicht würde gewinnen können. So sind beispielsweise Schüler und Weltinhalt vor und nach dem Schriftspracherwerb, vor oder nach dem Zehnersprung oder vor und nach der Einführung in die Geschichte des Wohnortes sowie vor und nach dem Übergang von alltäglichen Erfahrungen mit elektrischen Schaltern und technischen Geräten in eine unterrichtliche Aneignung der Grundlagen der Elektrizitätslehre nicht dieselben. Nach der edukativ veranlassten unterrichtlichen Erfahrungserweiterung leben Lernende in einer nicht mehr allein lebensweltlich, sondern auch schriftsprachlich vermittelten, technischen und geschichtlichen Welt, über die sie mit anderen in verschiedenen z. B. lebensweltlichen, historischen, szientifischen und szientifisch-technischen Sprachspielen kommunizieren können.

Die klassische Rede vom ‚Pädagogischen Dreieck' verstellt solche Zusammenhänge mehr, als dass sie diese klärt und erläutert. E (Erzieher), Z (Zögling) und S (Sache) bezeichnen nicht drei Pole eines einheitlichen Zusammenhangs, sondern Instanzen, die lehrend und lernend sehr unterschiedlich strukturiert und aufeinander zu beziehen sind (zur edukativ und bildend auslegbaren triadischen Struktur der Erziehung vgl. Meijer 1985). Der Lehrer bringt dem Schüler nicht etwas bei, das dieser bloß nachahmend übernimmt und dann kann oder nicht kann. Der Schüler lernt für ihn Neues nicht einfach vom Lehrer, sondern in Auseinandersetzung mit einer Sache, auf die er sich, aufgefordert und geleitet durch edukative Fragen und didaktische Zeigegesten, einlässt und einlassen muss. Dabei macht er nicht nur kontinuierliche Erfahrungen im Zirkel eines schon erworbenen Vorverständnisses, sondern immer auch diskontinuierliche Erfahrungen, in denen sich Bekanntes neu ordnet und Unbekanntes mit Bekanntem auf neue Art verbindet. Solche auf unterrichtliche Vermittlung angewiesenen Erfahrungen hat Dewey in „Demokratie und Erziehung" in Abgrenzung zu einem bloß routinierten Lernen, aber auch in Abgrenzung zum Lernen auf gut Glück, edukativ provozierte „denkende Erfahrungen" genannt (Dewey 1916, 157–158; Dewey 1964, 201–202; vgl. hierzu English 2013).

Die unterschiedlichen Erfahrungen und Handlungen von Lehrern und Schülern lassen sich schematisch vereinfacht durch eine Transformation des pädagogischen Dreiecks in eine Ordnung erziehender und bildender Wechselwirkungen darstellen. Dies versucht das folgende Schema (Abbildung 1) zu verdeutlichen, das in den 1960er Jahren von Wolfdietrich Schmied-Kowarzik und mir gemeinsam entwickelt worden ist (vgl. Schmied-Kowarzik 1974; 2008; Benner 1973/2001).

Abb. 1: Zur Transformation des pädagogischen Dreiecks in eine Ordnung von Erziehungs- und Bildungsprozessen

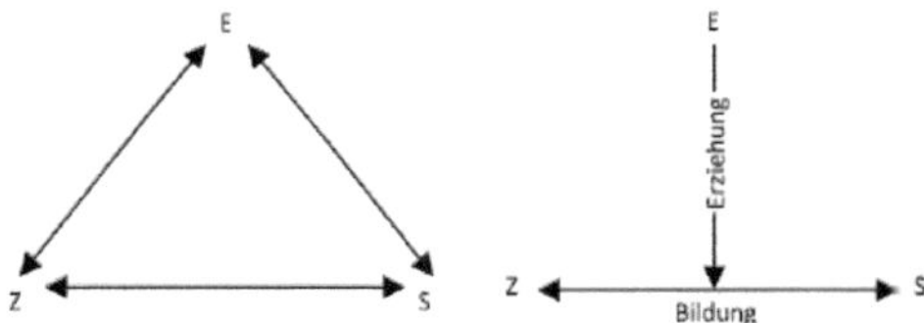


Abb. 2: Transformation des pädagogischen Dreiecks in eine Ordnung von Erziehungs- und Bildungsprozessen in einem Vortrag mit Dr. Peng Tao am 10.12.2023 an der ECNU Shanghai

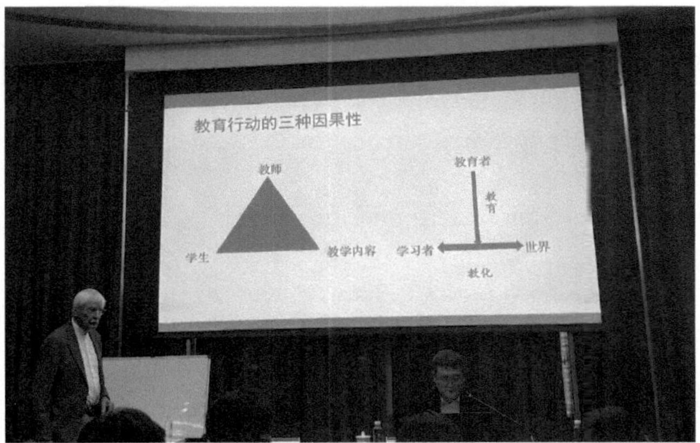

Die Transformation des pädagogischen Dreiecks in eine Unterscheidung von Erziehungs- und Bildungsprozessen habe ich zusammen mit muttersprachlichen Übersetzern auch in anderen Sprachen zeigen können.

**These 2:** Aus der Unterscheidung zwischen Erziehung und Bildung folgt, dass an pädagogischen Prozessen immer drei Arten von Kausalität beteiligt sind: erstens eine edukative Kausalität, die u. a. durch Fragen und Zeigeoperationen ausgelöst wird; zweitens eine bildende Kausalität, die der Bearbeitung positiver und negativer Erfahrungen durch Lernende zugrunde liegt; und drittens eine methodisch auszuweisende dritte Kausalität, die zwischen der ersten und zweiten Kausalität vermittelt und dann Lern- und Bildungsprozesse ohne weitere edukative Unterstützung strukturiert.

Die Unterscheidung zwischen Erziehung und Bildung führt unter didaktischen Fragestellungen zu einer Unterscheidung zwischen Lehren und Lernen. Diese ist hilfreich, um Fehlschlüsse von einem Lernen, das nicht auf unterrichtliche Unterstützung angewiesen ist, auf unterrichtlich abzusichernde Lernprozesse und von da auf vermeintlich lerntheoretisch begründete Konzepte des Lehrens zu erkennen, zu problematisieren und zu überwinden (zum didaktisch zu vermittelnden Zusammenhang von Lehren und Lernen und seiner Bedeutung für Unterrichts- und Bildungsforschung siehe auch Zheng / Meyer 2018).

Die drei Kausalitäten lassen sich an Erziehungs- und Bildungsprozessen von der frühen Kindheit bis in schulisch institutionalisierte Lehr-Lernprozesse beobachten (vgl. Piper 2018) und stehen in keinem hierarchischen Verhältnis. Die edukative Kausalität entfaltet ihre Wirksamkeit nicht ohne die bildende Kausalität. Sie bezieht sich auf einen Erziehungsprozess, der immer schon in Bildungsprozesse eingebettet ist, die er nicht aus eigener Kraft hervorzubringen vermag. Das Lernen fängt ja nicht mit der Erziehung an, sondern geht dieser voraus, begleitet sie und folgt ihr nach. Und nicht alle, sondern nur bestimmte Bildungsprozesse setzen edukative Einflussnahmen voraus. Während bildende Kausalitäten grundsätzlich auch jenseits der Erziehung zu beobachten sind, ist die dritte Form von Kausalität an Erziehungsprozesse zurückgebunden, die methodische Formierungen auf der Seite der Lernenden und der von diesen anzueignenden Weltinhalte anstreben. Sie kann nur an Bildungsprozessen beobachtet werden, die eine entsprechende Unterstützung erfahren.

Für das Verhältnis der drei Kausalitäten und ihre Beziehungen zueinander gibt es nur vorläufige Begriffe. Platon sprach von der „paideia" – ein Begriff, der sich weder nur mit ‚Erziehung' noch nur mit ‚Bildung' übersetzen lässt – als einer „Kunst der Umlenkung des Blicks" (Platon: Politeia, 518d). Hierunter verstand er eine Blickwendungspraxis, deren bildende Kraft weder vom Pädagogen noch vom Lernenden allein ausgeht, sondern sich über etwas Drittes entwickelt, das durch den Dual ‚Erziehung' und ‚Bildung' nicht erfasst wird. Die bekannte „Höhlenerzählung“ im fünften Buch seiner Abhandlung über den Staat lässt sich pädagogisch so interpretieren, dass die lehrende und die lernende Umlenkung des Blicks weder identisch sind noch zusammenfallen. In edukativen Prozessen bedarf die bildende Form von Kausalität einer edukativen Sorge, die ihrerseits die bildende Kausalität unterstützt, aber nicht verursacht (mit Blick auf chinesische Traditionen vgl. hierzu Peng 2017). Von der Wechselwirkung zwischen edukativer und bildender Kausalität kann darum schon mit Verweis auf Platon gesagt werden, dass von ihr eine Wirksamkeit ausgeht, die von keiner der beiden an ihr beteiligten Kausalitäten allein und auch nicht durch beide zusammen verursacht wird (zur paradoxalen Beziehung der unterschiedenen Kausalitäten vgl. Tenorth 2002).

Hiervon zeugt auch eine von Fichte (1796, Corrolaria zu § 3) vorgenommene Verhältnisbestimmung von Erziehung und Bildung. Sie definiert „Erziehung“ als „Aufforderung zur freien Selbsttätigkeit“. Der Zu-Erziehende wird durch einen Erzieher zur Selbsttätigkeit aufgefordert und muss die aufgegebene Tätigkeit doch selbst in Wechselwirkung mit der Welt entwerfen und vollziehen. Was dies bedeutet, hat Fichte in seinen Reden an die deutsche Nation am Beispiel einer unterrichtlichen Einführung des Dreiecks verdeutlicht, welche Lernende vor die Aufgabe stellt, herauszufinden, wie viele Geraden man wenigstens braucht, um eine Fläche zu begrenzen (Fichte 1808/1962, 399–400).

Die Unterscheidung zwischen der Aktivität eines Lehrers und der Aktivität des unter seiner Anleitung lernenden Schülers findet sich auch bei John Dewey, der ihr Zusammenspiel am Phänomen „unterbrochener Erfahrungen“ verdeutlicht. Unterbrochene Erfahrungen stellen sich, wie Andrea English (2013, 79) mit Verweis auf Dewey gezeigt hat, im Lernen nicht von selbst ein, sondern werden von einem Lehrer didaktisch durch Irritationen veranlasst, die bei den Lernenden den sonst kontinuierlichen Erfahrungsverlauf anhalten. Unter dem Einfluss von Irritationen und Unterbrechungen gewinnen Lernende Distanz zu gewohnheitsmäßig erworbenen Vorstellungen und gehen zu einem reflektierenden und kritischen Lernen und Denken über. Vom „Wesen des kritischen Denkens“ hat Dewey (1910/2002, 58) in „Wie wir denken“ gesagt, es bestehe auf Seiten der Lernenden nicht in einem „weiter so Urteilen wie bisher“, sondern „in einem Aufschieben des Urteils“, das durch Lehrende ausgelöst und unterstützt werde. Die Akte des Aufschiebens gewohnheitsmäßiger Urteile dienen nach Dewey dazu, die „Natur des Problems zu erkennen, ehe man darangeht, eine Lösung zu suchen“ (Dewey 1910/2002, 58). Von Lehrenden verlangt die erziehende und bildende Funktion des Unterricht, sich mit der Frage auseinanderzusetzen, wie viel der Lehrer sagen und zeigen soll (Dewey 1910/2002,150). Nur wenn der Lehrer nicht zu wenig und nicht zu viel zeigt, kann es ihm gelingen, bei den Lernenden Unterbrechungen einer bis dahin gegebenen Erfahrungskontinuität zu veranlassen, die dazu beitragen, dass diese an den Rändern ihres Wissens und Könnens Nicht-Gewusstes und Nicht-Gekonntes bemerken, in neue Lernprozesse eintreten und in diesen neue Einsichten gewinnen und Könnenserfahrungen machen. Das hat Folgen für den Begriff von Unterricht, den These 3 entwickelt:

**These 3:** Von Unterricht sprechen wir erst dann, wenn edukative Kausalitäten in Lehr-Lernprozessen bildende Kausalitäten freisetzen und Erfahrung und Umgang der Lernenden so erweitert werden, dass dies dem Fortgang des Unterrichts dient und für das Denken und Handeln der Heranwachsenden in außerunterrichtlichen Situationen bedeutsam wird. Die Aufgaben eines Erfahrung und Umgang erweiternden erziehenden Unterrichts gliedern sich in die Sicherung domänenspezifischer Grundkenntnisse, die Förderung einer auf diesen aufbauenden domänenspezifischen Urteilskompetenz und die Anbahnung einer über Wissen und Urteilen hinausführenden domänenspezifischen Partizipations- oder Handlungsentwurfskompetenz.

Unterricht in einem pädagogisch und didaktisch ausgewiesenen Sinne liegt nicht schon dort vor, wo Heranwachsende im Zusammenleben der Generationen etwas lernen, indem sie am Leben einer Gemeinschaft partizipieren. Von Unterricht in einem schulischen Sinne sprechen wir erst dann, wenn in alltägliche Welterfahrung und zwischenmenschlichen Umgang eingebettete Lernprozesse um künstlich arrangierte Lehr-Lernprozesse erweitert werden, die erziehungs-, bildungs- und institutionentheoretisch notwendig und zu legitimieren sind. In diesen lernen Heranwachsende etwas, das auf eine unterrichtliche Vermittlung und Aneignung angewiesen ist, weil es im Zusammenleben der Menschen unmittelbar nicht erlernt und tradiert werden kann. In unterrichtlichen Lehr-Lernsituationen tritt die edukative Kausalität pädagogischen Einwirkens zur Kausalität bildender Wechselwirkungen von Mensch und Welt in eine schulisch organisierte Beziehung. Sie erst erlaubt es, Heranwachsende in Kulturtechniken und künstliche Wissensdomänen und -formen einzuführen, die unmittelbar lebenspraktisch nicht zu vermitteln wären. Zu dem, was nur im Schulunterricht gelehrt und gelernt werden kann, gehören die Schriftsprache und die Anfangsgründe von Algebra und Geometrie. Zu diesen sind später die Fremdsprachen und in der Neuzeit die Anfangsgründe der rechnenden Naturwissenschaften sowie in modernen Gesellschaften die in diesen nicht mehr unmittelbar erinnerbare Geschichte und seit neuestem auch Ethik und Moral, Politik und Religion als auf schulische Vermittlung angewiesene Domänen hinzugetreten.

Für alle genannten Lernbereiche gilt, dass in ihrer schulunterrichtlichen Bearbeitung auseinandertritt, was in lebensweltlichen Lernprozessen im praktischen Zirkel des Zusammenlebens gemeinsam tradiert und angeeignet wird: ein alltägliches Wissen, ein mit diesem verbundenes Können sowie beider Verwendung in intergenerationellen Zusammenhängen. Wenn das Kind laufen lernt, lernt es dies in der Regel nicht künstlich, sondern in einer sich ihm erschließenden Welt, in der es sich bewegt und an dem partizipiert, was es mit anderen erfährt. Dasselbe gilt auch noch für das Sprechen lernen, nicht aber mehr für die Aneignung der Schriftsprache. Die sachbezogene und kommunikative Verwendung der Schriftsprache und ihr Einsatz in pragmatischen, poetischen und rhetorischen Kontexten werden nicht auf einmal mit den Buchstaben und Silben erlernt, sondern sind auf mannigfaltige, unterrichtlich und partizipatorisch strukturierte Lehr-Lernprozesse angewiesen. Zur Vermittlung der Buchstaben und Wörter muss die auf Grundkenntnissen basierende Entwicklung einer schriftsprachlichen Urteils- sowie einer entsprechende Sprachhandlungen entwerfenden Handlungsentwurfskompetenz hinzukommen. Alle drei Teilkompetenzen sind auf eine schulische Vermittlung in Lehr-Lernprozessen angewiesen.

Es war darum ein folgenreicher Irrtum, als die empirische Bildungsforschung in PISA 2000 Schriftsprachkompetenz in der Form von Lesekompetenz testete und die Teilkompetenz ‚Kenntnis der Orthographieregeln' nicht mit erhob (vgl. Deutsches PISA-Konsortium 2001). Mit der Reduktion der schriftbezogenen Sprachkompetenz auf eine als Output messbare Lesekompetenz abstrahierte sie nicht nur von schriftsprachrelevanten Grundkenntnissen im Bereich der orthographischen Verschriftlichung der gesprochenen Sprache, sondern auch vom sachbezogenen und kommunikativen rhetorischen Gebrauch der Sprache sowie deren handelnder Verwendung in partizipatorischen Kontexten. Kein Wunder, dass nach solchen Reduktionen, die zum Zwecke der internationalen Vergleichbarkeit der aus den Messungen an Sprachen mit unterschiedlichen Orthographien, Grammatiken und kulturellen Kontexten stammenden Ergebnisse vorgenommen wurden, die Resultate kaum noch Hinweise für die Analyse, Kritik und Verbesserung der edukativen und bildenden sowie der zwischen beiden vermittelnden Kausalitäten lieferten. Dagegen erhebt das Projekt VERA – ein Projekt zu Vergleichsarbeiten in der Schule – heute zusammen mit der Lesekompetenz auch die Orthographiekenntnisse der Schülerinnen und Schüler, nicht aber z. B. den Unterrichtsausfall; und es erfolgen Rückmeldungen an Schulen zum Entwicklungsstand der Grundkenntnisse der getesteten Schüler, die Hinweise darauf geben, welche Inhalte im Unterricht stärker thematisiert werden sollten.

Wo immer in Kompetenzerhebungen die auf die Vermittlung von Grundkenntnissen angewiesene Seite von Urteils- und Partizipations- und Handlungsentwurfskompetenz vernachlässigt wird, entzieht dies den Forschungsergebnissen einen Teil ihrer möglichen pädagogischen und didaktischen Bedeutung. Und dies nicht etwa, weil solche Zusammenhänge pädagogischen Problemstellungen gänzlich fremd wären, sondern weil die erziehende und unterrichtliche Basis von Lehr-Lernprozessen, ist sie erst einmal ausgeblendet, nachträglich nicht mehr in die Interpretation der Ergebnisse eingefügt werden kann (vgl. Zedler 2011).

An Beiträgen zum Angebot-Nutzen-Modell von Andreas Helmke und Eckhard Klieme lässt sich dies zeigen. Dieses war ursprünglich von Helmut Fend (1982, 215; Fend 2006, 22) als ein Modell entwickelt worden, um von Schülerinnen und Schülern erzielte Leistungen in Beziehung zu dem von diesen wirklich besuchten Unterricht zu setzen und Unterrichtsausfall statistisch zu berücksichtigen. Das von Helmke (2012) entwickelte Angebot-Nutzen-Modell wurde jedoch anders konzipiert. Es unterscheidet nicht zwischen der in Lehrplänen vorgeschriebenen und der in Schulen wahrgenommenen Unterrichtszeit. Helmkes Unterscheidung von Angebot und Nutzen verweist vielmehr auf die pädagogisch grundlegende Unterscheidung zwischen edukativer und bildender Kausalität, verfehlt jedoch deren Tiefenstruktur, die ja nicht im Nutzen von Angeboten liegt, sondern auf Wechselwirkungen zwischen pädagogischer Unterstützung und bildenden Selbst- und Weltkonstitutionen basiert. Helmkes Modell suggeriert, Lehren im Unterricht sei so etwas wie Angebote unterbreiten und Lernen im Unterricht könne angemessen als Nutzung entsprechender Angebote beschrieben werden.

In seiner Adaption dieses Modells hat Eckhard Klieme (2006, 765–766) ausdrücklich auf die Unterscheidung verschiedener Kausalitäten in unterrichtlichen Lehr-Lernprozessen hingewiesen, so, wenn er betont, dass das „Lehrerhandeln" nicht das „Schülerlernen" „verursacht"; die anschließende Folgerung, ersteres „erschaffe eine Lernumgebung als Raum von Lerngelegenheiten, die von den Beteiligten gemeinsam geformt und im Sinne eines Angebots individuell genutzt werden", verfehlt dann jedoch wieder den pädagogischen Sachverhalt, der in den Kategorien von Anbieten und Nutzen nicht angemessen beschrieben werden kann. In der psychologischen Professionsforschung lassen sich ähnliche Problemverkürzungen beobachten, so beispielsweise, wenn in dieser versucht wird, aus psychologischen Lernkonzepten auf die Qualität pädagogischer Konzepte des Lehrens zu schließen (vgl. Kunter / Baumert / Blum / Klusmann / Krauss 2011), oder wenn zwischen psychologischem und pädagogischem Wissen zwar unterschieden, letzteres aber durch die problematische Unterscheidung zwischen extrinsischen und intrinsischen Motivationen definiert wird (siehe den Thementeil „Kontextualisierte Erfassung von Lehrerkompetenzen" in König 2015). Diese Unterscheidung ist schon allein deshalb pädagogisch wenig aussagekräftig, weil Lehrpersonen im Unterricht immer von außen – also extrinsisch – auf Lernprozesse Heranwachsender einwirken, weshalb der aus psychologischer Sicht durchaus bedeutsame Dual nicht ausreicht, um Wechselwirkungen zwischen edukativen und bildenden Kausalitäten zu erfassen.

Das leitet zur vierten und vorletzten These über, die Bezüge zwischen den Teilkompetenzen ‚Grundkenntnisse', ‚Urteilskompetenz' und ‚Handlungsentwurfs-/Partizipationskompetenz' sowie verschiedenen pädagogischen Aufgabenformaten und Testaufgaben in der erziehungswissenschaftlichen Forschung herstellt.

**These 4:** Bei der Planung, Durchführung und Erforschung von Unterricht sind nicht nur Zusammenhänge zwischen den drei Kausalitäten und der Trias von Grundkenntnissen, Urteils- und Partizipations- bzw. Handlungsentwurfskompetenz, sondern auch Unterscheidungen und Bezüge zwischen didaktischen Aufgaben, Testaufgaben und Prüfaufgaben zu berücksichtigen. Die bildungstheoretische Didaktik und Forschung hat solche Zusammenhänge ebenso wenig thematisiert, wie die empirische Bildungsforschung dies im Rahmen ihrer bisherigen Konstruktionen von Kompetenzmodellen und -instrumenten für nur wenige, angeblich ‚starke' Fächer geleistet hat. Eine Verständigung über die Funktionen von didaktischen Aufgaben, Testaufgaben und Prüfaufgaben ist daher dringend geboten. Sie sollte berücksichtigen, dass diese Aufgaben nicht auseinander ableitbar sind, aber so konstruiert werden können, dass sie aufeinander verweisen und aneinander anschlussfähig werden.

Didaktische Aufgaben strukturieren unterrichtlich zu fördernde Lehr-Lernprozesse in untereinander konkurrierenden oder einander ergänzenden Modellen (vgl. Klafki 1963; Blankertz 1969/1975; Jank/Meyer 1991). Der didaktische Aufgabentyp konturiert Unterricht von einzelnen Unterrichtsstunden bis zu ganzen Unterrichtsreihen und versteht hierunter ein Unternehmen, das vom Lehrer geplant und gemeinsam mit Schülern realisiert wird. Ob und inwieweit didaktische Aufgaben bei Lernenden tatsächlich zu einer unterrichtlichen Unterstützung einer domänenspezifisch auszuweisenden und domänenübergreifend zu konzipierenden Kompetenzentwicklung beitragen, wird in didaktischen Modellierungen, von Ausnahmen einmal abgesehen, meistens ausgeklammert. Zu den wenigen Ausnahmen gehört der Kollegschulversuch Nordrhein-Westfalen, dem ein didaktisch und curricular ausgewiesenes Programm für eine doppelqualifizierende allgemeine und berufliche Bildung (vgl. Kollegschule NW 1972) zugrunde lag, dessen Einlösung empirisch kontrolliert wurde, nicht aber bestätigt werden konnte (vgl. Gruschka/Kutscha 1983). Generell neigen bildungstheoretische Begründungen der Didaktik dazu, über der Legitimation wünschenswerter Unterrichtsziele die Klärung der methodischen Mittel für ihre unterrichtliche Erreichbarkeit zu vernachlässigen. Dies hat dazu geführt, dass in Bildungstheorien und sich auf sie berufenden Didaktiken die Evaluierungsfunktion didaktischer Forschung weitgehend ausgeblendet wurde (vgl. hierzu die Kritik an Feiertagsdidaktiken bei Jank/Meyer 1991).

Fortschritte im Bereich der Evaluation von Lehr-Lernprozessen wurden dagegen von der empirischen Bildungsforschung erzielt, der es um die Wende vom 20. zum 21. Jahrhundert gelang, in wenigen ausgewählten Bereichen die Leistungsfähigkeit ganzer Bildungssysteme empirisch zu vergleichen. Die hierzu entwickelten und eingesetzten Testaufgaben vernachlässigten nun jedoch umgekehrt zentrale Aspekte der bildungstheoretischen Orientierung von Unterricht. Sie evaluieren zudem nicht den von Lehrern faktisch erteilten und von Schülern erfahrenen und mitgestalteten Unterricht, sondern arbeiten insbesondere mit psychologischen literacy-Modellen, die allenfalls ansatzweise und in wenigen Teilaspekten fachdidaktisch ausgewiesen sind. In seinem Beitrag über „Kompetenz, Bildung und Literalität" hat Kai S. Cortina die empirische Bildungsforschung aufgefordert, das „zu enge Prokrustesbett des Literalitätsmodells" (Cortina 2016, 37) zu verlassen und die Ergebnisse vergleichender Messungen nicht länger als für die gesamte Lebensspanne valide Befunde zu interpretieren (Cortina 2016, 29; siehe mit Blick auf Deutschland auch Cortina 2015, 239–240). Andere haben, um in der Erziehungswissenschaft eine stärkere Akzeptanz für die empirische Bildungsforschung zu sichern, die Möglichkeit einer bildungstheoretischen Erweiterung der empirischen Kompetenzmodellierungen betont und das Gelingen solcher Versuche von einer Überwindung des unfruchtbaren Duals von geisteswissenschaftlicher Didaktik und empirischer Bildungsforschung abhängig gemacht (vgl. Benner 2002; 2005; Tenorth 2004; Messner 2003; 2016; Rucker 2014).

Während didaktische Aufgaben Lehr-Lernprozesse zu strukturieren suchen und sich auf größere Zeiträume ihrer unterrichtlichen Bearbeitung beziehen, werden Testaufgaben so konstruiert, dass sie keine edukativen Prozesse unterstützen, sondern von Testpersonen erreichte bzw. verfehlte Kompetenzniveaus in kürzester Zeit messbar und vergleichbar machen. Die unterschiedlichen Funktionen beider Aufgabentypen sind auch für ihre Beziehungen zu Prüfaufgaben wie Klassen- und Abschlussarbeiten (z. B. beim Abitur) bedeutsam. Prüfungsaufgaben sind weder didaktisch noch teststatistisch allein zu legitimieren. Bei ihrer Bearbeitung sollen Lernende zeigen, ob und inwieweit sie problemorientierte und bildungstheoretisch ausgewiesene Sachverhalte als solche erfassen und differenziert bearbeiten können. Der dritte Aufgabentyp ermittelt Schülerleistungen, die über alle drei Kausalitäten vermittelt sind. Für den einzelnen Schüler sind sie Aufgaben, deren Bearbeitung ohne unterrichtliche Vorbereitung gar nicht möglich wäre. Für den Lehrer sind sie immer auch Kontrollaufgaben für die Überprüfung der Qualität seiner unterrichtlichen Praxis. Weil in die von Schülern bei der Bearbeitung von Prüfaufgaben erbrachten Leistungen stets Wirkungen eines von Lehrern erteilten und zu verantwortenden Unterrichts eingehen, sind die durch Prüfaufgaben feststellbaren Schülerleistungen als vorläufige Leistungen zu interpretieren, die keine abschließenden Urteile über deren weiteren Entwicklungsgang zulassen (vgl. hierzu Hegel 1811/1971, 274).

Die inzwischen bis in Modulabschlussprüfungen von Lehrveranstaltungen an Universitäten verbreitete Unsitte, immer mehr Prüfaufgaben durch Testaufgaben zu ersetzen, zeugt davon, dass das Verständnis für die Unterschiede zwischen den drei Aufgabentypen im Schwinden begriffen ist. Diese stehen untereinander in keinem hierarchisch legitimierbaren Ableitungsverhältnis. Weder lassen sich aus didaktischen Aufgaben Prüfaufgaben noch aus beiden Kompetenzaufgaben gewinnen. Umgekehrt gilt, dass didaktische Aufgaben nicht aus Kompetenzaufgaben und staatlich gesetzten Prüfaufgaben abzuleiten sind. Aber anschlussfähig sollten sie aneinander sein. Didaktische Aufgaben sollten ebenso auf ihre Bedeutung für die Entwicklung domänenspezifischer Teilkompetenzen befragt werden wie Modellierungen domänenspezifischer Teilkompetenzen daraufhin zu prüfen sind, ob sie diese nach bildungstheoretisch und fachdidaktisch ausgewiesenen empirisch überprüfbaren Niveaus beschreiben. Prüfaufgaben schließlich können nicht nur der Beurteilung einzelner Schüler, sondern auch der Evaluation didaktischer, curricularer und schulorganisatorischer Reformen dienen.

**These 5:** Neue Verbindungen zwischen Systematischer Pädagogik, Allgemeiner Didaktik, den Fachdidaktiken und der empirischen Bildungs- und Unterrichtsforschung erlauben es heute, die inzwischen etablierten Ansätze der Bildungsforschung um pädagogische und erziehungswissenschaftliche Problemstellungen zu erweitern und zu didaktischen Aufgaben und Prüfaufgaben in Beziehung zu setzen. Gelingt dies, so kann Bildungsforschung in Verbindung mit Unterrichtsforschung wesentlich dazu beitragen, dass die in Pädagogik und Erziehungswissenschaft schon mehrfach ausgerufene empirische Wende tatsächlich stattfindet und nicht als Abwendung von pädagogischer Theorie, sondern als Hinwendung zu einer theoretisch und empirisch argumentierenden Grundlagenforschung vollzogen wird.

In zwei von der DFG geförderten Projekten mit Namen KERK (vgl. Benner/Schieder/Schluß/Willems 2011) und ETiK (vgl. Benner/Nikolova 2016) ist es Forscherteams an der Humboldt-Universität zu Berlin ansatzweise gelungen, die Alternative bildungstheoretische Didaktik oder empirische Bildungsforschung zu überwinden und Testinstrumente zur Erfassung religiöser und ethisch-moralischer Kompetenzen in den Teildimensionen Grundkenntnisse, Urteils- und Partizipations- bzw. Handlungsentwurfskompetenz zu entwickeln. Die Testinstrumente wurden auf der Grundlage bildungstheoretisch, fachdidaktisch und empirisch ausgewiesener Items entwickelt, die so formuliert wurden, dass sie an didaktische Aufgaben und Prüfaufgaben anschlussfähig sind (zur ethisch-moralischen Bildung und Kompetenz vgl. auch Benner/von Oettingen/Peng/Stępkowski 2015).

Zu den grundlagentheoretisch (vgl. Brinkmann 2015) zwar diskutierten, empirisch aber weitgehend unbearbeiteten und auch in den beiden angesprochenen Projekten nicht gelösten Fragen gehören u. a.:

- Wie lassen sich methodische Formierungen pluraler Wissens- und Urteilsformen nicht nur für den ethisch-evaluativen Bereich, sondern auch in den sogenannten MINT-Fächern verankern und Testinstrumente entwickeln, die neben szientifischen auch aporetische (vgl. Fischer 2004), teleologische, historisch-hermeneutische, ideologie- und gesellschaftskritische (vgl. Benner 2020/2022) sowie transzendental- und voraussetzungskritische Wissens- und Reflexionsformen berücksichtigen (vgl. Litt 1968; Ruhloff 1996)?
- Wie wirken sich die im Unterricht einzuführenden Unterscheidungen zwischen szientifischen Methoden eines induktiven Empirismus im Sinne von Bacon bis Wagenschein, eines hypothetisch-deduktiven Rationalismus im

Sinne von Newton bis Popper, einer historisch-hermeneutischen Interpretation wissenschaftlicher Grundbegriffe im Anschluss an Gadamer u. a. auf bildungstheoretisch erweiterte naturwissenschaftliche Kompetenzmessungen und die in ihnen erreichten Anspruchsniveaus aus?

- Lassen sich vergleichbare Fragestellungen auch für den Mathematikunterricht und die Messung mathematischer Kompetenzen entwickeln? Können auch hier Fehlschlüsse von literacy-basierten Kompetenzmessinstrumenten auf Unterrichtsinhalte vermieden und Zusammenhänge aus der Geschichte der Mathematik – wie z. B. der Entwicklung der Geometrie zum Zweck der Bewältigung von Nilüberschwemmungen im antiken Ägypten – im Unterricht thematisiert und bei mathematischen Kompetenzmessungen berücksichtigt werden? Zur mathematischen Grundbildung und Kompetenz gehörte dann, dass Schülerinnen und Schüler beispielsweise den antiken Satz des Pythagoras, der Maßverhältnisse im rechtwinkligen Dreieck ordnet, von der auf Descartes, Newton und Leibniz zurückgehenden algebraischen Kreisformel ($x^2 + y^2 = r^2$) unterscheiden und beide auf den gesellschaftlichen Kontext der Geschichte der Mathematik zurückbeziehen können.

Die Frage, wie die Unterscheidungen zwischen drei Kausalitäten in Erziehungs- und Bildungsprozessen, zwischen Teilkompetenzen in den Dimensionen Grundkenntnisse, Urteilen und an öffentlichen Diskursen Partizipieren sowie didaktischen Aufgaben, Testaufgaben und Prüfaufgaben Eingang in qualitative und quantitative Studien finden können, verlangt in allen Fächern und Domänen nach einer Klärung der methodischen Konstitution der Unterrichtsinhalte, die an die in wissenschaftlichen Paradigmen vorkommende Vielheit relevanter Wissensformen anschließt und die Frage-, Antwort- und Zeigestruktur des wissenschaftspropädeutischen Unterrichts orientiert (vgl. hierzu Kaiser 1972/2018).

Eine unter mehreren möglichen Forschungsstrategien könnte darin bestehen, die in den Projekten KERK und ETiK entwickelten Konzepte auch für die MINT-Fächer zu erproben. Dazu müssten die vorliegenden fachdidaktischen Unterrichtskonzepte und die von der empirischen Bildungsforschung unterschiedenen domänenspezifischen Anspruchsniveaus so optimiert werden, dass in sie plurale, domänenspezifisch auszulegende Wissensformen Eingang finden und in der Beschreibung und Testung der Teilkompetenzen Grundkenntnisse, Urteilen und Partizipieren berücksichtigt werden. Vielleicht gelingt es dann, nicht nur anspruchsvollere Testaufgaben und Kompetenzmodellierungen zu entwickeln, sondern auch die heute weit verbreitete Beliebigkeit eines von Schülerfragen ausgehenden Unterrichts zu überwinden und die von Lernenden erzielten Kompetenzniveaus durch didaktische Planungen und Innovationen zu verbessern.

# Grundlegende pädagogische Unterscheidungen und ihre gegenstandskonstituierende Bedeutung für Theorieentwicklung, Forschung und Praxis[5]

In der Erziehungswissenschaft sind erziehungs-, bildungs- und institutionentheoretisch ausgewiesene und fundierte Forschungsvorhaben immer noch ein Desiderat. Seine Bearbeitung wird nicht schon durch die Unterscheidung zwischen qualitativen und quantitativen Methoden gesichert, sondern verlangt nach neuen Anstrengungen, die über die Alternative, entweder quantitativ oder qualitativ zu forschen, hinausführen. Die meisten in der Erziehungswissenschaft zum Einsatz kommenden Forschungsparadigmen argumentieren primär forschungsmethodisch und abstrahieren oft von zentralen gegenstandskonstituierenden pädagogischen Fragestellungen. Sie leisten Beiträge zu einer sozial- und kulturwissenschaftlichen Forschung, lassen aber die Bedeutung ihrer Forschungsergebnisse für eine theoretische und praktische Weiterentwicklung pädagogische Interaktionen weithin im Ungewissen. Eine handlungstheoretisch ausgewiesene erziehungswissenschaftliche Theorieentwicklung und Forschung wird dagegen versuchen, quantitative und qualitative Methoden so zu verbinden, dass die Skalierungen der empirischen Bildungsforschung verstärkt auf der Grundlage von erziehungs-, bildungs- und institutionentheoretisch ausgewiesenen Items gewonnen und die qualitativen Analysen nicht nur an phänomenologischen, hermeneutischen, sozial- und kulturwissenschaftlichen Methoden ausgerichtet, sondern zugleich durch Bezugnahmen auf elementare pädagogische Unterscheidungen und Handlungsformen geschärft werden.

Der Beitrag versucht in fünf Schritten zu zeigen, dass hierfür sechs pädagogische Unterscheidungen hilfreich sind. Sie beschreiben überparadigmatische Problemzusammenhänge, die mit verschiedenen Paradigmen und Methoden untersucht werden können und dann dazu beitragen, dass Forschungsvorhaben nicht nur zu methodisch und empirisch ausgewiesenen, sondern verstärkt auch zu handlungstheoretisch bedeutsamen Ergebnissen führen.

- Der erste Abschnitt knüpft an Aloys Fischers Studie Deskriptive Pädagogik aus dem Jahre 1914 an, die noch ohne die hier vorgestellten grundlegenden Unter-

---

5 Der Text ist die überarbeitete Fassung eines Vortrags, den ich am 3. Dezember 2020 aus Anlass der Verleihung des Titels eines Ehrendoktors der Philosophie durch die Universität Hamburg über Zoom gehalten habe.

scheidungen auskam und daher wichtige pädagogische Fragestellungen ausblendete.

- Der zweite wendet sich sechs elementaren pädagogischen Unterscheidungen zu und erläutert deren vor- und überparadigmatische Bedeutung für pädagogische Praxisanalysen und eine handlungstheoretisch ausgewiesene erziehungswissenschaftliche Theoriebildung und Forschung.
- Der dritte nutzt die Unterscheidungen für eine Beschreibung der pädagogischen Praxis in deutschen Kindergärten und berichtet über eine laufende Studie, in der Bildungspläne, Handlungskonzepte und Erfahrungen aus deutschen und chinesischen Kindergärten verglichen werden.
- Der vierte erprobt einige der grundlegenden Unterscheidungen in einer pädagogischen Re-Interpretation eines Therapiebeispiels aus dem kontrovers diskutierten Film „Elternschule", das einen gelungenen Übergang aus therapeutischer in pädagogische Praxis zeigt.
- Der fünfte kehrt zu dem an Fischer aufgezeigten Ausgangsproblem zurück und diskutiert Zusammenhänge zwischen einer vor- und einer überparadigmatisch argumentierenden Grundlagenforschung, die es von beiden Seiten her – also grundlagentheoretisch und empirisch – weiter zu klären und zu reflektieren gilt.

## 1 Rückblick auf Aloys Fischers Ansatz einer „Deskriptiven Pädagogik"

Die Bedeutung grundlegender Unterscheidungen lässt sich an einer Studie des Münchener Erziehungswissenschaftlers Aloys Fischer mit dem Titel Deskriptive Pädagogik aus dem Jahre 1914 aufzeigen, die – angeregt durch verschiedene Zeitströmungen, darunter Husserls Bemühungen um die Begründung phänomenologischer Forschung – die auch heute noch aktuelle Frage behandelt hat: „wann sind [...] ‚Ereignisse' [...] ein pädagogischer Tatbestand? Wo und was daran sind die pädagogischen Tatsachen, die Ziele der pädagogischen Deskription, die Probleme der pädagogischen Theorie?" (Fischer 1914, 57) Fischer entwickelte in seiner Studie eine vorwiegend methodologisch argumentierende Antwort und erläuterte diese an dem folgenden Beispiel:

> „Ein Vater (ein Lehrer) überraschte sein Söhnlein (einen Schüler) dabei, wie es (er) ihn gerade nachmacht; [...] in einem Zug, der dem Vater selbst nicht sympathisch erscheint. Verblüfft von dieser Entdeckung und ohne weitere Besinnung, ahndet der nachgeahmte Träger der Erziehungsautorität dieses Verhalten mit einem Klaps (je nach Gegend Ohrfeige, Maulschelle, Kopfnuss oder sonst wie genannt)" (ebd., 56).

Das Beispiel ist sehr allgemein gehalten. Es isoliert die strafende Handlung von allen anderen Formen pädagogischen Handelns und blendet vieles aus, um das man bei der Beurteilung des Falles wissen möchte, um diesen differenzierter interpretieren zu können. Fischers Beispiel ist keines mit lebensweltlichen Bezügen, sondern ein theoretisch konstruierter Fall. Die in ihm vorgenommenen Abstraktionen und Reduktionen sind in den Wissenschaften dann erlaubt, wenn sie für die Klärung der Sache, um die es geht, hilfreich und förderlich sind. Prüfen wir in der hier gebotenen Kürze, ob dies bei Fischer der Fall ist.

Seine Antwort auf die bereits zitierte Frage setzt sich aus zwei Teilen – einer negativen und einer positiven Antwort – zusammen. Die negative Antwort lautet:

> „Es könnte der Fall sein, dass der Fall der körperlichen Züchtigung eines Kindes für eine Handlung gar kein pädagogischer ist. Wenn feststeht, dass der Vater rein im Affekt gehandelt, gar nur reflektorisch reagiert hat, also jede Absicht fehlte, die Absicht der Vergeltung ebenso wie die der Abschreckung und Besserung, wenn ferner feststeht, dass das geschlagene Kind nach Überwindung des ersten Schreckens und Schmerzes, der Sache auch keine Bedeutung beimaß, wenn ihm jede weiterzielende Auffassung fehlt, ihm weder als Strafe, noch als Denkzettel der Schlag im Gedächtnis blieb, wenn erst recht jede Einsicht in den Zusammenhang zwischen seiner eigenen Aktion und der Reaktion des Vaters fehlt, erst recht jede Einsicht in etwa weitergehende Absichten des Vaters und die Motive seiner Tat – wenn alle diese Bedingungen erfüllt sind, ist das Vorkommnis der Ohrfeige keine pädagogische Tatsache“ (ebd., 57).

In seiner positiven Antwort führt Fischer anschließend aus, woran man eine pädagogische Tatsache erkennen könne und worauf man bei ihrer Beschreibung achten solle. Von der Beschreibung pädagogischer Tatsachen sagt er, sie müsse von jeglicher Bewertung der „Absichten und Ideale“ absehen, die mit einer pädagogischen Handlung verfolgt werden. Was sie beschreibt, müsse sowohl gelten, wenn ein pädagogischer Akteur oder Interpret pädagogischer Tatsachen körperliche Züchtigungen für legitim oder illegitim und die Nachahmung von Personen in lächerlichen Verhaltensweisen für erlaubt oder nicht erlaubt ansehen sollte:

> „in der Beschreibung haben wir von unseren Wertungen wie von unseren vorgefassten Begriffen vollständig abzusehen; wir haben festzustellen, dass ein Mensch bestimmte Handlungen tut, Reden spricht, Anordnungen erlässt in der Absicht, damit andere seiner Macht zugängliche Menschen zu beeinflussen, dass er eine solche Beeinflussung für notwendig und richtig hält, weil er der Ansicht ist, durch ihre kumulierte Wirkung die abhängigen Menschen, solange sie noch plastisch sind, so zu formen, wie ein ihm vorschwebendes Persönlichkeitsideal es als wünschenswert, als ‚seinsollend‘, erscheinen lässt“ (ebd., 58).

Ergänzend fügt er hinzu:

> „Ein pädagogischer Tatbestand liegt aber auch vor, wenn zwar auf der Seite des Züchtigenden die Erziehungsabsicht fehlt, auf der Seite des Gezüchtigten aber doch eine bestimmte Wirkung eintritt" (ebd., 58).

In Fischers Studie ist anfänglich nicht von pädagogischen oder für pädagogisch gehaltenen Strafen, sondern von Unterricht die Rede. Es hätte daher nahegelegen, Zusammenhänge und Übergänge zwischen strafender und unterrichtender Praxis in die Analyse einzubeziehen. Dies aber geschieht nicht. Fischer arbeitet mit einer Abgrenzung von Faktizität und Normativität, auf deren Problematik bereits Klaus Prange (2009) in seiner Würdigung von Fischers Studie hingewiesen hat. Fischers Antwort ist nicht, wie von ihm angestrebt, wertfrei, sondern ideologischen Erziehungsvorstellungen aus dem späten deutschen Kaiserreich verpflichtet, die sich in der Deskription nicht zeigen, aber hermeneutisch und ideologiekritisch aufgedeckt und im Rekurs auf grundlegende Unterscheidungen problematisiert werden können. Sein Straf-Beispiel stammt aus einer Zeit, in der Eltern, Erzieherinnen und Lehrkräfte Kinder und Lernende von Gesetzes wegen schlagen und Männer ihre Frauen züchtigen durften.

Dessen ungeachtet ist Fischers Forderung, pädagogische Tatsachen und Zusammenhänge nicht wertend, sondern wertfrei zu beschreiben, keineswegs falsch oder gar unsinnig. In den Sozial- und Kulturwissenschaften hängt die Objektivität von Deskriptionen davon ab, dass Forschung nicht einfach den Werturteilen derer, die beobachten oder beobachtet werden, folgt, sondern implizite wie explizite Wertungen bewusst macht und reflektiert. Wer Erziehungs- und Bildungsprozesse heute beispielsweise unter den Vorurteilen beschriebe, alle muslimischen Jungen seien Paschas und alle blonden deutschen Mädchen klug oder Migranten könnten grundsätzlich keine weiblichen Lehrpersonen anerkennen, der verstieße nicht nur gegen die von Fischer zu Recht aufgestellte Forderung nach einer nicht wertenden Beschreibung, sondern nutzte auch die methodischen Vorkehrungen nicht, durch die ethnographische und qualitative Studien, aber auch die Biographieforschung die Objektivität ihrer Analysen abzusichern suchen (vgl. Koller 1999; Zinnecker 2000; Closs/Thole 2006; Vienickel/Völkel 2017).

Eine ganz andere Frage ist, ob wissenschaftliche Methoden ausreichen, um pädagogische Tatsachen zu beobachten und adäquat zu erfassen.

## 2 Über grundlegende pädagogische Unterscheidungen und ihre vor- und überparadigmatische Bedeutung

Es gibt pädagogische Unterscheidungen und Zusammenhänge, die für die Erfassung der Eigenlogik und Pragmatik pädagogischen Handelns unverzichtbar sind. Werden sie in praxistheoretischen Analysen (vgl. Berdelmann et al. 2019) und an klassischen Paradigmen orientierten erziehungswissenschaftlichen Forschungsvorhaben berücksichtigt, so bringen sie eine Komplexität von Erziehungs- und Bildungsprozessen in den Blick, die sich Handlungstheorien und paradigmenorientierter Forschung nicht von selbst erschließt (vgl. Anhalt 2012; Rucker 2014). Von den folgenden Unterscheidungen weisen die Unterscheidungen 1, 2, 5 und 6 eine besondere Affinität zu Erziehungs- und Bildungsprozessen auf, während die Unterscheidungen 3 und 4 an evolutionstheoretische, entwicklungspsychologische und kompetenztheoretische Fragestellungen der empirischen Bildungsforschung anschließen.

1. Die Unterscheidung zwischen Erziehung und Bildung verweist auf Zusammenhänge, die zwischen edukativen Unterstützungen oder Gegenwirkungen durch pädagogische Akteure und bildenden Wechselwirkungen beobachtbar sind, die nicht zwischen Erwachsenen und Heranwachsenden, sondern zwischen Heranwachsenden und Welterfahrungen stattfinden. Sie besagt, dass Erziehungsprozesse stets Bildungsprozesse zum Ziel haben und grenzt Bildungsprozesse, die auf Erziehung angewiesen sind, von solchen jenseits der Erziehung ab.
2. In unterrichtlichen Lehr-Lernprozessen entspricht der Unterscheidung von Erziehung und Bildung die zwischen Lehren und Lernen (vgl. Benner 2020/2022, 48–54), die in Fischers Studie gänzlich fehlt. Von einer nicht einfach autoritativ strafenden Erziehung ist aus der Sicht grundlegender pädagogischer Unterscheidungen zu verlangen, dass erziehende Erwachsene – aus welchen Intentionen auch immer – nicht einfach zuschlagen, sondern die Situationen, in denen Erziehung gegenwirkend tätig wird, mit dem Heranwachsenden besprechen. Auf das Fehlen entsprechender Überlegungen ist zurückzuführen, dass Fischers Beschreibung die Tatsächlichkeit pädagogischer Sachverhalte weder theoretisch noch empirisch in den Blick bringt.
3. Noch deutlicher wird dies, wenn als dritte Unterscheidung diejenige zwischen positiven und negativen Erfahrungen (vgl. die Beiträge in Benner 2005) zu Rate gezogen wird, die pädagogische Akteure in Erziehungs- und Bildungsprozessen inszenieren und Heranwachsende durchlaufen, um neue Erfahrungen zu machen und zu lernen. Auch sie wird von Fischer ausgeblendet, sodass seine Beschreibung nicht erfasst, „was der Fall" ist, sondern die pädagogische Wirklichkeit auch in dieser Hinsicht verfehlt.

4. Weiter ausgeblendet bleiben in Fischers Studie alle Beziehungen zwischen Erziehung, Bildung und Kompetenz. Sie thematisiert nicht, welche Kompetenz der Sohn entwickelt oder entwickeln soll und welche pädagogische Kompetenz dem Vater womöglich abgeht und fehlt. Der züchtigende Vater sucht seinen Sohn der väterlichen Autorität zu unterwerfen und agiert damit aus einer parapädagogischen Erwartungshaltung, die in der modernen Pädagogik seit Rousseau immer wieder kritisiert worden ist.
5. Das leitet zur vorletzten Unterscheidung über, der zwischen drei pädagogischen Kausalitäten in Erziehungs- und Bildungsprozessen: einer edukativen, einer bildenden und einer methodischen Kausalität (vgl. Benner 2018b). Die erste geht von Einwirkungen eines pädagogisch Handelnden aus, die zweite aus Auseinandersetzungen des lernenden und sich bildenden Heranwachsenden mit Weltinhalten hervor, die dritte entsteht aus Wechselwirkungen zwischen erziehender und bildender Kausalität und sichert Übergänge von edukativ unterstützten Bildungsprozessen in Erfahrungen und Bildungsprozesse jenseits der Erziehung. Solche Zusammenhänge hat Fischer weder gesehen noch thematisiert.
6. Die drei Kausalitäten lassen sich noch einmal nach klassischen pädagogischen Handlungsformen in regierende, unterrichtende und beratende Erziehungs- und Bildungsprozesse unterscheiden (vgl. Benner 1987/2015, 216–240). Die Legitimität der regierenden pädagogischen Handlungsform hängt überall davon ab, dass durch sie keine positiven Ziele verfolgt, sondern Heranwachsende nur an uneinsichtigem Handeln gehindert werden. Diese Einsicht war längst bekannt, als Fischer die Strafpraxis seiner Zeit als ein Beispiel für eine adäquate Beschreibung pädagogischer Tatsachen ausgab. Pädagogisch erlaubte Strafpraktiken müssen durch Verbindungen mit den beiden anderen pädagogischen Handlungsformen Bildungsprozesse unterstützen, in denen Fremdregierung in Selbstregierung übergehen kann. Entsprechendes gilt für das Zusammenspiel der drei Kausalitäten im Unterricht. Dessen Wirksamkeit hängt in allen Fächern und Lernbereichen davon ab, dass Fremdunterrichtung in Selbstunterrichtung übergehen kann. Gleiches gilt für die beratende Erziehung. Für ihre Legitimität ist unverzichtbar, dass pädagogische Fremdberatung in Selbstberatung und Beratungsprozesse mit anderen jenseits der Erziehung übergeht.

In den zurückliegenden 20 Jahren haben sich die genannten Unterscheidungen in zwei am Paradigma der empirischen Bildungsforschung orientierten DFG-Projekten zur Modellierung und Messung religiöser und ethisch-moralischer Teilkompetenzen als hilfreich bewährt, um erziehungs- und bildungstheoretisch ausgewiesene und unterrichtsdidaktisch relevante Ergebnisse zu erzielen (Benner et al. 2011; Benner/Nikolova 2016; Peng et al. 2021). Danach wurden sie in einer Studie zur Wissenschaftsdidaktik geschärft, die Möglichkeiten der

Berücksichtigung mehrerer Wissensformen und Paradigmen im wissenschaftspropädeutischen Fachunterricht klärte (Benner 2020/2022). Gegenwärtig arbeite ich gemeinsam mit Robert Wunsch an einer sozialpädagogischen Konkretisierung (siehe Benner/Wunsch 2021). Die folgenden Abschnitte berichten über eine Erprobung im Bereich der Vorschulpädagogik sowie einer Re-Analyse eines Fallbeispiels aus einer psychologischen und medizinischen Therapie.

## 3 Zur Bedeutung der grundlegenden Unterscheidungen für eine pädagogisch argumentierende und reflektierende Analyse frühpädagogischer Erziehungs- und Bildungsprozesse

Die grundlegenden Unterscheidungen erheben keinen Anspruch auf Vollständigkeit. Sie sind in vielerlei Hinsicht ergänzungsbedürftig und können in intra- und interdisziplinären Erprobungen mit unterschiedlichen Forschungsparadigmen kombiniert und dabei ergänzt und erweitert werden. In einem gemeinsam mit Sandra Piper und Juan Gu, einer Doktorandin am „Institut für Internationale und Vergleichende Erziehung" der East China Normal University, konzipierten Projekt zur frühkindlichen Erziehung werden die grundlegenden Unterscheidungen gegenwärtig herangezogen, um pädagogische Interaktionen in deutschen und chinesischen Kindergärten auf der Basis von Praxisprotokollen zu vergleichen. Die Protokolle gliedern sich in Abschnitte A bis D und beschreiben nicht nur Interaktionen zwischen Erzieherinnen und Kindern, sondern auch solche unter den Kindern. Inzwischen liegen erste Erfahrungen und Ergebnisse aus der Arbeit mit dieser Protokollierungstechnik an fünf Kindergärten in Berlin und Brandenburg vor, welche zwischen vier Protokollabschnitten unterscheidet und die Protokollierungen nutzt, um Optimierungsmöglichkeiten der Kindergartenpraxis in Rückkoppelung mit den pädagogischen Akteuren zu ermitteln.

In Protokollabschnitt A werden, ohne systematisierende Begriffe zu verwenden oder wertende Kommentare einzufügen, Beobachtungen zu den vier Unterscheidungen in chronologischer Reihenfolge eingetragen, in Abschnitt B Hinweise zum Vorkommen oder Fehlen einzelner grundlegender Unterscheidungen notiert. Abschnitt C fasst dann reflektierende Kommentierungen des Teams zusammen und ordnet diese (1) regierend-disziplinierenden, (2) Erfahrung und Umgang erweiternden sowie (3) beratenden pädagogischen Interaktionen zu. Zusätzlich werden (4) Beobachtungen zu Übergängen in Bildungsprozesse festgehalten, die Kinder ohne pädagogische Unterstützung durchlaufen. Abschnitt D hält Vergleiche zwischen Praktiken in chinesischen und deutschen Kindergärten fest und legt mögliche Anregungspotenziale für den jeweils anderen Kulturraum offen.

## Ad C1: Ergebnisse zur disziplinierenden und ordnenden Erziehung

Die Beobachtungen zur disziplinierenden und ordnenden Erziehung belegen, dass die in Berlin und Brandenburg aufgesuchten Kindergärten in diesem Feld sehr erfolgreich arbeiten. Überall verstanden es Kinder, Ordnung zu schaffen und zu halten, ohne dass Kindergärtner eingreifen mussten: beim Spielen und Arbeiten ebenso wie beim gemeinsamen Essen und beim Decken und Abräumen von Tischen. Soweit davon bei der stark individualisierten Kindergartenpraxis die Rede sein kann, war auch das Sozialverhalten der Kinder durch gegenseitige Rücksichtnahme und Hilfe bestimmt. Überall gab es morgendliche Gesprächskreise und in Teilen dieser Gesprächskreise übernahmen Kinder sogar vorübergehend die Leitung.

## Ad C2: Befunde zu unterrichtlichen Erfahrungs- und Umgangserweiterungen

Für Kindergärten darf man keinen schulisch konzipierten Unterricht erwarten oder fordern. Aber narrative Formen einer Erfahrungs- und Umgangserweiterung durch Erzählen und Berichten sind auch in der Kindergartenpädagogik unverzichtbar, konnten aber kaum oder gar nicht beobachtet werden. Hier gilt es, eine Didaktik für den Kindergarten zu entwickeln, die Zusammenhänge zwischen Erfahrung und Umgang erweiternden Narrationen und bildenden Wechselwirkungen explizit thematisiert (vgl. Neuß 2013; Hopf 2020; siehe auch die Abschnitte zu den Erziehungs- und Bildungsbereichen Braches-Chyrek et al. 2020). Darüber hinaus sollten die Ausbildungsgänge für frühpädagogische Berufe so konzipiert werden, dass frühpädagogische Fachkräfte in ihnen jene Bildung vertieft erwerben, die sie ihrer Klientel vermitteln sollen. Unterrichtliche Erfahrungs- und Umgangserweiterungen sollten sich in allen frühpädagogischen Erziehungs- und Bildungsbereichen in der vorschriftlichen Muttersprache bewegen, in der vieles, was auf der interaktiven Ebene geschieht, sprachlich kommuniziert werden kann: durch Erzählen, Singen, narrative Erläuterungen manueller Operationen, Individuelles und Soziales voneinander unterscheidenden und aufeinander beziehenden Hinweisen, die Gemütslagen sprachlich elementarisieren, den Blick auf Eigenes und Fremdes kultivieren und Operationen des Aushandelns und Abstimmens anregen und einüben.

In den insgesamt etwa zehn Stunden umfassenden Hospitationsprotokollen finden sich nur ein bis zwei Minuten, in denen Erfahrung und Umgang der Kinder erweitert und zumindest ansatzweise etwas sichtbar wurde, das zunächst nicht im Blick der Kinder lag. Eine Erzieherin trug bei der Aufstellung des Speiseplans für die nächste Woche die Wünsche der Kinder nicht einfach in die Einkaufsliste ein, sondern gab zu bedenken, ob das von den Kindern genannte Obst und Gemüse gerade aus örtlichem Anbau zur Verfügung stand und in den Läden angeboten wurde. In die Liste wurde dann ohne weitere Vertiefung nur Obst und Gemüse aus der Region eingetragen.

### Ad C3: Beobachtungen zur beratenden Erziehung

Beratende Erziehung fand insbesondere bei der Besprechung von Ordnungsproblemen statt, die mit Verweis auf bereits eingeführte Regeln geklärt wurden. Eine Anpassung der Regeln an konkrete Situationen wurde z. B. auch dann nicht vorgenommen, als ein Junge sich beharrlich weigerte, den Abräumdienst für zwei Mädchen zu übernehmen, die das Ende ihres Frühstücks durch lange Gespräche hinausgeschoben hatten. Der Junge war – anders als die ihn kritisierende Kindergärtnerin – der Auffassung, er habe bereits alle Tische abgeräumt und gewischt, die beiden Nachzüglerinnen könnten daher ihr Geschirr selbst in den bereitstehenden Korb legen.

### Ad D: Anregungspotenziale aus dem chinesischen Blick auf deutsche Kindergärten

Der chinesischen Doktorandin fiel auf, dass es in deutschen Kindergärten außerhalb von Kreisgespräch, gemeinsamem Singen und Essen wenige oder gar keine kollektiven Arbeitsformen gibt, die in China den ganzen Tag über üblich sind. Sie stellte fest, dass deutsche Erzieherinnen dazu neigen, Erziehungs- und Bildungsprozesse weitestgehend zu individualisieren und nur selten im Kollektiv stattfindende Prozesse arrangieren und gemeinsame Erfahrungs- und Umgangserweiterungen herbeiführen. Im Beobachterteam wurde daraufhin vereinbart, in künftigen Protokollen das Fehlen solcher Situationen und Interaktionen in einem eigenen Abschnitt festzuhalten und dies in den Protokollbesprechungen mit dem frühpädagogischen Fachpersonal eingehend zu thematisieren.

Bei Juan Gu führte die für sie befremdliche Erfahrung in deutschen Kindergärten dazu, dass sich ihr Blick auf die chinesische Kindergartenpraxis veränderte, in der es kaum individualisierte pädagogische Interaktionen gibt und fast alles im Kollektiv geschieht. Nach ihrer Rückkehr nach China hat sie damit begonnen, dort Erzieher zu ermuntern, die kollektiven Praktiken um individualisierte Aufgabenstellungen und Umgangsformen zu ergänzen und stärker mit reflektierenden Bildungskonzepten zu arbeiten, die ohne im Vorhinein feststehende Verläufe und staatlich vorgegebene Lösungen auskommen. Es ist geplant, dass Sandra Piper nun von Juan Gu erstellte Protokolle über Erziehungs- und Bildungsverläufe in chinesischen Kindergärten aus deutscher Sicht kommentieren wird und in ihrer eigenen Kindergartensupervision Erzieherinnen an deutschen Kindergärten dazu anregt, die individualisierte Kindergartenpraxis durch kollektive Arbeitsformen und -themen zu erweitern.

Bei der Besprechung der Protokolle gehen wir so vor, dass wir Kindergärtnern und Kindergärtnerinnen die deskriptiven Protokollabschnitte zu A mit der Bitte zuleiten, die dort festgehaltenen Beschreibungen auf ihre Richtigkeit zu prüfen und wo erforderlich zu korrigieren und zu ergänzen. Über die in Teil B notierten Kommentare werden anschließend Gespräche geführt, in denen frühpädagogische Fachkräfte und protokollierende Wissenschaftler sich darauf verständigen, welche Bedeutung sie den Passagen zu beobachteten bzw. fehlenden regierenden, unterrichtenden und beratenden Erziehungspraktiken beimessen. Einige Erzieherinnen haben Interesse daran gezeigt, ihr Handlungsrepertoire zu erweitern. Alle stimmten darin überein, zum ersten Mal erfahren zu haben, dass eine Forschergruppe Hospitationen nutzt, um vertrauliche Rückmeldungen über die beobachtete Praxis zu geben und Forschung mit Weiterbildung zu verknüpfen.

Sollte sich die Protokollpraxis auch in anderen pädagogischen Handlungsfeldern bewähren, so könnten von ihr vielleicht Anregungen für eine Videographie ausgehen, die Erziehungs- und Bildungsprozesse unter erweiterten Fragestellungen so aufnimmt, dass die Aufnahmen nicht nur für Forschung, sondern auch für Weiterbildung in erziehenden und bildenden Praktiken eingesetzt werden können (vgl. hierzu Brinkmann / Rödel / Sales 2018; siehe auch Kreitz 2018).

## 4 Erprobung des Ansatzes in einer Re-Analyse von Szenen aus dem Film „Elternschule"

Einige der grundlegenden Unterscheidungen wurden in Re-Analysen ausgewählter Szenenfolgen aus dem Dokumentarfilm „Elternschule" (2019) von Jörg Adolph und Ralf Bücheler erprobt. Der Film handelt von stationären Therapien in der „Kinder- und Jugendklinik Gelsenkirchen", in denen der Therapeut Dietmar Langer zusammen mit seinem Team Heranwachsende im Vorschulalter behandelt, die u. a. an schweren Ess- und Schlafstörungen leiden, anstrengende Bewegungen verweigern oder ein weithin apathisches Verhalten zeigten. Einige der Therapien aus der inzwischen so nicht mehr bestehenden Abteilung (vgl. Raudies 2020) sind heute umstritten, weil sie mit Praktiken arbeiteten, die Kinder nicht nur zeitweise von ihren Eltern trennten, sondern darüber hinaus auch Zwängen aussetzten, die aus pädagogischer Sicht selbst dann besser vermieden worden wären, wenn aus therapeutischer Sicht keine Alternativen bereitgestanden haben sollten (vgl. Bundesverband Kinderschutzbund 2018). Über der berechtigten Kritik wurden in der Öffentlichkeit Dietmar Langers Hinweise zu durch Erziehung miterzeugten Problemen im Leben und Verhalten der Kinder nicht angemessen gewürdigt, auch nicht seine pädagogisch höchst sinnvolle Forderung, Machtkämpfe zwischen Eltern und Kindern unbedingt zu vermeiden, weil Kinder erst dann neue Erfahrungen machen und ihr Verhalten ändern können. Ebenso blieben Langers erfolgreiche Therapien und pädagogisch gelungenen Unterstützungen eines Mädchens, das gegen Ende des Vorschulalters das Laufen verweigerte (0:51:00–0:54:11; 0:57:19–0:60:21)[6] sowie zweier apathischer Kinder, die eine demonstrative Hilflosigkeit zeigten und nichts miteinander anfangen konnten (1:30:25–1:34:47), ungewürdigt.

Dass sich nicht nur die therapeutischen, sondern auch die pädagogisch-erziehenden und bildenden Erfolge an den im Film gezeigten Therapien differenziert beschreiben und würdigen lassen, wird an einer Szenenfolge aus der Praxis einer Therapeutin sichtbar, die Übergänge aus einer durch Erziehung mit erzeugten Problemlage erst in eine therapeutische Praxis und dann von dieser in eine neue, regelgeleitete Erziehung zeigt. Die Szenenfolge handelt von einem fünf oder sechs Jahre alten Mädchen, das jede Nahrungsaufnahme verweigerte, von seinen Eltern vorübergehend getrennt wurde und im Umgang mit der Therapeutin neue Verhaltensweisen erlernte. Die Therapeutin hielt das Kind nicht länger zum Essen an und suchte seine Weigerung zu essen auch nicht mehr durch Erziehung zu korrigieren. In der Therapie machte das Mädchen neue Erfahrungen, die es in seiner zurückliegenden Erziehung und Sozialisation so nicht hatte machen können.

In einer ersten Einstellung (1:24:39–1:24:57) sitzen das Mädchen und die Therapeutin an einem Tisch mit Speisen. Anders als die Therapeutin, hat das Kind nichts zu sich genommen. Die Therapeutin hat sich seitlich auf ihren Stuhl gesetzt und liest in einem Buch.

In einer zweiten Einstellung (1:28:19–1:29:43) beobachtet das Mädchen, wie die Therapeutin Apfelsinen isst und die Schalen in einem Mülleimer entsorgt. Es fasst den Mut, etwas Ähnliches zu tun und entsorgt einen mit Möhren gefüllten Teller in demselben Abfallbehälter. Im Film dient diese Szene der Information von Eltern, die ihre Kinder zu einer Therapie angemeldet haben. Die Therapeutin kommentiert vor diesen die Handlung des Mädchens mit den Worten, es folge seinem „Tick“. Wichtiger als dieser Kommentar ist, dass die Entsorgung des Tellers, die Teil der Therapie ist, von der Therapeutin kommentarlos zugelassen wird.

Die Therapeutin berichtet weiter (1:46:44–1:48:28), dass sie sich mit dem Mädchen täglich zu Essenszeiten für etwa 20 Minuten an einem gedeckten Tisch traf, an dem sie aß, während das Kind untätig vor einem leeren Teller saß. Als beide am siebten Tag wieder aufeinandertrafen, habe sie einen günstigen Augenblick für einen Methodenwechsel erkannt und ihr Verhalten geändert. Sie bereitete für das Mädchen ein belegtes Brötchen vor und legte dieses auf den vor dem Kind stehenden leeren Teller. Dann geschah Folgendes:

6 Die Stunden-, Minuten- und Sekundenangaben beziehen sich auf die im Literaturverzeichnis genannte DVD zum Film Elternschule (2019).

Die Therapeutin sagt: „Du kannst es."
Das Mädchen fängt an leise zu weinen.
Die Therapeutin fragt: „Soll ich dir helfen?"
Das Mädchen hört mit dem Weinen auf und lehnt die angebotene Hilfe nicht ab.
Die Therapeutin reicht dem Mädchen das belegte halbe Brötchen.
Dieses nimmt es in seine Hand, zögert einen Augenblick, führt es zum Mund und nimmt einen ersten Biss.
Ohne dazu aufgefordert zu werden, nimmt es nach einer Pause einen zweiten Bissen und isst weiter.

Die Szenenfolge stellt nicht nur einen Ausschnitt aus der Therapie dar, sondern handelt zugleich vom Aufscheinen der eigenlogischen Ordnung der Erziehung inmitten der Therapie. Sie macht Zusammenhänge sichtbar, die mit Hans-Christoph Koller (2019) als Teil eines krisenhaft verlaufenden transformatorischen Bildungsprozesses interpretiert werden können.

Anfangs beobachtet die Therapeutin, scheinbar teilnahmslos in ein Buch vertieft, die fortgesetzte Ablehnung des Mädchens, Nahrung zu sich zu nehmen, und toleriert die Entsorgung der angebotenen Mahlzeit ohne Entrüstung. Sie bricht auf diese Weise bewusst mit einer vorausgegangenen Erziehungspraxis, in der das Mädchen aus elterlicher Sorge zum Essen genötigt und gefüttert wurde und dadurch die Nahrungsaufnahme zu verweigern lernte. Dadurch entsteht ein Freiraum, in dem das inzwischen unter zunehmender Kraftlosigkeit leidende Mädchen Hunger auf neue Weise zu empfinden lernt. Die Therapeutin erläutert dies vor den Eltern, mit denen sie die Szene betrachtet, mit den Worten, das Mädchen müsse seine Erfahrungen selbst interpretieren und die richtigen Schlüsse für sich ziehen.

Zum Erfolg der Therapie trägt bei, dass die Therapeutin das Mädchen nicht zu füttern versucht, sondern ihm das Brötchen in die Hand gibt. Sie strebt keine von außen verordnete Verhaltensänderung an, sondern agiert mit einer Aufforderungsgeste, die nicht festlegt, was das Mädchen tun oder lassen soll. Die angebotene Unterstützung will erst in Verbindung mit dem, was das Kind durch sie erfährt, denkt und tut, praktisch werden. Sie übt keinen nötigenden Zwang aus, sondern spricht das Kind leiblich und sprachlich in seiner Freiheit an. So entsteht eine Chance, die das Mädchen selbst ergreifen muss. Tut es dies, so kommt es zu einer bildenden Wechselwirkung, in der es selbst ein anderes wird und sich auch die Welt verändert.

Die Szene zeigt nicht nur die sprachlich und leiblich artikulierte Aufforderung zur freien Selbsttätigkeit, sondern auch den durch die Therapeutin angestoßenen Bildungsprozess. Als diese dem Kind das Brötchen reicht, zögert dieses einen Augenblick und ergreift erst dann die ihm angebotene Speise. Es führt sie nicht sogleich zum Mund, sondern unterbricht den Handlungsablauf, als müsse es die neue Erfahrung erst einmal begreifen. Es schaut auf seine Hand mit dem

Brötchen, nimmt dann einen ersten Bissen und fängt an zu kauen. Auch diese Erfahrung muss verarbeitet werden. Nach einer erneuten Unterbrechung nimmt es einen zweiten Bissen und wiederholt alles noch einmal.

Die Interaktion hätte an vielen Stellen abgebrochen werden und scheitern können. Der Film zeigt, dass zu der von der Therapeutin ausgehenden edukativen Kausalität eine bildende Kausalität hinzutritt, die einer Wechselwirkung zwischen dem Kind und dem Gegenstand entspringt, den es in die Hand nimmt. Zu beiden kommt eine dritte Kausalität hinzu. Aus der Wechselwirkung beider Kausalitäten entwickelt es die Kompetenz, selbst die zum Essen notwendigen Operationen vollziehen und diese frei koordinieren zu können. Dadurch erreicht die transformatorische pädagogische Interaktion ihren Abschluss. Was nun folgt, sind Übungen, in denen sich das neu Gelernte verstetigt. Die Szenenfolge schließt mit der für Mutter und Kind neuen Erfahrung, ohne weitere therapeutische oder pädagogische Unterstützungen gemeinsam essen zu können (1:54:26–1:55:05).

Die Re-Analyse der Szenenfolge legte im Rückgriff auf grundlegende pädagogische Unterscheidungen Übergänge von der vorausgegangenen Erziehung in Therapie sowie von dieser in ein verändertes pädagogisches Handeln offen. Und sie machte deutlich, dass die Therapeutin mehr tut, als sie vor den Eltern zu erkennen gibt, und auch anderes, als sie in ihren Kommentaren zu diesen sagt. Dieses „Mehr" macht die Szenenfolge zu einem pädagogisch eindrucksvollen und erziehungs- und bildungswissenschaftlich bedeutsamen Dokument.

## 5 Zur Bedeutung vorparadigmatischer Deskriptionen von Erziehungs- und Bildungsprozessen in paradigmatisch orientierten Forschungsvorhaben

An grundlegenden pädagogischen Unterscheidungen ausgerichtete Beschreibungen und Rekonstruktionen von pädagogischen Aktionen oder Aktionen mit pädagogischen Aspekten können, wie im Abschnitt 3 gezeigt, Analysen anregen, in denen die Qualität einer vorgegebenen Praxis reflektiert und nach Möglichkeiten ihrer Weiterentwicklung gefragt wird. Die vorgestellten Unterscheidungen können darüber hinaus, wie in Abschnitt 4 versucht, dazu beitragen, paradigmatisch ausgerichtete Forschungsvorhaben stärker unter Einbeziehung von Fragestellungen einer pädagogisch ausgewiesenen Handlungstheorie zu konturieren. Ob und inwieweit dies gelingt, entscheidet sich nicht in grundlagentheoretischen Reflexionen zur möglichen praktischen, theoretischen und empirischen Bedeutung der in diesem Beitrag herangezogenen grundlegenden pädagogischen Unterscheidungen, sondern erst in der Zusammenarbeit zwischen pädagogischer Grundlagenforschung und paradigmatisch ausgewiesenen

Forschungsvorhaben sowie an der Frage, was beide zur Verbesserung einer vorgegebenen Praxis beitragen.

Die Beispiele illustrieren, dass die im Abschnitt 2 entwickelten grundlegenden pädagogischen Unterscheidungen Eingang in Praxisanalysen finden können und hilfreich sind, um paradigmatisch ausgewiesene Forschungsvorhaben durch pädagogische Fragestellungen zu erweitern und zu vertiefen. Kooperationen der aufgezeigten Art können mit allen Paradigmen eingegangen werden und führen dann über den Dual von quantitativer und qualitativer Forschung hinaus. Besondere Anschlussmöglichkeiten bestehen zu praxistheoretischen Analysen, die durch Berücksichtigung der vorgestellten grundlegenden pädagogischen Unterscheidungen an Relevanz gewinnen können (siehe für die Sozialpädagogik Aghamiri et al. 2018; für die Schulpädagogik Berdelmann et al. 2019). Dies gilt auch für die ethnographisch forschende Schulpädagogik und die weithin psychometrisch verfahrende empirische Bildungsforschung, die sich durch Einbeziehung grundlegender pädagogischer Unterscheidungen ergänzen und vertiefen lassen (vgl. Helsper/Klieme 2013; siehe auch Benner 2020, 74). In der phänomenologischen Erziehungs- und Bildungsforschung werden schon seit geraumer Zeit allgemein-pädagogische Unterscheidungen mit phänomenologischen Analysen verbunden (vgl. Meyer-Drawe 1986; Brinkmann/Rödel 2018). In den gegen Ende von Abschnitt 2 angesprochenen DFG-Projekten gelang es erstmals, ein Modell zur Testung religiöser und ethisch-moralischer Teilkompetenzen zu entwickeln, das zwischen Grundkenntnissen, Deutungs- und Urteils- sowie Partizipations- und Handlungsentwurfskompetenzen unterscheidet und dadurch differenzierte Rückmeldungen an einzelne Schulen, Klassen und Lehrpersonen erlaubt. Inzwischen gibt es Vorhaben, die drei pädagogischen Handlungsformen in der Elementar-, der Schul- und Sozialpädagogik zur Geltung zu bringen und sie für die Entwicklung einer narrativen Didaktik im Bereich der Frühpädagogik und Sozialpädagogik fruchtbar zu machen (vgl. Benner/Wunsch 2022).

Gelingen solche Kooperationen, so müsste der Gedanke einer Einheit des Pädagogischen, dem Klaus Prange in seiner operativen Pädagogik des Zeigens zu neuerlicher Bedeutung verholfen hat (siehe Prange 2005), nicht länger in allgemein-pädagogische Reflexionen ausgelagert werden. Er könnte in der Vielheit erziehungswissenschaftlicher Theorien und Forschungskonzepte selbst verankert werden und von da aus eine neue Bedeutung für eine auch praxistheoretisch ausgewiesene Professionalisierung pädagogischer Berufe gewinnen.

# 2 Drei allgemeine Praktiken moderner Erziehung

Im zweiten Teil ist von drei Praktiken moderner Erziehung die Rede: von einer regierenden Praktik, die früher die ganze Erziehung umfasste und heute nur Schaden von Kindern, Jugendlichen und der Gesellschaft abhalten, aber keine positiven Normierungen mehr vornehmen darf, von einer unterrichtenden Praktik, die Erfahrung und Umgang Heranwachsender erweitert, und von einer beratenden Praktik, in der es nicht primär um Weltverstehen, sondern um Verständigungsprozesse mit Blick auf individuelles und gemeinsames Handeln geht. Die regierende Praktik der Erziehung wird im ersten Text thematisiert, der einen Begriff der Freiheit im pädagogischen Sinne entwickelt, der auch den anderen Praktiken der Erziehung zugrunde liegt. Der lehrenden Praktik ist eine eigene Studie gewidmet. Sie legt die allgemeine Trias von Erziehung, Bildung und Kompetenz auf Lehr-Lernprozesse aus und erkennt diesen eine bedeutende Funktion in allen Professionen der Erziehung zu. Die dritte Studie weist die Praktik des Miteinander Streitens als eine genuine pädagogische Praktik aus, die im Zentrum der beratenden Praktik der Erziehung steht und in alle pädagogischen Handlungsformen hineinspielt. Sie gilt es heute gegen Übergriffe fundamentalistischer Bewegungen mit illiberalen Streitkulturen zu verteidigen.

# Freiheit im pädagogischen Sinne[7]

Der Beitrag gliedert sich in drei Abschnitte. Der erste unterstreicht die Aktualität des Themas mit Blick auf Forderungen der Kinderrechtsbewegung sowie Erkenntnisse der Hirnforschung und bringt einen Anfang des 19. Jahrhunderts geführten Diskurs über die Ableitbarkeit oder Nicht-Ableitbarkeit der Erziehung aus empirischer Anthropologie und Praktischer Philosophie in Erinnerung. Der zweite stellt philosophischen Erörterungen der Freiheitsthematik, die seit der Antike die Erziehungstatsache ausgeblendet und vernachlässigt haben, einen praxistheoretischen Begriff der Freiheit im pädagogischen Sinn gegenüber, der zwischen Willensfreiheit, Freiheit vom Willen und Willensbildung unterscheidet. Er schließt mit einer Bestimmung der Beziehungen zwischen Bildsamkeit, Erziehung und Freiheit, die für pädagogische Anschlussreflexionen an die Kinderrechtsbewegung und praxistheoretische Interpretationen von Ergebnissen der Hirnforschung bedeutsam sind.

## 1 Gibt es eine Freiheit im pädagogischen Sinn?

Ob es überhaupt eine Freiheit im pädagogischen Sinn gibt, war lange kein Thema und spielt auch heute z. B. in der Kinderrechtsbewegung und in Experimenten der Hirnforschung kaum oder nur eine nachgeordnete Rolle. Das lässt sich ändern, wenn man diese mit einem pädagogischen Freiheitsverständnis konfrontiert, das in der Eigenlogik moderner Erziehung gegründet ist und Freiheitsaspekte anspricht, die auch schon in älteren Formen der Erziehung wirksam waren.

### Über widerstreitende Freiheitsbegriffe der Kinderrechtsbewegung und der Hirnforschung und die in beiden vernachlässigte Erziehungstatsache

Die 1990 verabschiedete Uno-Kinderrechtskonvention war ein wichtiger Schritt zur juristischen Stärkung der Rechte von Kindern (siehe hierzu Schmahl 2017; in der Pädagogik Maywald 2018), aber sie ist immer noch nicht zu einem Meilenstein in der edukativen und gesellschaftlichen Sicherung dieser Rechte geworden.

7 Überarbeiteter Beitrag mit neuen Schluss, der 2022 für einen Band zum anthropologischen Verständnis von Freiheit verfasst wurde, der dann als Band über „Freiheit im planetarischen Raum des 21. Jahrhunderts" erschienen ist.

Über der moralisch und politisch legitimen Forderung, Kinderrechte in Verfassungen und Gesetzen zu verankern, droht die im engeren Sinn pädagogische Frage vernachlässigt zu werden, wie Kinder so erzogen werden können, dass sie diese Rechte auch interpretieren und zu Rechten anderer in Beziehung setzen können. Kinderrechte zu sichern, ist eine wichtige Forderung an das Erziehungssystem und seine Umwelten, aber noch kein Konzept, nach dem Kinder auf die Wahrnehmung dieser Rechte und die Übernahme der mit ihnen verbundenen Pflichten vorbereitet werden können. Um diese Frage zu erörtern, muss zwischen juristischen und pädagogischen Aspekten von Kinderrechten (vgl. Prange 2010, 134–142) sowie ethischen, juristischen und pädagogischen Freiheitsbegriffen unterschieden werden.

Manche stellen sich diese Frage heute deshalb nicht mehr, weil sie in der menschlichen Freiheit nur mehr eine Illusion erkennen, und verweisen auf Experimente, die der Neurowissenschaftler Benjamin Libet Anfang der 1980er Jahre gemacht oder angeregt hat. Sie sollen nachgewiesen haben, dass Freiheit nichts weiter als eine Täuschung ist und Gehirne über mögliche Handlungen immer schon entschieden haben, wenn Menschen zu urteilen und zu handeln beginnen. Libet ließ Testpersonen auf ein bestimmtes Zeichen hin eine vor dem Test verabredete Handlung bzw. Wahlhandlung vollziehen und fand dabei heraus, dass Sekundenbruchteile vor den wissentlich vollzogenen Handlungen eine nicht-bewusste Hirnaktivität stattfindet. Dies interpretierte er so, als würden die Handlungen zugrundeliegenden Entscheidungen nicht von den Handelnden selbst, sondern vorbewusst von deren Gehirnen getroffen.

Was die beobachtete Gehirntätigkeit anzeigt – eine Hirnentscheidung, eine Aufmerksamkeitsregung oder eine Hirnaktivierung – ist inzwischen selbst unter Hirnforschern umstritten. Statt durch simple Knopfdruckexperimente (vgl. Schwemmer 2005, 234) herausfinden zu wollen, ob und wann Freiheitserfahrungen reale oder illusionäre Erfahrungen sind, müssten auf Urteilsbildung basierende Beziehungen zwischen Freiheit und Kausalität nicht nur in Philosophie und Pädagogik, sondern auch in der Hirnforschung untersucht werden (vgl. Herrmann 2021). In diesem Zusammenhang ist es verdienstvoll, dass der Schweizer Erziehungsphilosoph Johannes Giesinger (2010, 421) die Frage nach dem Verhältnis von Freiheit und Erziehung erneut gestellt und eine philosophische „Vereinbarkeit von Willensfreiheit und Erziehung“ in Erinnerung gebracht hat, die einem Freiheitsbegriff verpflichtet ist, der unter Freiheit weder eine transzendentale Autonomie noch eine Illusion, sondern etwas Drittes versteht, nämlich die „Fähigkeit, aus Gründen zu handeln“.

An diese These knüpfen die folgenden Ausführungen an. Sie ergänzen sie um eine Antwort, die nicht aus der Philosophie stammt, sondern von der theoretischen, wissenschaftlichen und praktischen Pädagogik entwickelt wurde.

## Über die Nicht-Ableitbarkeit von Erziehung und Freiheit im pädagogischen Sinn aus empirischer Anthropologie und Praktischer Philosophie

Bis zu Beginn der Moderne wurden philosophische Freiheitsdiskurse unter weitgehender Ausklammerung der Freiheit in der Erziehung geführt. So unterschied Aristoteles zwischen einer vor aller Erziehung in der menschlichen Natur begründeten Freiheit der Polis-Bürger und einer natürlichen Unfreiheit von Sklaven. In den der Pädagogik gewidmeten Teilen seiner Politik vertrat er die Auffassung, Kinder freier Bürger seien für in Freiheit auszuübende Tätigkeiten zu erziehen, Sklaven könnten dagegen bloß an Gehorsam gegenüber Freien gewöhnt werden und als „beseelte Werkzeuge" Arbeiten verrichten, die für Freie unschicklich seien (siehe Aristoteles: Politik 1253b 23–1255b 40).

Dass die Freiheit von Kindern und Jugendlichen durch Erziehung gefördert und vor gesellschaftlichen Übergriffen geschützt werden muss, erhob erstmals Rousseau (1762/1779) in seiner Abhandlung Emile oder Von der Erziehung zum Programm, in der er eine literarische Beschreibung eines fiktiven Erziehungsexperiments vorlegte. In seinen späten „Träumereien eines einsamen Spaziergängers" sagte er von der menschlichen Freiheit in einem mit seinem pädagogischen Freiheitsverständnis abgestimmten Sinne:

> „Ich habe nie geglaubt, dass der Mensch frei ist, wenn er tun darf, was er will; er ist es, wenn er nicht tun muss, was er nicht will. Diese Freiheit habe ich immer laut eingefordert, oft auch erkämpft und bewahrt, und dies nahmen mir meine Zeitgenossen am meisten übel. Kein Wunder: diese Hochaktiven, Aufgewühlten, Ehrgeizigen finden es fürchterlich, wenn andere frei sind, und möchten selber gar nicht frei sein, solange sie hin und wieder ihren Willen bekommen, oder besser, solange sie ihn anderen aufzwingen dürfen" (Rousseau 1776–1778, 114).

Vier Jahrzehnte nach Rousseaus Emile untersuchte im deutschen Sprachraum Johann Friedrich Herbart (1804) in seiner Abhandlung Über die ästhetische Darstellung der Welt als das Hauptgeschäft der Erziehung die Frage, ob Erzieher mit der „Vorstellungsart" von Philosophen, die unter Freiheit die Freiheit eines freien Willens verstehen und den „guten Willen", den „steten Entschluß", die „Sittlichkeit" und die „Tugend" „unmittelbar im Begriff" der Moralität und Sittlichkeit vorfinden, überhaupt etwas „anfangen" können (Herbart 1804, 105 f.). In seiner 1806 erschienenen Allgemeine Pädagogik entwickelte er eine neue, nicht mehr auf Geburts- und Berufsstände bezogene, sondern für alle Menschen geltende Ordnung und Pragmatik der Erziehung, die Heranwachsende in ein reflektierendes Fühlen, Denken, Urteilen und Handeln einführt, das nicht aus philosophischen Begriffen abgeleitet, sondern am eigenlogischen „Zweck der Erziehung" ausgerichtet ist.

Zwei Jahrzehnte später erweiterte Friedrich Schleiermacher (1826, 14–19) Herbarts Auffassung um die These, Pädagogik und Erziehung seien nicht nur aus Ethiken unableitbar, sondern könnten auch nicht empirisch-anthropologisch begründet werden. In seinen Vorlesungen über Erziehung und Erziehungskunst führte er aus, moderne Erziehung basiere auf einem Generationenverhältnis, in dem Heranwachsende nicht einfach in bestehende Sitten, sondern in Diskurse über das Gute im weiten Sinne eingeführt werden. Von einer solchen Erziehung sagte er, sie sei weder aus ethischen Regulativen noch aus Erkenntnissen einer empirischen Menschenkunde oder Anthropologie zu begründen. „Bei dieser möchten wir uns [...] noch übler befinden als bei der Ethik" (Schleiermacher 1826, 19). Sobald sich bei Kindern Begabungen zeigten, offenbarten diese nicht Anlagen einer ersten Natur, sondern habe immer schon Erziehung stattgefunden und gewirkt. In Auseinandersetzung mit ethischen und anthropologischen Begründungsversuchen gelangte er zu dem Ergebnis:

> „Wir haben somit eine nähere Bestimmung unserer Aufgabe gefunden, indem wir den Prozeß der Erziehung an eine Tätigkeit anknüpften, die im Anfange erregend, im Fortgange leitend, sich an die Idee des Guten anzuschließen habe, mit Rücksicht auf die Unentschiedenheit der anthropologischen Voraussetzungen" (ebd., 21; vgl. auch Heid/Fink 2004).

Zwischen Herbart und Schleiermacher bestand Einvernehmen, dass Ethiken ihre Aussagen an bereits Erzogene adressieren und deren ethisch-moralischen Urteile nur schärfen können, wenn diese zuvor als Kinder und Jugendliche in der Erziehung selber denken, urteilen und handeln gelernt haben. Für das Verhältnis zwischen pädagogischen und ethisch-moralischen Theorien besagt dies, dass die Ansprechbarkeit der Menschen für ethische Argumente eine Erziehung voraussetzt, die diese Ansprechbarkeit gefördert hat, und dass deren Fehlen bei Erwachsenen nicht auf ihre Natur zurückgeführt werden kann, sondern unter einen Erziehungsvorbehalt gestellt werden muss. Dieser lautet: wären missratene Erwachsenen anders erzogen worden, so hätte sich auch bei ihnen eine Ansprechbarkeit für das Gute entwickeln und zeigen können.

Als Ergebnis der um 1800 geführten Diskurse ist festzuhalten, Pädagogik ist ein genuiner Teil der Lehre vom Menschen und Erziehung muss pragmatische Voraussetzungen dafür sichern, dass Erwachsene ethisch-moralisch und politisch angesprochen werden können (siehe auch Prange 2010). Die Frage, ob Pädagogik und Erziehung empirisch-anthropologisch und moralphilosophisch-ethisch begründet werden können, lässt sich daher nur so beantworten, dass Erziehung eine den Begriff des Menschen und die Idee des Guten mit konstituierende Tatsache ist, die zu außerpädagogischen Sachverhalten in Beziehung steht, durch diese aber nicht begründet werden kann. Es war diese Einsicht, die Christoph Wulf und andere veranlasste, in der Deutschen Gesellschaft für Erziehungswissenschaft die Kommission „Pädagogische Anthropologie“ zu gründen, die heute Teil der Sektion „Allgemeine Pädagogik“ ist (vgl. Wulf 2022; zu Theoriebildung und Forschung in der pädagogischen Anthropologie siehe Wulf/Zirfas 1994; Wulf 2001).

## Vorläufige Antwort auf die Frage, was unter Freiheit im pädagogischen Sinn zu verstehen ist

Gilt das, was von der Nicht-Ableitbarkeit des Begriffs der Erziehung aus empirischen Befunden der Anthropologie und ethisch-moralischen Ordnungen der Praktischen Philosophie gesagt wurde, auch für die Freiheit im pädagogischen Sinn? Ist auch hier Erziehung eine Voraussetzung dafür, dass Sozialitäten freier Menschen überhaupt entstehen können und möglich sind? Nach Schleiermacher lässt sich auch diese Frage nicht empirisch-anthropologisch oder ethisch-moralisch beantworten. Moderne Erziehung bereitet Heranwachsende nicht auf ein gesellschaftlich vorbestimmtes Leben, sondern auf den Eintritt in eine „Mitgesamttätigkeit“ vor, in der alle an allen großen Lebensgemeinschaften partizipieren (Schleiermacher 1826, 16). Hierzu kann Erziehung einen Beitrag leisten, wenn sie dafür sorgt, dass „in die jüngere Generation etwas hineinkomme, was in der Masse nicht ist“. Mit Blick auf anstehende Reformen stellt er fest, die „Verfassung“ der Gesellschaft könne erst „vollkommener“ werden, wenn Erziehung bei den Heranwachsenden die Entwicklung einer Selbsttätigkeit unterstütze (ebd., 65), in der Kinder weder einfach ihrem Willen folgen noch angestammte Bestimmungen übernehmen, sondern eine Freiheit im pädagogischen Sinn erfahren und entwickeln (vgl. hierzu Brüggen 2022a).

Über die Frage, was hierunter zu verstehen ist, veröffentlichte ein Jenenser Schüler des Philosophen Fichte mit Namen „Ritter“ 1798 im Philosophischen Journal einer Gesellschaft Teutscher Gelehrten einen Beitrag, in dem er ausführte, die Pädagogik müsse zu einer „Erziehungs-Wissenschaft“ weiterentwickelt werden, die das Problem der Freiheit in der Erziehung thematisiert und klärt: „Man hat [...] den Zweck der Erziehung so bestimmt, daß man sagte: die Erziehung müsse zur Freiheit führen. Allein ehe dies postuliert worden wäre, hätte man vorerst bestimmen sollen: ‚wie man der Freiheit unbeschadet erziehen könne;‘ hieraus würde dann allein das Recht zur Erziehung deducirt werden können. [...] Ob und wie aber der Freiheit unbeschadet erzogen werden könne, wird sich aus der Erziehungs-Wissenschaft [...] darthun lassen müssen. Vielleicht wird sich dann zeigen, daß eine wahre, nach Gesetzen des menschlichen Geistes richtig bestimmte Erziehung, die Freiheit der Personen nicht störe, sondern daß vielmehr die Freiheit der Personen zur Möglichkeit einer solchen Erziehung vorausgesetzt werden müsse“ (Ritter 1798, 70 f.).

An der im Zitat ausgelassenen Stelle weist Ritter darauf hin, dass die gesuchte Freiheit von den Erziehenden nicht nur angestrebt, sondern beim Erziehen auch anerkannt werden muss. Wo immer „Staat und Kirche als eine moralische Person [...] auf in ihm heranwachsende junge Bürger" Erziehungsrechte beanspruchen, müsse bedacht werden, dass „auch diese jüngern Glieder Rechte [...] haben. Sie müssen sie haben, wenn sie auch gleich dieselben als Unmündige nicht behaupten können. Können sie aber auch dieselben nicht behaupten; so hat Staat und Kirche doch kein Recht, sie zu verletzen. Will also Staat und Kirche erziehen; so muss dieses der Freiheit unbeschadet geschehen können" (ebd., 71).

Damit war eine erste Antwort auf die Frage nach einer Freiheit im pädagogischen Sinn gefunden, die Thomas Rucker (2021a) in einer Studie über „Erziehung zur Moralität in einer komplexen Welt" auf die heutige Zeit ausgelegt hat. Freiheit in der Erziehung ist keine, die erst mit der Erreichung eines außerpädagogisch gesetzten Alters der Mündigkeit erreicht wird, sondern eine, die in enger Beziehung zur Eigenlogik und Aufgabe moderner Erziehung, aber auch zu komplexen Mündigkeitsanforderungen moderner Gesellschaften steht.

## 2 Von philosophischen Diskursen über Freiheit und Kausalität zu pädagogischen Diskursen über Freiheit in der Erziehung und Kausalitäten im pädagogischen Handeln

Der vorläufige Begriff einer in der Erziehung wirksamen Freiheit führte zu einem theoretischen und praktischen Bruch mit einer langen Tradition, in der die Erziehung als eine nachgeordnete Praxis interpretiert wurde. Um diesen Bruch zu beschreiben, wird zunächst auf die Ausblendung und Vernachlässigung der Erziehungstatsache im antiken Mythos und in anthropologischen Reflexionen von Platon bis Pico della Mirandola hingewiesen, dann die von Rousseau ausgehende freiheitstheoretische Neubegründung moderner Erziehung um 1800 vorgestellt und schließlich gezeigt, aufgrund welcher Praktiken moderne Erziehung heute ohne Beschädigung der Freiheit im pädagogischen Sinn möglich ist.

### Zur Ausblendung der Erziehungstatsache im antiken Mythos und in philosophischen Anthropologien von Platon bis Pico

Nach dem in Hesiods Theogonie überlieferten Mythos wurden die Menschen von Göttern aus Erde geformt und dann in drei Phasen durch Epimetheus, Prometheus und Zeus mit Gaben ausgestattet (siehe Hesiods Theogonie; vgl. auch Platon: Protagoras 320c–323d). In Platons philosophischer Auslegung des Mythos beginnt die Geschichte des Menschen damit, dass Epimetheus alle Tiere mit Fähigkeiten ausstattet, die ersten Menschen aber ohne kosmische Einordnung, in

Schleiermachers Übersetzung „unbegabt“ und „unausgestattet“ (akósmeton), belässt (siehe Protagoras 321c). Um das Überleben der menschlichen Gattung zu sichern, bringt Prometheus den Menschen aus der Schmiede des Hephaistos das Feuer und wird so zum Vater der technischen Zivilisation. Die Menschen stellen nun nicht nur Waffen her, sie führen auch Kriege und drohen sich gegenseitig umzubringen. Daraufhin sichert Zeus ihr weiteres Dasein, indem er jedem Einzelnen die Gabe verleiht, Scham und Unrechtsempfinden zu entwickeln und politische Gemeinschaften zu gründen (vgl. Benner et al. 2015, 22–31). Die Erziehungstatsache spielt bei alledem keine Rolle. Wo von ihr in anderen Zusammenhängen die Rede ist, wird sie als eine auf Strafen und Gehorsam gegründete Eingewöhnung nachwachsender Generationen in bestehende Sitten beschrieben, nirgends aber als eine produktive Praxis, die die Entwicklung von Neuem fördert und zur Verbesserung von Moral und Sitte beitragen kann.

Die Erziehungstatsache fehlt auch in Platons Kunstmythos einer Höhle, in der Menschen gefesselt an Armen und Beinen vor einer Wand sitzen, auf der sie Schatten von Gegenständen wahrnehmen, die von einem Feuer in ihrem Rücken hin und her bewegt werden (vgl. Platon: Politeia, 514a–519b). Die Höhle ist mit Erwachsenen bevölkert und der Begriff der „Paideia“, den Platon entwickelt, ist nicht für die Erziehung von Kindern und Jugendlichen, sondern für die Bildung von Philosophen gedacht. Er handelt von einer Praxis, die eine Elite zur Übernahme von politischer Verantwortung befähigen soll und als Kunst vorgestellt wird, den eigenen Blick zu wenden und andere zur Wendung ihres Blicks auffordern zu können (ebd., 518b-d). Das Zusammenspiel der beiden Blickwendungen aber misslingt in der Höhle. Der Höhlenbewohner, der den eigenen Blick durch eine gewaltsame Lösung seiner Fesseln zu wenden erlernt hat, kann die anderen nicht dafür gewinnen, dies ebenfalls zu tun, und wird aus der Gemeinschaft der Höhlenbewohner ausgeschlossen.

Auch der jüdische Mythos von der Erschaffung eines in einem Garten lebenden ersten Menschenpaares handelt von eltern- und kinderlosen Wesen. Im Paradies pflegen Adam und Eva mit ihrem Schöpfer einen sprachlichen, aber ansonsten vorgeschichtlichen Umgang und führen ein Leben ohne Kindheit, Elternschaft und Erziehung, ohne Arbeit und Moral, ohne Recht und Politik, ohne Kunst und Tod. Das Meiste, was Menschsein ausmacht, ist ihnen fremd und unbekannt. Ihre eigentliche Menschwerdung durchlaufen sie erst nach einem sie zu Erfahrung, Denken, Urteilen und Handeln befähigenden „Sündenfall“, durch den sie sterbliche Stammeltern der Menschheit werden. Während die christlichen Konfessionen seit Augustinus den Sündenfall als eine durch Zeugung und Geburt vererbbare Ursünde interpretieren, haben bildungstheoretische Interpretationen den jüdischen Mythos so verstanden, dass der paradiesische Schöpfungsakt und die postparadiesische Menschwerdung untrennbar zusammengehören (vgl. Kant 1786; Fink 1979). Um Mensch zu werden, musste das im jüdischen Mythos den ersten Menschen gegebene Verbot, sich von den Früchten des Baums der Erkenntnis zu ernähren, übertreten und die dem Menschen von Zeus verliehene moralische Scham und Unrechtsempfinden entwickelnde Natur praktisch werden. Kurz, es musste nach dem Guten gefragt und zwischen gut und böse unterschieden werden.

Die antiken Hinweise auf eine unfertige, aber bildsame Menschennatur hat Pico della Mirandola in seiner Abhandlung De dignitate hominis zu neuzeitlichen Erfahrungen von Individualität und Subjektivität in Beziehung gesetzt. Er lässt den von ihm christlich interpretierten Schöpfergott nun zu Adam sagen: „Keinen bestimmten Platz habe ich dir zugewiesen, auch keine bestimmte äußere Erscheinung und auch nicht irgend eine besondere Gabe habe ich dir verliehen, [...] damit du den Platz, das Aussehen und alle die Gaben, die du dir selber wünschst, nach deinem eigenen Willen und Entschluss erhalten und besitzen kannst. Die fest umrissene Natur der übrigen Schöpfung entfaltet sich nur innerhalb der von mir vorgeschriebenen Gesetze. Du wirst von allen Einschränkungen frei nach deinem eigenen freien Willen, dem ich dich überlassen habe, dir selbst deine Natur bestimmen“ (Pico 1496, 9 f.; vgl. auch Benner et al. 2015, 62–66; zur spätmodernen Kritik dieses Lebensgefühls siehe Meyer-Drawe 2000). Und wieder bleibt die Erziehungstatsache außen vor. Das ändert sich erst, als Fichte in seiner im Kontext der Französischen Revolution entstandenen Grundlage des Naturrechts nach Prinzipien der Wissenschaftslehre den antiken Mythos durch Einfügung der Erziehung als eines unverzichtbaren Konstituens der Menschwerdung des Menschen erweitert und den jüdisch-christlichen Schöpfergott in der Rolle eines Erziehers des ersten Menschenpaares auftreten lässt:

> „Es dringt sich [...] die Frage auf: wenn es notwendig sein sollte, einen Ursprung des ganzen Menschengeschlechts, und also ein erstes Menschenpaar anzunehmen, [...] wer erzog denn das erste Menschenpaar? Erzogen mußten sie werden; denn der geführte Beweis (dass der Mensch nur unter Menschen Mensch wird) ist allgemein. Ein Mensch konnte sie nicht erziehen, da sie die ersten Menschen sein sollten. Also ist es notwendig, dass sie ein anderes vernünftiges Wesen erzogen (hat), das kein Mensch war – es versteht sich, bestimmt nur so weit, bis sie sich selbst [...] erziehen konnten. Ein Geist nahm sich ihrer an, ganz so, wie es eine alte ehrwürdige Urkunde vorstellt, welche überhaut die tiefsinnigste, erhabenste Weisheit enthält“ (Fichte 1796, 43).

Mit dieser nicht historisch gemeinten, sondern voraussetzungstheoretisch argumentierenden Modifikation entstand aus Platons Begriff der Paideia als einer in der Höhlenerzählung selbst scheiternden und noch zu entwickelnden Kunst einer doppelten Blickwendepraxis der Begriff der modernen Pädagogik, die Erziehung als ein den Menschen und die Menschheit konstituierendes Koexistential interpretiert. Durch Fichtes Ergänzung des jüdischen Schöpfungsmythos wurde die Erziehungspraxis mit weitreichenden Folgen für die Eigenlogik pädagogischen Handelns bereits in den Anfängen der Menschheit verortet. In seiner Abhandlung über das Naturrecht verknüpfte er die Tatsache, dass jeder einzelne Mensch zum Menschen erzogen werden muss, mit einem Begriff der Freiheit in der Erziehung, den er auf die zurückliegende und die künftige Erziehungs- und Bildungsgeschichte auslegte: „Aufforderung zur freien Selbsttätigkeit ist das, was man Erziehung nennt. Alle Individuen müssen zu Menschen erzogen werden, außerdem würden sie nicht Menschen“ (Fichte 1796, 43). Aus Platons Begriff einer die Erziehungstatsache noch ausblendenden Paideia ist nun das Projekt einer modernen Erziehung geworden, die auf freien Wechselwirklungen basierende Bildungsprozesse bei Kindern und Jugendlichen unterstützt und Kindern schon früh Freiheitsspielräume zuerkennt, ohne welche die bis dahin Erwachsenen vorbehaltene Freiheit, insbesondere aber das, was Philosophen Willensfreiheit nennen, gar nicht gedacht werden kann.

## Zusammenhänge zwischen Willensfreiheit und -bildung, welche Freiheit vom Willen mit produktiver Freiheit, Erziehung und Vielseitigkeit verbinden

Unter Willensfreiheit wird seit Aristoteles eine Freiheit verstanden, die Menschen befähigt, in ihren Handlungen nicht einfach vorgegebenen Motiven zu folgen, sondern einen einsichtigen Willen zu entwickeln, dessen Beweggründe geprüft und beurteilt werden. Eine so verstandene Willensfreiheit ist kein Müssen, in dem Menschen aus einem stärksten Motiv heraus handeln, sondern ein Wollen und Können, das beurteilten Beweggründen folgt. Das freie Handlungen konstituierende Begründen stellt sich nicht von selbst ein, sondern setzt Erziehungs- und Bildungsprozesse voraus, die nicht mehr die Form einer Unterwerfung des unvernünftigen kindlichen Willens unter einen schon vernünftigen Willen von Erwachsenen haben, sondern Willensfreiheit an „Willensbildung“ und eine durch Erziehung geförderte „Freiheit vom Willen“ zurückbinden.

Unter der Bildung eines einsichtigen Willens wird seit Rousseau, Kant, Fichte, Herbart und Wilhelm von Humboldt die Entwicklung eines all- bzw. vielseitig interessierten Wollens verstanden. Dieses entsteht in Erfahrung und Umgang erweiternden Bildungsprozessen, in denen Heranwachsende lernen, sich kritisch mit überkommenen Sitten und Gewohnheiten auseinanderzusetzen. Für eine solche Erziehung hat Herbart Räume gefordert, in denen alltägliche Welterfahrung durch Wissenschaft und Kunst ergänzt und zwischenmenschlicher Umgang zur Teilhabe an Gesellschaft, Politik und Geschichte erweitert werden kann (vgl. Herbart 1806, 50–59). Nur wer in solchen Räumen ein vielseitiges Interesse entwickelt und an vielem zu partizipieren gelernt hat, besitzt einen Motivationshorizont, der ihm eine umfassende Teilhabe an menschlicher „Mitgesamttätigkeit“ (Schleiermacher) erschließt. Wer dagegen nur enge Interessen entwickelt und an Wenigem partizipieren kann, der verfügt auch nur in einem eingegrenzten Sinn über einen freien Willen. Schickte es sich im klassischen Athen für freie Bürger, ihrer unwürdige Arbeiten an Sklaven zu delegieren, so erkennen wir heute jemandem, der nicht arbeiten will und alles unternimmt, um nicht arbeiten zu müssen, nicht mehr ohne weiteres einen freien Willen zu. Arbeit ist zu einem Tätigkeitsbereich geworden, der zur menschlichen Gesamtpraxis gehört und nicht außerhalb des Reichs der Freiheit angesiedelt werden kann.

Die über moderne Erziehung und Bildung vermittelte Freiheit ist eine andere als jene Freiheit, die in der Antike Menschen vorbehalten war, die ein otioses Leben führten. Willensfreiheit lässt sich heute nicht mehr durch Sklavenarbeit absichern, sondern setzt eine durch Erziehung vermittelte allgemeine Grundbildung voraus, die jene Vielfalt von Austauschprozessen unter Menschen möglich macht, die Wilhelm von Humboldt (1792) in seinen Ideen zu einem Versuch, die Grenzen der Wirksamkeit des Staats zu bestimmen und John Dewey (1916) in Democracy and Education beschrieben haben. Durch die Rückbindung des freien Willens an eine vielseitige Interessenbildung verändert sich der Charakter der Willensfreiheit dahingehend, dass Vielseitige ihren Willen zum Zweck seiner Prüfung leichter anhalten können, während Einseitige in der Gefahr stehen, ihre Bildungsmöglichkeiten dem Wenigen aufzuopfern, das in ihrem Horizont liegt.

Moderne Erziehungs- und Bildungsprozesse bereiten Heranwachsende der Tendenz nach auf eine Partizipation an allen Bereichen menschlicher Koexistenz, denjenigen der Arbeit eingeschlossen, vor und entfalten ihre Wirksamkeit über Kausalitäten, für deren Klärung das ursprünglich in den Naturwissenschaften entwickelte szientifisch-nomologische Paradigma keine geeignete Wissensform ist. In seinen Vernunftkritiken hatte Kant die praktische Urteils- und Entscheidungsfreiheit des Menschen gegenüber einer szientifisch-naturgesetzlichen Kausalität verteidigt, indem er nachwies, dass „Freiheit und Natur [...] bei ebendenselben Handlungen [...] zugleich und ohne allen Widerstreit angetroffen werden“ können (Kant 1781/1787, A 541; B 569). Diese Antwort aber reicht nicht aus, wenn eine Handlung, die natur- oder sozialwissenschaftlicher Sicht unvermeidbar ist, aus moralischer, rechtlicher und pädagogischer Sicht gar nicht hätte geschehen dürfen (ebd., A 550; B 578). Schon Kant hat dieses Problem erkannt und durch den Hinweis zu lösen versucht, dass „ein anderer intelligibler Charakter [...] einen anderen empirischen Charakter gegeben haben“ würde (ebd., A 556; B 584). Diese Auflösung kann aber nur überzeugen, wenn der Dual von Kausalität nach Naturgesetzen und Kausalität aus Freiheit verlassen und untersucht wird, aufgrund welcher Kausalitäten sich der intelligible Charakter bildet und wie sich ein anderer intelligibler Charakter unter dem Einfluss von Erziehung empirisch entwickeln kann (vgl. hierzu Vogel 1990).

Auf Kant geht die Einsicht zurück, dass rechnende Wissenschaften nomologisches Wissen hervorbringen, das mit Willensfreiheit nicht grundsätzlich unvereinbar ist, aber mit Beurteilungen nach ethisch-moralischen, rechtlichen und pädagogisch-bildungstheoretischen Kriterien kollidieren kann. Kant ging sogar so weit, für den Bereich der Jurisprudenz einzuräumen, wegen Überlagerungen empirischer und intelligibler Kausalitäten werde es niemals möglich sein, eine Straftat „nach völliger Gerechtigkeit (zu) richten" (A 551; B 579). Fichte und Herbart gingen noch einen Schritt weiter, indem sie die schon bei Kant angelegte Erkenntnis betonten, dass Menschen zu ihren zurückliegenden Handlungen in einer anderen Freiheitsbeziehung als zu möglichen künftigen Handlungen stehen. Mit Blick auf vergangene Entscheidungen sei ihr Habitus und Charakter keineswegs frei, sondern gebunden; Freiheit im ethisch-moralischen sowie rechtlichen und pädagogischen Sinn gründe sich dagegen darauf, dass künftige Handlungen und Entscheidungen nicht unmittelbar aus den vergangenen hervorgehen. Ein gewisser „Candidat" Sauer, der zu den Jenenser Studenten Fichtes gehörte, führte hierzu in einem 1798 im Philosophischen Journal einer Gesellschaft Teutscher Gelehrten erschienenen Beitrag „Über das Problem der Erziehung" aus, Menschen hätten nicht nur einen aus vergangenem Handeln hervorgegangenen „objektiven Charakter", sondern könnten sich zu diesem auch als urteilende und handelnde Subjekte verhalten:

> „In dem Teile der Reflexion, in welchem das Subjektive bestimmt ist durch das Objektive, findet sich das Vernunftwesen gebunden; denn es kann seinen Zustand nur so auffassen wie es ihn findet: in dem auf die nächstfolgende Tätigkeit gerichteten Teile der Reflexion, wo umgekehrt das Objektive durch das Subjektive bestimmt wird, findet es sich frei; denn es kann unter unendlich mannigfaltigen Zuständen, die ihm als freiem Wesen für die Zukunft obschweben, wählen, welchen es will. [...] Daher hat jeder gegenwärtige Zustand und jede für den Moment geschlossene Tätigkeit den entschiedensten Einfluß auf die nächstfolgende und in der freien Wahl für künftige Unternehmungen sieht sich das Vernunftwesen bestimmt durch die ganze vorweggegangene Reihe geschehener Handlungen" (Sauer 1798, 274).

Herbart hat diese Ausführungen, ohne Sauer zu nennen, im dritten Buch seiner Allgemeinen Pädagogik zu einer Theorie der Charakterbildung weiterentwickelt, welche Kants Begriff der transzendentalen Freiheit, eine Reihe neuer Handlungen beginnen zu können, auf die Erziehung auslegt und im biographischen Bildungsprozess der Individuen als eine Wahlfreiheit verortet, die nicht auf Wahlen zwischen vorgegebenen Möglichkeiten begrenzt ist, sondern den objektiven Charakter durch neue Wahlen, die in ihm nicht präformiert sein müssen, verändern kann (vgl. Herbart 1806, 112–141). Die Fähigkeit hierzu ist dem Menschen nicht von Geburt an gegeben, sondern muss durch eine Erziehung gefördert werden, die Kindern erstens nicht einen festen, unveränderlichen Charakter anerzieht, sondern sie in einer „heilsamen Charakterlosigkeit" hält (siehe Herbart 1806, 104; vgl. Benner 2017), und zweitens von Kindesbeinen an „innere Freiheit" nicht nur in der Form eines vielseitigen Interesses, sondern zugleich als eine Freiheit vom Willen kultiviert. In seiner Abhandlung Über die ästhetische Darstellung der Welt als das Hauptgeschäft der Erziehung vergleicht Herbart einen „Knaben“, der schon früh fest umrissene Interessen entwickelt, mit einem Knaben, dem die „Welt [...] ein reicher, offener Kreis voll mannigfaltigen Lebens“ ist, den er „in allen ihren Teilen“ mustert und sich dabei vielfach erprobt, um dann nur letzteren wirklich innerlich frei zu nennen. Die Freiheit des zweiten Knaben erkennt er darin, dass ihn nicht „irgendein [...] Reiz“ fesselt, sondern ein vielseitiges Interesse und ein weiter Gedankenkreis den „Wunsch zu lernen“ erzeugen (Herbart 1804, 113 f.) und dafür sorgen, dass die innere Freiheit vom eigenen Willen durch vielseitige Interessen, Wohlwollen gegenüber anderen, Rechtlichkeit und Güte gestärkt wird (vgl. Herbart 1806, 113 f.) und ein Gerechtigkeitssinn entsteht, der den Blick für Ungerechtigkeiten in allen gesellschaftlichen Teilsystemen schärft (vgl. Herbart 1808; siehe auch Benner et al. 2015, 100–123).

## Über Freiheitsräume und Kausalitäten in Praktiken regierender, unterrichtlicher und beratender Erziehung sowie sittlicher Missbilligung

Als Praktiken einer modernen Erziehung, die Heranwachsende nicht mehr für angestammte Bestimmungen erzieht, hat Herbart neue Formen der Kinderregierung, eines erziehenden und bildenden Unterrichts und einer beratenden Erziehung entworfen. Moderne Kinderregierung grenzt er von der Aristotelischen Regierung der Kinder dadurch ab, dass er der regierenden Erziehung positive Normierungen des Verhaltens von Heranwachsenden untersagt und nur solche regierenden Maßnahmen zulässt, die diese an uneinsichtigem Handeln hindern und Schaden von ihnen und der Gesellschaft abhalten (Herbart 1806, 30–35). Erlaubte Regierungsmaßnahmen unterbrechen Tätigkeiten von Kindern, indem sie bestimmte Handlungen unterbinden, ohne diese schon in andere zu überführen. Sie sichern moderne Freiheit in der Erziehung, indem sie z. B. ein Kind vom offenen Fenster zurückhalten oder Fenster schließen oder Kinder an die Hand nehmen, wenn Gefahr droht, ohne dabei ihren Willen zu brechen und einen Gehorsam ohne Einsicht zu erzwingen.

Positive Wirkungen gehen nach Herbart von einem erziehenden Unterricht aus, der die alltägliche Welterfahrung von Heranwachsenden narrativ und darstellend sowie analytisch und systematisch ergänzt und ihren zwischenmenschlichen Umgang zur Teilhabe an Gesellschaft, Politik, Geschichte und Religion erweitert. Als Resultat eines solchen Unterrichts entsteht bei Heranwachsenden ein weiter und vielseitiger Gedankenkreises, der Voraussetzungen moderner Freiheit sichert und dazu beitragen kann, dass Kinder in reiche sowie mannigfaltige Kommunikationsprozesse mit anderen jenseits der Erziehung eintreten.

Negative und positive Wirkungen verbindet schließlich auch die beratende Erziehung, indem sie Beratungsprozesse so organisiert, dass Handlungskontinuitäten durch eingeschobene Reflexionen unterbrochen werden. Solche Beratung erinnert als „haltende“ Erziehung Heranwachsende an zurückliegende Handlungen und deren Wirkungen, fordert Kinder und Jugendliche als „bestimmende“ Erziehung zu einer erneuten Beurteilung zurückliegender Handlungen auf, thematisiert als „regelnde Erziehung“ die Grundsätze, nach denen geurteilt wurde, und bestärkt als „unterstützende“ Erziehung Kinder und Jugendliche darin, im Handeln ihrem einsichtigen, geprüften und beurteilten Willen zu folgen. Der Beitrag, den eine so beratende Erziehung zur Stärkung der Freiheit von Heranwachsenden leisten kann, liegt darin, dass sie diese ermuntert, Rückblicke auf vergangene Handlungen und Erfahrungen mit Entwürfen künftiger Handlungen und Erfahrungen zu verbinden.

Was aber, wenn Regierung, Unterricht und beratende Erziehung zu scheitern drohen, weil sich in einem Kind oder Jugendlichen eine Charakterfestigkeit anbahnt, die nicht durch innere Freiheit, Vielseitigkeit, Wohlwollen, Recht und Billigkeit, sondern durch innere Unfreiheit, Einseitigkeit, Eigenliebe sowie Verletzungen von Vereinbarungen gekennzeichnet ist? Dann helfen, wie Schleiermacher (1826, 97–101, 154) darlegt, nur mehr Praktiken einer „sittlichen Mißbilligung“, welche eindeutige Zurückweisungen und Distanzierungen vornimmt und, wie Fritz Oser (1998) in seiner Studie „Negative Moralität und Entwicklung“ beschrieben hat, Anstrengungen um eine Wiedergutmachung des anderen zugefügten Schadens unternehmen und unterstützen.

## 3 Über Beziehungen zwischen Bildsamkeit, Freiheit und Mündigkeit und das Erfordernis einer mit moderner Freiheit in der Erziehung abgestimmten Erziehungs- und Bildungsforschung

Bildsamkeit ist in den älteren Traditionen immer als Bildsamkeit des erwachsenen Menschen, nicht aber als Bildsamkeit von Kindern und Jugendlichen gedacht worden (vgl. Benner/Brüggen 2004). Ein auf moderne Kindheit und Jugend ausgelegtes Bildsamkeitsverständnis unterscheidet dagegen zwischen Freiheit in und Freiheit jenseits der Erziehung. Ihm korrespondiert ein Mündigkeitsverständnis, das Mündigkeit nicht erst mit dem Alter der Rechtsmündigkeit beginnen lässt, sondern Kindern und Jugendlichen eine altersgemäße Mündigkeit zuerkennt (vgl. Brüggen 2022b). Hierzu müssen die Erziehungsinstitutionen zu transitorischen Einrichtungen mit eigenen Freiheitsspielräumen weiterentwickelt werden, die Freiheit im pädagogischen Sinn als eine Voraussetzung für Freiheiten im außerpädagogischen Sinn sichern und Experimentierräume besitzen, in denen auf unterwerfende Regierungspraktiken, unterrichtliche Indoktrinationen und eine Erziehung, die die Zukunft durch Erziehung herbeizuführen sucht, verzichtet wird. Der theoretischen Pädagogik und forschenden

Erziehungswissenschaft kommt in diesem Zusammenhang die Aufgabe zu, das Zusammenwirken erziehender und bildender Kausalitäten und einer durch beide geförderten Entwicklung von Kompetenzen zu erforschen und die Koordination von an uneinsichtigem Handeln hindernden Regierungspraktiken mit unterrichtlichen Erfahrungs- und Umgangserweiterungen sowie einer selbstverantwortetes Handeln beratenden Erziehung zu überprüfen.

Von hierher lassen sich nun die zu Beginn angesprochenen pädagogischen Korrelate zu juristischen Stärkungen von Kinderrechten und erziehungs- und bildungstheoretischen Korrektiven einer Hirnforschung benennen, die die Komplexität von Erziehungs- und Bildungsprozessen auf diejenige von Knopfdruckexperimenten reduziert. Nachdem die Biologie ihren genetischen Determinismus durch epigenetische und postepigenetische Forschungen überwunden und im eigenen Forschungsfeld Spielräume für erziehungs- und bildungstheoretische Prozesse gefunden hat, wird auch die Hirnforschung einen Beitrag zur Klärung solcher Fragen erst erbringen können, wenn es ihr gelingt, in Gehirnereignissen rückwärts gerichtete Bindungen von vorwärts gerichteten Freiheitsspielräumen zu unterscheiden. Für philosophische Reflexionen zur Vereinbarkeit von Willensfreiheit und Erziehung (vgl. Giesinger 2010) gilt etwas Ähnliches. Auch ihre Bedeutung für die Klärung erziehungstheoretischer Fragen ist davon abhängig, dass das philosophische Konzept der Willensfreiheit um pädagogische Konzepte einer Willensbildung erweitert wird, die Distanzierungen vom Wollen mit der Entwicklung eines vielseitigen Willens verbinden.

Das gilt heute nicht zuletzt mit Blick auf Bewegungen, die aus Sorge um den ökologischen Zustand der Natur die Welt – manche meinen sogar die Schöpfung – retten zu müssen und über naturwissenschaftlich definierten Kausalitäten Nachhaltigkeiten des Wohnens und intergenerationellen Zusammenlebens, aber auch Abstimmungsprobleme zwischen Naturökologie, sozialer Gerechtigkeit und der Sicherung sozialer Voraussetzungen für demokratische Prozesse – die eigene Bewegung eingeschlossen – vernachlässigen. Die Überzeugung, die „letzte Generation“ zu sein, die selbstevidente Maßstäbe durchsetzen kann, wird spätestens dann in den Bewegungen selbst problematisch werden, wenn die Angehörigen der gegenwärtigen Generation älter geworden sind und einer vorletzten, vorvorletzten usw. Generation angehören. Es ist ein bedeutender Fortschritt, dass ökologische Fragen heute nicht mehr als nachrangig zu behandelnde Probleme angesehen werden. Wer aber für sie eine absolute Priorität reklamiert und an dieser sein gesamtes Denken, Wollen und Tun ausrichtet, der führt sich, seine Mitstreiter und Gegner in eine Situation, in der andere anderen Nachhaltigkeiten den Vorzug geben und Gruppierungen entstehen, die für diese einen Primat vor der Ökologiebewegung beanspruchen. Am Ende werden denen, die sich für einen ökologischen Primat im engeren Sinne entschieden haben, die für dessen Durchsetzung notwendigen Mehrheiten fehlen. Wer solche Zusammenhänge bedenkt, wird in einer distanzierenden und reflektierenden Freiheit vom eigenen

Wollen und einer vielseitig ausgerichteten und orientierten Willensbildung, -prüfung und -beurteilung eine irreduzible Voraussetzung für politische und zivilgesellschaftliche Verständigungsprozesse erkennen: nicht, weil diese vor allen Irrtümern schützen, sondern weil sie Hoffnungen und Irrtümer diskutierbar machen und halten.

Niemand kann in einer freiheitlichen Gesellschaft Menschen verbieten, sich als letzte Generation zu fühlen und zu verstehen. Aufgabe öffentlicher Erziehung und Bildung aber kann es nicht sein, solche Lebensgefühle kritiklos zu verstärken. Sie muss vielmehr gerade bei nachwachsenden Generationen ein Verständnis für reflektierende, erfahrungs- und urteilsoffene Distanzierungen wecken und durch die in diesem Studien vorgestellten Praktiken moderner Erziehung bildende Erfahrungs- und Umgangserweiterungen fördern, die Voraussetzungen für zivilgesellschaftliche Diskurse und eine aus ihnen hervorgehende Meinungsbildung und intergenerationelle Beratung sichern. Eine dieser Praktiken ist für Aufklärung und unterrichtlich zu fördernde Bildungsprozesse unverzichtbar. Von ihr ist im folgenden Text die Rede.

# Lehren als didaktische Praxis der Erziehung[8]

Das Bewusstsein für die Unverzichtbarkeit und Bedeutung der lehrenden Praxis der Erziehung ist gegenwärtig im Schwinden begriffen. In seiner Studie über das „Lehren" beklagt Andreas Gruschka (2014) zu Recht zwei weit verbreitete „Negationen": erstens die Negation des Lehrens durch „das psychologisch Allgemeine" und „das Abstraktwerden des Lehrens" in einer „Lehr-Lern-Forschung", die keine Zusammenhänge von Lehren und Lernen mehr untersucht (ebd., 56 f.), zweitens die „scheinbare Überwindung des Lehrens in reformpädagogischen Modellen" (ebd., 66–74), die Lehren durch Selbsttätigkeit und Selbstbildungsprozesse ersetzen. Im englischen Sprachraum ist es insbesondere Gert Biesta (2008; 2017; 2019; 2020), der sich gegen das Verschwinden des Lehrens ausspricht und unter Einbeziehung europäischer Traditionen für dessen „Wiederentdeckung" eintritt.

Die Reihe der Negationen lässt sich noch erweitern. In der deutschen Pädagogik hat sich der Bielefelder Erziehungswissenschaftler Theo Schulze mehrfach dafür ausgesprochen, den Begriff des Lehrens ganz aufzugeben (vgl. Schulze 2001). Seine Forderung ist inzwischen in zentralen Praxisfeldern der Erziehung eingelöst worden. So hat die Frühpädagogik das Lehren aus ihrem Handlungsrepertoire gestrichen. Viele Erzieherinnen und Erzieher lehnen es sogar ab, Kinder im Kindergarten auf den Eintritt in die Schule vorzubereiten (vgl. hierzu Benner/Piper 2022). Auch Teile der Grundschulpädagogik setzen auf Lernen und Selbstbildung. In der Sozialpädagogik genießt das Lehren ebenfalls kein großes Ansehen. Es kommt in ihr gleichwohl überall dort vor, wo Soziale Arbeit ihrer Klientel neue Weltzugänge eröffnet und veränderte Umgangsweisen mit Menschen anbahnt (vgl. Benner/Wunsch 2022). Das Lehren ist selbst in der Hochschuldidaktik in Verruf geraten, in der es durch Programme einer „Verlagerung vom Lehren zum Lernen" (Shift from Teaching to Learning) abgelöst wird, zuweilen mit der Folge, dass standardisiertes Wissen zum Kompetenzindikator für erfolgreiches Studieren pervertiert (siehe kritisch hierzu Reinmann 2018; vgl. auch Brinkman 2020).

Für das Lehren als eine unverzichtbare und allgemeine Praktik der Erziehung spricht, dass es Welterfahrung und Umgang von Heranwachsenden – Kindern, Schülern, Jugendlichen und sogar Erwachsenen – erweitert und Bildungsprozesse ermöglicht, die ohne lehrende Unterstützungen gar nicht realisierbar wären. Bei der Ausübung dieser Praktik kommt es darauf an, Abstand zu einer Beleh-

8 Bei dem Text handelt es sich um die gekürzte Fassung einer Ende 2022 fertiggestellten Studie, die 2024 in voller Länge in einem von M. Brinkmann, J. Tüsting und M. Weber-Spanknebel herausgegebenen Band zu Praxen des Erziehens erscheinen wird.

rungspraxis zu halten, in der das zu Lernende nicht vermittelt und angeeignet, sondern beschädigt wird und dann unvermittelt bleibt.

Belehrungspraktiken haben die lehrende Praxis der Erziehung immer wieder beschädigt und in Verruf gebracht. Das wirkliche Lehren aber arbeitet nicht mit Belehrungen, sondern mit narrativen „Ergänzungen von Erfahrungen und Umgang" (Herbart 1806, 59; bei Herbart Singular, D. B.) und Übergängen in explizit unterrichtliche Lehr-Lernformen und kehrt zur narrativen Form des In-der-Welt-Seins immer wieder zurück. Es findet im muttersprachlichen Miteinander-Sprechen statt, erweitert Alltagserfahrungen zu Welt- und Sozialkunden und unterstützt Übergänge von der gesprochenen Sprache in die Schriftsprache. Diese bereitet Heranwachsende auf Lehr-Lernprozesse vor, die in die Anfangsgründe der Wissenschaften einführen, die für eine Teilnahme am zivilgesellschaftlichen Leben in verwissenschaftlichten Zivilisationen heute unverzichtbar sind.

Die folgenden Ausführungen gliedern sich in vier Abschnitte. Der erste stellt allgemeine Merkmale des Lehrens in der Erziehung vor. Der zweite wendet sich ausgewählten Bruchstücken zur Theorie des erziehenden und bildenden Lehrens in erziehungs- und bildungsphilosophischen sowie allgemeinpädagogischen Texten von Platon bis Dewey zu. Der dritte unterscheidet zwischen operativen, methodischen und mit pädagogischen Handlungskausalitäten abgestimmten Übergängen von Lehren in Lernen. Der vierte gibt Hinweisen auf weitverbreitete Fehlformen des Lehrens und fordert zu Korrekturen in Erziehung, pädagogischer Theorieentwicklung, erziehungswissenschaftlicher Forschung und Bildungspolitik auf, deren Grundlagen in den vorausgegangenen Abschnitten entwickelt wurden.

## 1 Merkmale der lehrenden Praktik in der Erziehung und ihre Bezüge zu grundlegenden pädagogischen Unterscheidungen

In seiner Phänomenologie des Unterrichts hat Wolfgang Sünkel (2002, 35–37) Grundzüge der lehrenden Erziehung am Beispiel eines frühgeschichtlichen Bogenschnitzers beschrieben, der seine Arbeit unterbricht, um sie einem Jungen, der sich für sie interessiert, zu erklären. Sünkel hebt zwei Merkmale der lehrenden Praxis hervor. Lehren in der Erziehung arbeitet erstens mit Unterbrechungen und unterstützt zweitens Lernprozesse, in denen etwas gelernt wird, das im alltäglichen Zusammenleben der Menschen nicht erlernt werden kann. Die Unterbrechungen kommen dadurch zustande, dass unmittelbare Welt- und Umgangsverhältnisse verlassen werden und Heranwachsende in eine unterrichtsähnliche Interaktion eintreten, die ihnen neue Welt- und Umgangshorizonte erschließt. Während Lernen aus Erfahrung weitgehend in einer Einheit von Leben und Lernen stattfindet, die freilich immer wieder durch negative Erfahrungen durchbrochen wird, findet lehrend unterstütztes Lernen in Räumen statt, in denen diese Einheit aufgehoben ist. Das zu Lernende wird in ihnen über ein von Lehrenden ausgehendes Fragen und Zeigen erschlossen, die bei Lernenden Antworten hervorlocken, die Lernende in Wechselwirkung mit einer ihnen noch unbekannten Welt entwickeln.

In Sünkels Beispiel unterbricht ein Bogenschnitzer seine Arbeit und zeigt einem Knaben die für sein Handwerk notwendigen Materialien, Werkzeuge und Handgriffe. Diese Unterrichtung ist für die Erklärung und das Erlernen der Kunst des Bogenschnitzens unverzichtbar, reicht aber nicht aus. Zur lehrenden Unterrichtung müssen Bildungsprozesse hinzukommen, die der Knabe nicht mit dem Bogenschnitzer, sondern bei der Arbeit an einem Bogen durchläuft. Der Bogenschnitzer hat dies früher selbst einmal erfahren, als er von einem Meister in das Handwerk eingeführt wurde. In Sünkels Erzählung ist der Bogenschnitzer ein guter Handwerker, aber kein erfolgreicher Lehrer. Er begeht den Fehler, vom Lehren gleich in ein gemeinsames Schnitzen mit dem Knaben überzugehen. Das gemeinsame Tun endet jäh, als der Knabe einen falschen Schnitt ausführt, der das zu bearbeitende Holz für die Fertigstellung eines Bogens unbrauchbar macht.

Mit dieser Wendung weist Sünkels auf ein drittes Merkmal der lehrenden Praktik der Erziehung. Erfolgreiche Lehr-Lernprozesse zeichnen sich nicht nur durch Unterbrechungen und unterrichtliche Erfahrungserweiterungen, sondern darüber hinaus durch besondere Übergänge von Lehren in Lernen aus. Das Lehren bereitet das Erlernen nur vor, bewirkt es aber noch nicht. Wer erfolgreich lehren will, muss die didaktischen Differenz zwischen Lehren und Lernen kennen und beachten (Derbolav 1955/1987; 1966/1970; 1971; Prange 2005, 59 ff., 92 ff.; Brinkmann 2009, 112). Das bildende Zusammenspiel von Lehren und Lernen ist davon abhängig, dass lehrende Unterbrechungen nicht durch Übergänge in gemeinsames Tun abgeschlossen werden, sondern Eintritte in Bildungsprozesse vorbereiten, die Lernende in Auseinandersetzung mit einer widerständigen Welt auf individuelle und einmalige Art und Weise durchlaufen.

Lehrende Praktiken der gezeigten Art kommen nicht nur bei der Einführung in Arbeitsprozesse vor, sondern finden auch in anderen Bildungsbereichen und vor allem schon viel früher statt. Ihre Entstehung hängt menschheitsgeschichtlich mit der Entwicklung der Sprache zusammen, ohne dass die Ontogenese in der Phylogenese wiederholt werden könnte oder müsste. Muttersprachliches Miteinander-Reden entwickelt sich schon in der frühen Kindheit und ist dann, wie Sünkel (2008) in seiner Studie zur propädeutischen Erziehung gezeigt hat, eine unverzichtbare Voraussetzung dafür, dass lehrende Bildungsprozesse und Erfahrungserweiterungen möglich werden. Das Erlernen der Muttersprache aber kommt ohne Lehrer aus. Sprechen und Sprachverstehen lernen Kinder wie Tasten und Greifen, Sehen und die Sinne Koordinieren, Krabbeln und Laufen in bildenden Wechselwirkungen ohne lehrende Unterstützungen. Die Muttersprache wird in Sprachgemeinschaften tradiert, ohne dass ein Lehrer unterrichtet. Sobald das Kleinkind zu sprechen beginnt, macht es Erfahrungen, die sprachlich vermittelt sind und zum Ausgangspunkt eines Erfahrung und Umgang über Sprechen und Hören erweiternden Kooperierens werden, ein Zusammenhang, der in Michael Tomasellos (2011; 2014) evolutionsbiologischer Theorie der Anfänge menschlichen Kooperierens völlig unterbelichtet bleibt (siehe Tomasello 2011 und 2014; siehe auch die Kritik von Jürgen Trabant 2016).

Wo Kinder mit Erwachsenen über Weltinhalte zu sprechen beginnen, vermittelt Sprache und Sprechen, wie Wilhelm von Humboldt ausgeführt hat, stets zwischen Ich und Du sowie Mensch und Welt (Humboldt 1892, 122–123; vgl. Rousseau 1762/1779, 57–63). Aufgrund dieser doppelten Vermittlungsleistung sichern die Sprache und das Sprechen notwendige Voraussetzungen dafür, dass Menschen miteinander handeln, Erfahrungen austauschen und sich gegenseitig unterrichten können. Solche Prozesse gehen lehrenden Erfahrungs- und Umgangserweiterungen voraus und sind nicht mit diesen identisch. Sprachliches Lehren ist eine Sonderform des Miteinander-Sprechens, in der komplexe Sachverhalte so vorstrukturiert werden, dass Lernende an ihnen bildende Erfahrungen machen können.

Lehrende Erweiterungen von Welterfahrung und zwischenmenschlichem Umgang zielen immer darauf, dass bestimmte Erfahrungen gemacht und andere nicht gemacht werden. Der Knabe in Sünkels Beispiel soll lernen, für die Herstellung eines Bogens geeignete Schnitte durchzuführen und ungeeignete zu vermeiden. Vergleichbare Lernprozesse finden statt, wenn Erwachsene Kinder vor Gefahren warnen, die von einem heißen Ofen ausgehen, oder Jugendliche dazu anhalten, sich in gefährliche Umgebungen nicht ohne Begleitung Erwachsener zu begeben. Die Unterbrechungen kommen durch Erzählen von Geschichten und ästhetische Darstellungen zustande. Das Erleiden und Machen neuer Erfahrungen findet beim narrativen Lehren nicht realiter, sondern imaginativ statt, ohne dass jemand Schaden nimmt, ein Kind im Teich ertrinkt, sich am Feuer verbrennt oder im Straßenverkehr verunglückt.

Wie dies geschieht, lässt sich an einem Beispiel zeigen, das vom Schwimmenlernen handelt. Kein Kind lernt Schwimmen so, wie es Sehen, Greifen, Krabbeln, Laufen und Sprechen gelernt hat. Wer schwimmen lernt, braucht einen Schwimmlehrer, der zeigt, dass man im Wasser untergehen kann, dass Wasser einen Nicht-Schwimmer aber auch trägt, wenn dieser im Wasser richtig atmet und sich auf eine bestimmte Art und Weise fortbewegt. Entsprechende Erfahrungen müssen sprachlich vorstrukturiert, leiblich gemacht, willentlich vollzogen und anschließend wieder sprachlich reflektiert werden. Das gelingt nicht mit einem Mal. Erfolge und positive Erfahrungen stellen sich erst ein, nachdem negative durchlaufen wurden. Auf dem Wasser Liegen und im Wasser Schweben erlernt der Nicht-Schwimmer erst, nachdem er die Erfahrung, im Wasser unterzugehen, mit Unterstützung eines Schwimmlehrers gemeistert hat. Dieser setzt Schwimmhilfen ein und beendet seine lehrenden Hilfen, sobald erste Annäherungen an das Schwimmen stattgefunden haben. Alles weitere sind dann Übungen und Beratungen, in denen nicht Schwimmlehrer mit Nicht-Schwimmern, sondern Schwimmer mit Schwimmern kommunizieren.

Was am Beispiel des Schwimmenlernens erläutert wurde, gilt auch für andere Bildungsprozesse, die auf lehrende Vermittlungen angewiesen sind: für das Lesen-, Schreiben- und Rechnenlernen, das Erlernen von Algebra und Geometrie, für Fremdsprachenlernen und die Vermittlung der Anfangsgründe der Wissenschaften, nicht nur in den antiken Wissenschaften, sondern auch in den neuzeitlichen oder rechnenden Naturwissenschaften sowie den modernen Geistes-, Sozial- und Kulturwissenschaften, aber auch in Leibesbildung, Musik und bildenden Künsten und ebenso in sozialpädagogischen und beruflichen Bildungsprozessen. Mathematik und Wissenschaften waren seit ihren Anfängen auf lehrende Vermittlungen angewiesen und wurden in einer Elite weitergegeben, die sie nicht bei der Arbeit, sondern an Orten der Muße (griechisch scholé) erlernte. In einer verwissenschaftlichten Welt, in der Wärme durch Wärmepumpen und Licht durch Elektrizität nach jeweils neuesten Forschungserkenntnissen erzeugt werden und weite Teile des Umgangs der Menschen verwissenschaftlich sind, müssen der Tendenz nach alle Heranwachsenden eine wissenschaftliche Grundbildung durchlaufen, die durch Lehren und Unterrichten erfahrbar und reflektierbar macht, was sich durch bloße Nutzung und Verwendung wissenschaftlicher Technologien nicht von selbst erschließt (vgl. Fink 1960; Schelsky 1961.

Alles, was in der verwissenschaftlichen Zivilisation durch Erfahrung und Umgang nicht erworben werden kann, muss lehrend vorstrukturiert und dann lernend angeeignet werden. Selbst Leibesbildung, Musik und bildende Künste sind auf Prozesse angewiesen, die über bloß zuschauende und betrachtende Erfahrungen mit Sport, Musik, Kunst und Medien hinausführen (siehe hierzu Franke 1978; Bockrath / Franke 2001; Kaiser 1972/2018). Vergleichbares gilt auch für das Fremdsprachenlernen und Einführungen in Geschichte. Sie finden in verwissenschaftlichen Gesellschaften in Schulen und Museen statt. Selbst die jüngste Geschichte – man denke nur an die Shoa oder die Berliner Mauer – würden ohne künstliche Erinnerung und lehrende Vermittlung gesellschaftlichem Vergessen anheimfallen (vgl. Ritter 1961).

Zusammenfassend lässt sich von der lehrenden Praktik in der Erziehung nun sagen:

- sie setzt mit Unterbrechungen ein, die den Eintritt in lehrend unterstützte und lernend zu vollziehende Bildungsprozesse eröffnen;
- sie erweitert Welterfahrung und zwischenmenschlichen Umgang und macht Erfahrungen möglich, die nur so vermittelbar sind;
- sie sichert Übergänge von der Muttersprache in Fremdsprachen, von Welterfahrung in Wissenschaften und von zwischenmenschlichem Umgang in geschichtliche Erfahrungen und kombiniert verschiedene Wissensformen;

- sie findet nicht unmittelbar in den Ernstsituationen des Lebens, sondern in Räumen statt, die Orte für Imagination, Erfahrungserweiterung, Voraussicht und Reflexion sind;
- und sie bereitet den Eintritt in zivilgesellschaftliche Diskurse vor, die durch Aufklärung und Meinungsstreit der Gestaltung der Zukunft den Status einer gemeinsamen und öffentlichen Aufgabe verleihen.

Ergänzend sei angemerkt, dass Lehren, um Erfolg zu haben, durch andere Praktiken der Erziehung gerahmt werden muss. Die Unterbrechungen, mit denen es einsetzt, setzen Selbstdisziplinierungen und Konzentrationen voraus, in denen Lernende ihren Blick auf etwas fokussieren, das mit lehrender Unterstützung angeeignet wird. Das Ende lehrend unterstützter Bildungsprozesse darf nicht als Ende der Prozesse selbst missverstanden werden, sondern wird erst erreicht, wenn Lernende das Gelernte nicht für sich behalten, sondern mit andern zu teilen beginnen. Zu den hierfür unverzichtbaren Unterstützungen gehören darum die Praktiken einer regierenden und disziplinierenden sowie beratenden Erziehung, die dem Lehren vorausgehen oder Übergänge in von Heranwachsenden selbst verantwortetes Lernen und Handeln absichern (vgl. Benner 1987/2015, 216–327). Sie müssen wie das Lernen durch übende Praktiken begleitet werden, die Übergänge von Fremd- in Selbstdisziplinierung, Fremdunterrichtung in Selbstunterrichtung sowie pädagogischer Beratung in Selbstberatung und Beratung mit anderen unterstützen (vgl. Brinkmann 2021).

## 2 Bruchstücke zu einer Theorie des Lehrens in klassischen Texten der Erziehungs- und Bildungsphilosophie sowie der Allgemeinen Pädagogik

Die im ersten Abschnitt vorgestellten Merkmale und Phänomene des Lehrens in der Erziehung sind nicht selbstevident, sondern haben weitreichende Voraussetzungen. Ihre begriffliche Klärung wurde in einer langen, inzwischen weithin in Vergessenheit geratenen erziehungs- und bildungsphilosophischen sowie allgemeinpädagogischen Theorie- und Problemgeschichte entwickelt. Die Auseinandersetzung mit ihr ist hilfreich, um aktuelle Diskursmoden distanziert zu betrachten und zu beurteilen.

Der vielleicht älteste Text über die lehrende Praktik steht in einem Exkurs zur Erziehung und Bildung angehender Philosophen, der sich im siebten Buch von Platons Politeia findet. Er handelt von Ereignissen in einer Höhle, in der nicht Kinder und Jugendliche erzogen und unterrichtet werden, sondern Erwachsene in einen Streit miteinander geraten. Aus dem Scheitern folgert Platon, dass ein reflektierender Austausch von Erfahrungen durch ein Lehren und Lernen abgesichert werden muss, das auf einer „Kunst der Umlenkung des Blicks“ basiert, die in der vorgestellten Höhle zwar nicht gänzlich fehlt, aber niemand wirklich besitzt. Die Ausführungen über die erst zu entwickelnde Kunst lassen sich rückblickend als theoretische Reflexionen lesen und verstehen, die einen Begriff der antiken Paideia entwickelt und später die modernen Erziehung beeinflusst haben (vgl. Fink 1960; 1970, 43–89; Benner/Stępkowski 2011).

Das Arrangement, das Platon für seine Höhlenerzählung gewählt hat, ist auf den ersten Blick wenig spektakulär. Die thematisierten Zusammenhänge erinnern heutige Leser eher an ein Kino, denn an eine Ausbildungsstätte für Philosophen. Und sie lassen sich auf die ganze Breite und Weite erzählender und berichtender Erfahrungs- und Umgangserweiterungen auslegen, in lehrenden Praktiken der Erziehung eingesetzt werden und wir aus Film, Theater und Literatur kennen. Den Begriff lehrender Unterstützungen von Bildungsprozessen entwickelt Platon, indem er von Menschen erzählt, die vor einer Höhlenwand sitzen und an Armen und Beinen gefesselt sind. Sie nehmen vor sich bewegte Gegenstände wahr, kommunizieren über das Gesehene und versuchen vorauszusagen, was sich als nächstes zeigen wird. Einem Höhlenbewohner werden die Fesseln gelöst und er wird gezwungen, seinen Blick zunächst in den hinteren Höhlenraum zu lenken. Er erkennt, dass es sich bei dem von den Höhlenbewohnern Wahrgenommenen um Schatten auf einer Wand handelt, die von Gegenständen stammen, die im Rücken der Höhlenbewohner vor einem Feuer hin und hergetragen werden. Nach einer zweiten, nicht mehr erzwungenen Blickwendung zu der seitwärts der Höhle sichtbaren, von der Sonne beschienenen Welt gelangt er zu der Erkenntnis, dass es ähnliche und noch viel umfassendere Zusammenhänge auch außerhalb der Höhle gibt. Daraufhin wendet er sich wieder seinen Mitbewohnern zu, um diesen seine neu erworbenen Einsichten mitzuteilen. Dabei macht er die für ihn überraschende Erfahrung, dass ihn die in der Höhle Gefesselten nicht verstehen und meinen, er sei „mit verdorbenen Augen“ zu ihnen zurückgekehrt (siehe Platon: Politeia, 514 a–521 c).

Diese Erfahrung verallgemeinernd, führt Platon seine Leser zu der Erkenntnis, dass Lehren „Sehen“ nicht „einbilden“ und „blinden Augen“ nicht ein von anderen erworbenes „Gesicht“ einsetzen kann. Hieraus folgert er, dass gelingendes Lehren auf einer doppelten „Kunst der Umlenkung“ des Blicks basiert: einmal auf der Kunst, den eigenen Blick zu wenden, dann aber auch auf der Kunst, andere zur Umlenkung ihres Blicks auffordern zu können, sodass sie anfangen, dass vom Lehrenden bereits Angeeignete selbst zu erfahren und zu erkennen.

Platon legte seinen Begriff der doppelten Umlenkung des Blicks noch nicht auf die Erziehung von Kindern und Jugendlichen aus. Das geschah erst in der Moderne, als versucht wurde, Kinder nicht mehr für den Stand ihrer Eltern zu erziehen, sondern der Tendenz nach allen Heranwachsenden eine Grundbildung zu vermitteln, die Welterfahrung und zwischenmenschlichen Umgang so erweitert, dass dadurch Voraussetzungen für die Wahl einer eigenen Lebensform gesichert werden. Jean-Jacques Rousseau war vielleicht der erste, der in einem literarischen Erziehungsexperiment die lehrende Praktik auf den gesamten Raum Erziehung von der frühen Kindheit bis zum beginnenden Erwachsenenalter ausgelegt hat. Seine Abhandlung Emile oder Von der Erziehung unterteilt die Erziehung in fünf Lebensalter und ordnet diesen exemplarisch lehrend zu vermittelnde Bildungsbereiche zu. Das folgende Schema zeigt ihre idealtypische Anordnung. Vieles, was Rousseau einem bestimmten Lebensalter zugeordnet har, wird heute auf mehreren Altersstufen lehrend vermittelt und lernend angeeignet.

Schema: Gegenstandsbereiche für den Einsatz der lehrenden Praktik der Erziehung

| Lebensphase | Alter | Gegenstandsbereiche für den Einsatz der lehrenden Praktik der Erziehung |
|---|---|---|
| Frühe Kindheit | 0–1 | Mutterspracherwerb, der Voraussetzungen für die lehrende Erziehung sichert |
| Eigentliche Kindheit | 2–7 | Narratives Lehren, das Lehr-Lernprozesse im Lesen und Schreiben vorbereitet |
| Frühe Jugend | 7–12 | Erd- und Himmelskunde, die Anfangsgründe der Wissenschaften vermitteln und eine wissenschaftliche Urteilsbildung vorbereiten |
| Eigentliche Jugend | 12–15 | Ethisch-moralische Bildung, Geschichtsstudien, Religiöse Bildung |
| Späte Jugend | 15–20 | Politische Bildung |

Rousseau beschreibt im Emile pädagogische Interaktionen und durch sie unterstütze Bildungsprozesse, die einen fiktiven Heranwachsenden so in die zeitgenössische Gesellschaft und Welt einführen, dass er in ein selbstverantwortetes Denken und Handeln übergehen, in verschiedenen Teilsystem der modernen Gesellschaft tätig werden und an zivilgesellschaftlichen Diskursen teilnehmen kann. Emile wird als ein Kind und Jugendlicher beschrieben, der lernt, der Gesellschaft als ein arbeitender Mensch anzugehören, soziale und politische Verfassungen nach ethisch-moralischen Grundsätzen und Prinzipien des Staatsrechts zu beurteilen und eine religiöse Bildung erwirbt, die ihn befähigt, Probleme der Tradierung der Religion der Väter unter zivilreligiösen Fragestellungen zu behandeln. Die moderne Form religiöser Bildung bringt er auf einen Begriff, der auch heute noch religiöse Bildung und interreligiöse Kompetenz in staatlichen Bildungsplänen beschreiben kann. Er lautet: „Das Wesentliche ist, dass man anders denkt als die anderen“. Und von Emile sagte er: „Bei den Gläubigen ist er ein Gottesleugner, bei den Gottesleugnern würde er ein Gläubiger sein“ (Rousseau 1762/1779, 339).

Platons Begriff der Paideia verallgemeinernd und Rousseaus Theorie der Erziehung auf Verhältnisse nach der Französischen Revolution auslegend, hat Johann Gottlieb Fichte in seiner Jenenser Zeit eine moderne Antwort auf die Frage nach den Beziehungen von Freiheit, Erziehung und Bildung gegeben (vgl. Benner 2023b). In seiner Grundlage des Naturrechts führt er aus: „Aufforderung zur freien Tätigkeit ist das, was man Erziehung nennt“ (Fichte 1796, 43, Corollaria zu § 3). Fichte spricht hier allen Heranwachsenden eine unbestimmte und weltoffene Bildsamkeit zu. Von einer sie anerkennenden Erziehung sagt er, sie werde Kinder und Jugendliche nicht länger auf eine von Geburt her feststehende Bestimmung vorbereiten, sondern dazu befähigen, Bildungsprozesse zu durchlaufen, die eine freie, gleiche und soziale Lebensführung ermöglichen. Aufforderungen zur freien Tätigkeit könnten überall Lehr-Lernprozesse so vorstrukturieren, dass sie urteilsbildend wirksam werden. Zu den wenigen Beispielen, die Fichte für ein so vorgehendes Lehren und Lernen angeführt hat, gehört eine in den Reden an die deutsche Nation vorgestellte Aufgabe. Sie fordert Lernende dazu auf, „in freier Phantasie durch gerade Linien einen Raum zu begrenzen“ (Fichte 1808, 399–400). Die Aufgabe dient der Einführung des Dreiecks. Der Unterschied zwischen Fichtes und älteren Dreiecksaufgaben liegt darin, dass durch sie Lernende nicht lediglich die im Wort vorgegebene Definition des Dreiecks nachvollziehen, sondern das Dreieck finden. Sie unterstützt den hierfür notwendigen Lern- und Bildungsprozess, ohne zu belehren, und ist so formuliert, dass Schülern sich, wenn sie die vorgeschlagenen Operationen ausführen, das Dreieck als jene geometrische Figur zeigt und zu erkennen gibt, die mit der geringst möglichen Anzahl gerader Linien eine Fläche begrenzt.

Johann Friedrich Herbart, der bei Fichte studiert hat, führte Platons antiken und Fichtes modernen Begriffe des Lehrens zu Beginn des 19. Jahrhunderts in seiner Abhandlung Über die ästhetische Darstellung der Welt als das Hauptgeschäft der Erziehung zusammen (Herbart 1804). Von der Aufgabenstruktur modernen Lehrens sagte er, es gliedere sich im erziehenden und bildenden Unterricht in eine „Reihe der Erkenntnis“ und eine „Reihe der Teilnahme“ (ebd., 117). In seiner Allgemeinen Pädagogik fügt er hinzu, die erste Reihe erweitere Welterfahrung zu Wissenschaft und Kunst, die zweite zwischenmenschlichen Umgang zur Teilnahme an Gesellschaft, Politik und Religion (Herbart 1806, 59–64).

In den beiden Abhandlungen finden sich interessante Hinweise zur erziehenden und bildenden Wirkungsweise der neuen Erziehung. Der eine lautet: „Das Gewissen geht mit in die Oper!“ (Herbart 1804, 119), der andere: „Schon die Absicht, zu bilden, verdirbt die Kinderschriften“ (Herbart 1806, 25). Der erste untersagt Erziehern und Lehrern, weiterhin das Gewissen von Heranwachsenden erziehen zu wollen. Er schlägt stattdessen vor, das Gute und Böse einprägsam darzustellen und sich dabei jeglicher moralisierender Belehrungen zu enthalten. Gelinge dies, so werde das Gewissen der sich in die Darstellung vertiefenden Heranwachsenden von selbst zu urteilen beginnen. Das meint auch das zweite Zitat. Es weist darauf hin, dass Literaturen für Kinder, die ihre Absicht belehrend vorab zu erkennen geben, sich selbst um die Möglichkeit bildender Wirkungen bringen.

Statt Kinder zum Urteilen aufzufordern, belehrten sie diese durch Einpflanzungen von Vorurteilen und verstießen damit gegen elementare Erfordernisse einer Erfahrung und Umgang erweiternden Urteilsbildung.

Auch nach Herbart dürfen lehrende Unterstützungen lernende Urteilsbildung nur vorstrukturieren, nicht aber bewirken. Die Kausalität, mit der Lehren seine Wirkungen entfaltet, definiert er als „ästhetische Kausalität". Sie entspringt Horizonterweiterungen der Wahrnehmung, die Urteilsbildung unterstützen, und gerade nicht belehrend vorgenommen werden (Herbart 1804, 110–111). Der Begriff der ästhetischen Kausalität erinnert an Platons Begriff der doppelten Blickwendekunst, kehrt aber die antike Reihenfolge in eine moderne um. In Platons Höhlenerzählung wird an erster Stelle die Blickwendekunst desjenigen genannt, der den eigenen Blick schon wenden kann, und erst an zweiter Stelle die Kunst, andere zur Wendung ihres Blicks aufzufordern. Bei Fichte und Herbart ist es umgekehrt. Platons zweite Kunst nimmt bei ihnen die erste Stellung ein, weil Heranwachsende nur durch sie die Fähigkeit, den eigenen Blick zu wenden, entwickeln können. Auch die, die diese Kunst beherrschen, haben sie in ihrem Bildungsgang über freie, leibliche, biographisch-geschichtliche sowie sprachliche Aufforderungen zur Selbsttätigkeit erlernt.

In der didaktischen Literatur werden immer wieder zwei Artikulationsschemata für Lehr-Lernprozesse genannt, von denen das eine von Herbart, das andere von Dewey entwickelt wurde. Sie lassen sich so gegenüberstellen:

Schema: Artikulationsstufen des Unterrichts

| | **nach Herbart (1806)** | **nach Dewey (1916/1964/1993, 202–218)** | |
|---|---|---|---|
| 1 | Klarheit | Praktische Tätigkeit oder primäre Erfahrung | 1 |
| 2 | Assoziation | Konfrontation mit einem Problem, das zum Denken auffordert | 2 |
| 3 | System | Bearbeitung des Problems auf der Basis von Beobachtungen und Informationen | 3 |
| 4 | Methode | Aufstellung von Hypothesen und Ausprobieren von Lösungen | 4 |
| | | Selbstständige Anwendung und Weiterentwicklung des Gedankens | 5 |

Herbart kommt mit vier Artikulationsstufen aus. Der erziehende und lehrende Unterricht soll (1.) von etwas ausgehen, das dem Lernenden schon klar ist, (2.) eine Verbindung zu einer anderen klaren Vorstellung herstellen, wobei deren Beziehung zunächst noch unklar bleibt. Er soll (3.) diese Beziehung im Rückgriff auf eine gegebene systematische Ordnung klären und (4.) die Methode offenlegen, die der Ordnung zugrunde liegt.

Deweys Artikulationsschema ist fünfstufig, wobei seine erste Stufe mit der ersten Stufe bei Herbart übereinstimmt. Deweys zweite Stufe bringt dann jedoch negative Erfahrungen und Irritationen ins Spiel, die Herbart nicht in der lehrenden, sondern nur in der beratenden Erziehung verortet (vgl. English 2013). Deweys dritte und vierte Stufen schließen an die Methode neuzeitlicher Wissenschaft an und geben diese als Einheitsmethode allen Lehrens und Lernens aus. Deweys fünfte Stufe entspricht dann wieder dem, was Herbarts vierte Stufe anstrebt. Auf ihr entwickeln Lernende die Fähigkeit, methodisch weiterzulernen.

Die Gegenüberstellung der beiden Artikulationsschemata macht nicht nur Gemeinsamkeiten und Unterschiede, sondern auch Stärken und Schwächen sichtbar. Lehr-Lernprozesse gehen nach Herbart und Dewey von schon erworbenen Erfahrungen der Lernenden und einem von diesen bereits entwickelten Wissen aus, und sie führen bei beiden zu einer Stufe, auf der Neues selbstständig gelernt werden kann. Eine Schwäche Herbarts liegt darin, dass er die Stufen 3 und 4 zunächst bloß assoziativ und nicht methodisch verbindet, während Dewey auf Stufe 2 methodisch erzeugte negative Erfahrungen und Irritationen einführt, die Herbarts assoziative Verknüpfungen in hypothetisch-experimentelle Lehr- und Lernformen überführen. Aber auch Herbarts Artikulationsschema besitzt ein starkes Moment. Es wird sichtbar, wenn wir sein Verständnis der Methode mit Deweys Methodenverständnis vergleichen. Herbart verzichtet auf einheitsmethodische Annahmen. Für ihn sind die Methoden in den Reihen der Erkenntnis und der Teilnahme nicht identisch. Er nimmt in und zwischen beiden Reihen eine Pluralisierung der Methoden vor. In der Reihe der Erkenntnis unterscheidet er zwischen teleologisch-aristotelischen, szientifisch-induktiven und hypothetischen Gegenstandskonstitutionen, in der Reihe der Teilnahme zwischen narrativen, hermeneutischen und pragmatischen Wissensformen. In sein pluralisiertes Methodenverständnis lassen sich, wie ich in einem Umriss der allgemeinen Wissenschaftsdidaktik zu zeigen versucht habe, auch die später entwickelten phänomenologischen, ideologiekritischen und kulturwissenschaftlichen Methoden, Wissensformen und Paradigmen einfügen (vgl. Benner 2020/2022, 76–195).

Schema: Zuordnung von Unterrichtsstufen, bildenden und edukativen Kausalitäten

| **Stufen des Unterrichts** | **bildende Kausalität** | **edukative Kausalität** |
|---|---|---|
| Klarheit | Merken | Zeigen |
| Assoziation | Erwarten | Verknüpfen |
| System | Fordern | Lehren |
| Methode | Handeln | Philosophieren |
| (Herbart 1806/1965, 53) | (Herbart 1806/1965, 55) | (Herbart 1806/1965, 68) |

Eine weitere Stärke Herbarts liegt darin, dass er, wie das obige Schema deutlich macht, den Artikulationsstufen Klarheit, Assoziation, System und Methode jeweils spezifische Artikulationen des Lehrens und Lernens zuordnet. Die lehrende Praktik der Erziehung erweitert Erfahrung und Umgang durch zeigende, verknüpfende, lehrende und philosophierende Artikulationen. Die Schüler aber lernen in merkenden, erwartenden, fordernden und zu selbstständigem Handeln überleitenden Bildungsprozessen. Auf der untersten Stufe fordern Lehrende Lernende durch „Zeigen" dazu auf, erworbene Vorstellungen auf klare Begriffe zu bringen, auf der zweiten assoziative Verknüpfungen vorzunehmen, die Erwartungen hinsichtlich vorliegender Zusammenhänge auslösen. Auf der dritten Stufe werden diese lehrend in systematische Ordnungen gebracht, die Lernende zu urteilsbildenden Forderungen und Folgerungen anhalten. Auf der vierten Stufe geht Lehren in ein Philosophieren über und werden Lernende aufgefordert, das bis dahin assoziative Vorgehen methodisch zu reflektieren und an jenen Ordnungen auszurichten, die den vorausgegangenen Lehr-Lernprozess mitkonstituiert haben. Ist dies geschehen, treten Lernende in ein selbstständiges Weiterfragen ein, das – ein zumindest vorübergehendes – Ende des Lehrens in der Erziehung anzeigt.

Da Herbart die Methodik und Systematik lehrender Unterstützungen und lernender Aneignungen nicht einheitswissenschaftlich definiert, lässt sein Begriff assoziativer Verknüpfungen verschiedene methodische Subjekt- und Objektformierungen zu. Er kann damit auf die ganze Vielfalt der Methoden ausgelegt werden, die Philosophie und Wissenschaften vor und nach ihm hervorgebracht haben. Das Besondere an Herbarts Artikulationen erziehender Lehr- und bildender Lernprozesse ist, dass sie von ästhetischen Erfahrungs- und Umgangserweiterungen ausgehen, die für Kombinationen unterschiedlicher Methoden- und Wissensformen offen sind. Das erlaubt Verbindungen zwischen Lehr-Lernprozessen und streitenden Bildungsprozessen, die aber weniger zwischen Personen als vielmehr zwischen Wissensformen und Positionen ausgetragen werden und deren Reichweite, Geltung und Grenzen thematisieren (siehe hierzu Benner 2020/2022; 2023c).

## 3 Triadische Strukturierungen in Lehr- und Lernprozessen

Von den nun vorzustellenden triadischen Konzepten war schon mehrfach die Rede. Sie strukturieren Übergänge von Lehr- in Lernprozesse und von diesen in Bildungsprozesse, die sich dann auch ohne lehrende Unterstützungen weiterentwickeln. Aus einer Vielzahl triadischer Ordnungen der Erziehung (vgl. Benner 2020/2022, 234–271) lassen sich drei auf die lehrende Praktik auslegen. Die erste unterscheidet Operationen, die Übergänge von Lehren in Lernen absichern. Die zweite weist auf die subjekt- und objektkonstituierende Bedeutung der Methode hin. Die dritte reguliert ein für Lehr-Lernprozesse unverzichtbares Zusammenspiel pädagogischer Handlungskausalitäten.

Die operative Trias verbindet Operationen eines lehrenden Fragens mit Operationen eines didaktischen Zeigens und von den Lernenden selbst zu entwickelnden Suchens, Findens und Antwortens. Sie ist die wohl älteste unter den drei triadischen Beziehungen und lässt sich bis auf den dialogisierenden Sokrates zurückverfolgen. Dieser tritt in Platons Dialogen als jemand auf, der öffentliche Themen von allgemeinem Interesse anspricht und dabei fragend und zeigend vorgeht. Seinen Gesprächspartnern entlockt er Antworten, die sich nicht bruchlos in ein Ganzes fügen, sondern durch seine zeigenden Hinweise in einen Widerstreit geraten, der weitere Fragen, erneute Zeigebewegungen und Antworten nach sich zieht. Die weit verbreitete Auffassung, Platon habe Sokrates nie als einen Lehrer vorgestellt, ist zugleich richtig und falsch. Nie tritt Sokrates in der Rolle eines belehrenden, immer in der eines fragenden und zeigenden Lehrenden auf, der mit seinen Dialogpartnern Probleme, oft ohne zufriedenstellendes Ergebnis, erörtert (siehe hierzu Platons Dialog Protagoras; zur bildungstheoretischen Würdigung der Sokratischen Maieutik und Elenktik in der Pädagogik siehe Fischer 2004; Ruhloff 2015).

Klaus Prange (2005) hat die Operation des Zeigens, die Herbart der Eingangsstufe lehrender Artikulationen zugeordnet hat, auf alle Artikulationsstufen des Unterrichts ausgeweitet und zusammen mit Gabriele Strobel-Eisele Herbarts lehrende Praktik in die eines „ostensiven" oder übenden, „repräsentativen" oder darstellenden, „direktiven" oder auffordernden sowie „reaktiven" oder beratenden Zeigens untergliedert (Prange/Strobel-Eisele 2006). Anliegen dieser Differenzierungen ist es, in allen von Herbart unterschiedenen Formen der Erziehung das Zeigen als lehrende Grundoperation auszuweisen und ihm Zugänge auch zu regierenden und beratenden Praktiken der Erziehung zu erschließen.

Wie Herbart hebt Prange das lehrende Zeigen vom Lernen ab (siehe Prange 2000, 212–275), konzentriert dann jedoch die Trias von Fragen, Zeigen und Antworten auf Operationen und Wirkungen, die vom Zeigen allein ausgehen sollen. Ohne die Bedeutung des Zeigens in regierenden, unterrichtenden und beratenden Praktiken der Erziehung in Zweifel zu ziehen, habe ich Pranges Privilegierung des Zeigens schon in älteren Arbeiten durch eine operative Trias von Fragen, Zeigen und Antworten vermieden. Damit sich Lernende in Gezeigtes vertiefen, an diesem lernen und in Bildungsprozesse eintreten können, muss ihr Blick auf Fragwürdiges gelenkt und irritiert werden. Bildende Irritationen aber entstehen nicht schon durch Zeigen, sondern müssen fragend hervorgerufen und lernend und antwortend bearbeitet werden (siehe hierzu Petzelt 1963; Derbolav 1955/1987). Das gilt auch für wissenschaftspropädeutische Lehr-Lernprozesse, in denen auf das zu Lernende nicht direkt gezeigt werden kann.

Schon immer gehörte die methodische Seite der Wissenschaften zu dem, das erst aufscheint, wenn nach ihm gefragt wird. Ihr liegt eine Trias von Subjekt –

Methode – Objekt zugrunde, die Theodor Litt (1952/1968) im Anschluss an Kant für die rechnenden Naturwissenschaften herausgearbeitet hat. Wissensformspezifische Zusammenhänge von Subjekt, Methode und Objekt lassen sich von daher in Anlehnung an Herbart auch für andere Paradigmen und Wissensformen ausweisen. Ein zu den Wissenschaften hinführender Unterricht ist überall ohne Blickwendungen zur Methode gar nicht möglich (siehe hierzu Blankertz 1969/1975, 100; Kaiser 1972/2018; vgl. auch Benner 2020/2022, 216–219). In jedem Paradigma muss der Blick auf die Methode fragend hervorgelockt, zeigend unterstützt, antwortend geklärt sowie reflektierend überprüft werden. Wichtig in diesem Zusammenhang ist, dass wissenschaftliche Methoden nie schon die Methoden des erziehenden und bildenden Lehrens sind. Hierzu werden sie erst, wenn der Blick der Lernenden von vorwissenschaftlichen auf wissensformspezifischen methodische Subjekt- und Objektkonstitutionen und von einer Methode zu anderen Methoden gelenkt wird. Die methodischen Subjekt- und Objektformierungen müssen von den Lernenden erlitten und aktiv vollzogen werden. Nur wenn beides geschieht, kommen wirkliche, d. h. methodisch hervorgebrachte und reflektierte Erkenntnisse zustande.

Die Notwendigkeit eines methodisch richtigen Zeigens hat Klaus Prange (2005, 37) in Anlehnung an scholastische Diskurse mit Verweis auf den Satz „forma dat rei esse" begründet. Dass die Form einer Sache das Sein gibt, muss jedoch anders, als die Scholastik meinte, mit Blick auf die Vielheit der Paradigmen wissensformspezifisch gezeigt werden. Nach der aristotelischen Unterscheidung der Gründe in Material-, Form-, Zweck- und Wirkursachen bestimmt die Zweckursache den wesentlichen Grund. Beim Gesetz des freien Falls spielt von den vier Gründen des Aristoteles nur die auf mathematische Begriffe gebrachte Wirkursache eine Rolle. In seiner Formel „$s = \frac{1}{2} g t^2$" kommen die anderen Ursachen gar nicht mehr vor. Der Lehrer muss also wissen, wonach er fragen soll, und nach Aristoteles auf den Zweck, nach Albertus Magnus auf die Form und nach Galilei und Newton auf die Wirkursache und vor allem auf den Wegfall der anderen Gründe zeigen.

Die skizzierten Ordnungen von Fragen, Zeigen und Antworten sowie Subjekt, Methode und Objekt lassen sich durch eine weitere Trias vertiefen. Untersucht man das Zusammenspiel pädagogischer Handlungskausalitäten in Lehr- und Lernprozessen genauer, so gelangt man zu einer dritten Trias von erziehenden, bildenden und Kompetenzen stärkenden Handlungskausalitäten (siehe Benner 2018b), die in aktuellen Diskursen und Forschungsprogrammen weitgehend ausgeblendet werden (als Ausnahmen siehe die Hinweise in Koller 2012 auf die Bedeutung von Krisen in Bildungsprozessen sowie Rucker 2021a).

Bei der Klärung der Handlungskausalitäten ist zu beachten, dass sie etwas anderes sind als Bedingungskausalitäten wie Milieu, Geschlecht, Religion, Muttersprache, Schulabschlüsse oder die Anzahl von Büchern zu Hause, deren Einflüsse sozialwissenschaftliche Forschung korrelationsstatistisch kontrolliert.

Bedingungskausalitäten geben keine Auskunft darüber, wie Lehr-Lernprozesse verbessert werden können, und lassen sich auch nicht mit Handlungskausalitäten zu einer Gesamtkausalität von 100 Prozent addieren (vgl. Biesta 2019). Handlungskausalitäten tragen dagegen entscheidend zum Erfolg oder Misserfolg von Lehr-Lernprozessen bei. An ihnen lässt sich untersuchen, welches Fragen, Zeigen und Antworten Lehr-Lernprozesse unterstützt und warum diese misslingen, wenn methodisch falsch gefragt und didaktisch falsch gezeigt wird oder wenn Lernende nicht richtig suchen.

Von den drei Handlungskausalitäten geht die edukative Kausalität von Lehrenden aus, die zu vermittelnde Sachverhalte erst fragwürdig und dann methodisch vermittelbar machen. Der eigentliche Aneignungsprozess basiert auf der bildenden Handlungskausalität, die ihre Wirksamkeit zwischen Lernenden und Weltinhalten entfaltet. Unter ihrem Einfluss verändern sich, wie schon gezeigt, Lernende und die von ihnen wahrgenommene und erkannte Welt. Die Veränderungen gehen auf ein Zusammenspiel der erziehenden und bildenden Handlungskausalität zurück, welches eine dritte Handlungskausalität freisetzt. Sie tritt mit dem Überflüssigwerden lehrender Unterstützungen hervor und ist daran erkennbar, dass Lernende die Kompetenz entwickelt haben, selbst Fragen zu stellen, den Blick auf das zu Erkennende zu richten und Antworten allein und mit andern jenseits der Erziehung zu entwickeln. Wo dies gelingt, entstehen aus lehrenden und lernenden Erweiterungen von Erfahrung und Umgang gegenstandskonstituierende methodische Kompetenzen.

## 4 Über Fehlformen des Lehrens und die Vernachlässigung der lehrenden Praktik in Erziehung und Bildungsforschung

Wo Lehren in der Erziehung stattfindet, können neben gelingenden Unterstützungen von Bildungsprozessen immer auch Fehlformen des Lehrens beobachtet werden, die Bildungsprozesse gefährden, verhindern oder blockieren. Eine dieser Fehlformen liegt vor, wenn mit dem Lehren gar nicht erst angefangen wird. Sie ist, wenn man es in rechtlichen Kategorien fassen will, ein Fall von unterlassener Hilfeleistung, in dem Kindern und Jugendlichen, die auf Erfahrung und Umgang erweiternde Unterstützungen angewiesen sind, eine entsprechende Förderung verwehrt und vorenthalten wird. Besonders bei Unterrichtsausfällen während der Covid-19-Pandemie konnte diese Fehlform beobachtet werden. Gehäuft trat sie dort auf, wo in familiären Kontexten kein Ersatzunterricht stattfand und im Fernunterricht Lehrende unterwegs waren, die nur Aufgaben stellen und Outputs ermitteln, nicht aber Lehren und Aufgaben erklären konnten.

Eine zweite Fehlform des Lehrens lieg dann vor, wenn der Einsatz dieser Praktik kein Ende findet und eine Permanenterziehung in Dauerbelehrungen übergeht. Dies ist z. B. der Fall, wenn Eltern das Verhalten ihres Kindes ständig mit Lob und Tadel sowie Hinweisen kommentieren, wie es verändert und verbessert werden könnte. Die Folge ist, dass das gesamte Familienleben von einer direktiven Erziehung beherrscht wird, die keine Übergänge in ein intergenerationelles Zusammenleben jenseits der Erziehung kennt und zulässt.

Eine dritte, der zweiten nahestehende Fehlform liegt vor, wenn Lehren in Situationen wieder einsetzt, in denen es gar keiner Unterstützungen mehr bedarf, weil Heranwachsende Irrtümer und Fehler selbst erkennen und Korrekturen ohne fremde Hilfe ausarbeiten können. Hier werden Bildungsprozesse jenseits der Erziehung, statt sie zu dulden oder an ihnen teilzunehmen, durch lehrende Unterbrechungen gestört.

Die drei Fehlformen kommen in nicht-professionellen wie professionellen pädagogischen Interaktionen vor. Sie zu erkennen und Anfang und Ende der lehrenden Praktik theoretisch zu reflektieren sowie mit Übergängen von regierenden in lehrende und lehrenden in beratende Praktiken der Erziehung abzustimmen, wäre Aufgabe einer handlungstheoretischen Ausbildung und Weiterbildung in allen pädagogischen Berufen. Erzieher, Lehrer und Sozialarbeiter könnten in die grundlegende pädagogische Unterscheidungen und auf diesen aufbauende praxistheoretische Konzepte für die Planung, Durchführung, Beschreibung, Analyse und Evaluation pädagogischer Interaktionen eingeführt werden. Das verlangt nach neuen theoretischen, forschenden und experimentierenden Kooperationen von Erziehungs- und Bildungs-, Lehr- und Lern- sowie zuletzt Unterrichtsforschung. Eine Bildungsforschung, die ihre Outputmessungen ohne Einbeziehung pädagogischer Handlungskausalitäten betreibt und die Outputs vorrangig mit Bedingungskausalitäten korreliert, trägt hierzu noch nichts bei. Ähnlich verhält es sich bei praxistheoretischen Ansätzen, die zwar qualitativ argumentieren (vgl. Laux 2017), in ihren praxistheoretischen Ausführungen aber das Zusammenspiel der Praktiken der Erziehung ausblenden oder nur randständig thematisieren (vgl. Berdelmann et al. 2019; siehe kritisch hierzu Su / Bellmann 2023). Schlimmer noch ist bei Versuchen, aus statistischen Korrelationen Rückschlüsse auf die Qualität von nicht beobachteten Lehr-Lernprozessen zu ziehen. Sie führen nicht weiter, sondern gehen ins Leere und sind selbst ein Teil des durch Ausblendung pädagogischer Handlungskausalitäten entstandenen Problems (vgl. Tenorth 2021/2023; Benner 2022a; Meyer / Junghans 2022, 100; Ramseger 2023).

Der Zenit dieser Entwicklung könnte inzwischen überschritten sein. Die Wiederkehr des Themas „pädagogische Praktiken" kann jedenfalls einen Beitrag zur Erneuerung der Erziehung, des Lehrens und der Erforschung von Erziehung- und Bildungs- sowie Lehr- und Lernprozessen und damit nicht zuletzt auch eine Stärkung von Bildungsprozessen jenseits der Erziehung sein.

# Miteinander Streiten – eine unverzichtbare Praktik, nicht nur in der beratenden Erziehung[9]

Vom Streiten über Erziehung ist im Folgenden zu Beginn und dann immer wieder am Rande die Rede. Das Hauptinteresse gilt der Frage, ob Miteinander-Streiten eine Praktik der Erziehung ist bzw. zu einer solchen entwickelt werden kann.

Vermutlich haben Menschen schon immer miteinander gestritten, nicht ständig und überall, aber doch immer wieder und nach dem derzeitigen Stand der Forschung bereits 300.000 Jahre, nicht wie im Tierreich beim Kampf um Nahrung und Leitfunktionen, sondern in allen Praxisfeldern. Von dieser Zeit sind nur 5.000 bis 6.000 Jahre auf der Grundlage schriftlicher Quellen erforschbar, in denen sich jedoch keine Hinweise auf historische Anfänge des Streitens in der Erziehung finden. Dieses spielt selbst in den auf prähistorische Traditionen verweisenden Mythen, nach denen die Götter die Menschen als Erwachsene geschaffen haben, keine Rolle. Es drängt sich daher die Frage auf, warum es so lange gedauert hat, bis das Streiten auch für pädagogische Kontexte eine Bedeutung gewann. Hier hilft es nicht weiter, die Anfänge des Streitens in der Erziehung in der Akademie Platons aufzusuchen und an dessen sokratischen Dialogen festzumachen. Denn bei diesen handelt es sich nicht um Anfänge eines Philosophierens mit Kindern und Jugendlichen, sondern um Anfänge der Philosophie in Schriftform, die wenig mit den Anfängen des Streitens als einer Praktik der Erziehung zu tun haben. Meine Vermutung ist, dass die Erziehung erst spät als eine eigene Praxisform erkannt und selbst danach noch lange durch Praktiken überlagert wurde, die das Streiten, obwohl es schon immer und überall über alles stattfand, nicht als eine erziehende Praktik zugelassen, sondern bewusst als pädagogische Handlungsform ausgeschlossen haben.

Explizit thematisiert wird das Streiten in der Erziehung erst nach der Reformation in der mit Rousseau beginnenden pädagogischen Moderne (zur Bedeutung Rousseaus für moderne Erziehung siehe Böhm 2004). In dem von Comenius entwickelten Programm, allen den ganzen Raum der Bildung durch Erziehung zu erschließen, findet es sich noch nicht. Die im Zeitalter der europäischen Religionskriege entstandene Friedenssehnsucht teilte dieser so sehr, dass er wenig Raum für ein bildendes Streiten ließ. Eine ihm zugeschriebene, in China bekannte und geschätzte Maxime bringt dies auf den metaphorischen Begriff: „Besser

9 Der Text wurde auf dem 56. Salzburger Symposion am 7. Juni 2023 in Maria Plain vorgetragen.

als streiten, wie ein Feuer entstand, ist, es zu löschen". Dazu passt, dass die Abbildung der „Societas Parentalis" im „Orbis Sensualium Pictus"ganz selbstverständlich eine Rute zeigt, mit der Kinder vom Vater „gezüchtiget" werden (Comenius 1658/1755, CXX).

## 1 Von der alten Gehorsamserziehung zu Rousseaus Konzeption für ein kultiviertes Miteinander-Streiten in der Erziehung

Solange die Pflicht von Kindern und Jugendlichen, ihren Erziehern zu gehorchen, allgemein anerkannt und das Gehorchen als eine selbstverständliche Pflicht angesehen wurde, konnten und brauchten keine Praktiken eines Miteinander-Streitens in der Erziehung entwickelt werden. Eine über den Komödiendichter Menander überlieferte altgriechische Erziehungsweisheit bringt dies auf die bekannte einfache Formel: „Ὁ μὴ δαρεὶς ἄνθρωπος οὐ παιδεύεται". Der Satz hat verschiedene Bedeutungen: die aus heutiger Sicht jedenfalls illegitime Bedeutung, ein nicht geschundener Mensch sei nicht richtig erzogen, und die bildungstheoretisch interessante Bedeutung, Bildung sei nicht ohne Anstrengungen und Wechselwirkungen mit einer widerständigen Welt möglich.

Erkenntnisse durch Prügel zu vermitteln, lehnten schon Platon und Aristoteles ab. Beide bezogen die von ihnen gut geheißene Gehorsamserziehung auf moralisch-politische Gewöhnungen, bei denen Strafen, die bei Sklaven generell zugelassen waren, nur für den engeren Bereich der Regierung von Kindern als unverzichtbar galten. Die philosophischen Erziehungs- und Bildungstheoretiker wussten also darum, dass Einsichten und Tugenden nicht aus Strafen hervorgehen und Gehorsam – jedenfalls unter freien Menschen – nur vernünftig genannt werden kann, wenn er auf Einsicht und nicht auf Unterwerfung basiert.

Der erste, der das Streiten erziehungstheoretisch und bildungstheoretisch untersucht hat, war Jean-Jacques Rousseau. An vier Beispielen aus seiner Abhandlung „Emile oder Von der Erziehung" lässt sich dies zeigen. Das erste stammt aus dem zweiten Buch. In ihm wird die traditionelle Gehorsamserziehung in eine „éducation négative" überführt, die die Tür zum Streiten merkwürdigerweise dadurch öffnet, dass sie dieses zunächst aus dem Kreis der legitimen Praktiken der Erziehung ausschließt:

> „Behandelt euren Zögling, wie es seinem Alter entspricht. [...] Befehlt ihm nie und nicht, was es auch sein mag. Er darf gar nicht auf den Gedanken kommen, daß ihr irgendeine Autorität über ihn beansprucht. [...] Was ihr ihm erlaubt, gebt ihm auf das erste Wort, ohne Aufdrängen, ohne Bitten, vor allem ohne Bedingungen. Gebt fröhlich! Schlagt ungern ab, jedoch unwiderruflich. [...]
> Übrigens gibt es hier keinen Mittelweg. Entweder gar nichts fordern oder es dem unbedingten Gehorsam unterwerfen. Ganz schlechte Erziehung ist es, das Kind zwi-

schen seinem und eurem Willen schwanken zu lassen und zu streiten, wer wessen Herr ist. Dann wäre mir hundertmal lieber, wenn das Kind immer der Herr" wäre (Emile: UTB, 70; Winkler, 85).

Rousseau spricht sich hier gegen die alte Gehorsamserziehung aus und macht ihre Überwindung davon abhängig, dass sie durch eine moderne Erziehung abgelöst wird, die auf Streiten zwischen Erziehenden und zu Erziehenden verzichtet. Streiten um die Erziehungshoheit kann nach Rousseau keine legitime Praktik moderner Erziehung sein, weil sie entweder das Kind dem Erzieher unterwirft oder es dazu verleitet, sich selbst zum Herrn über diesen aufzuschwingen und seine Umgebung durch seine Launen zu tyrannisieren. Vom Streiten als einer legitimen Praktik der Erziehung ist im zweiten Buch des Emile anschließend an zwei weiteren Stellen die Rede: in der Begegnung mit einem Zauberer oder Trickkünstler und in einer Auseinandersetzung mit einem Gärtner.

Auf einem Jahrmarkt lernt Emile einen Zauberer kennen, der Kunststücke mit einer Wachs-Ente vorführt, die in einem Wasserbecken schwimmt und in ihren Bewegungen der Hand des Zauberers folgt, der der Ente ein Stück Brot hinhält. Emile erkennt sogleich eine Möglichkeit, gerade bei seinem Erzieher und Lehrer Jean-Jacques erworbene Kenntnisse über Magnetismus anzuwenden und legt sich ein Stück Brot zurecht, in dem ein Magnet steckt, mit dem er eine von ihm mit einem Eisenstück präparierte Ente wie der Trickkünstler in Bewegung setzen kann. Als ihm dies auf dem Jahrmarkt auch mit der Ente des Trickkünstlers gelingt, applaudiert das Publikum ihm und nicht mehr dem Zauberer. Am Morgen darauf sucht dieser Emiles Erzieher und Lehrer Jean-Jacques auf und weist ihn darauf hin, dass er seinem Zögling zwar die Grundlagen des Magnetismus vermittelt, diesen aber nicht in einen sozial verträglichen Umgang mit den neu erworbenen Kenntnissen eingeführt habe.

In der Geschichte mit dem Gärtner kommt es zu einem Streit zwischen diesem und Emile. Beide beschuldigen sich gegenseitig, die Saat des anderen zerstört zu haben, sodass nichts mehr wachsen und geerntet werden kann. Der Streit wird durch eine Vereinbarung geschlichtet, die fortan für Emile und den Gärtner gelten soll. Emile verspricht, keine Aussaat mehr in schon besetztes Land zu machen, der Gärtner tritt an ihn – „ohne" jede weitere „Bedingung" – ein Beet ab und trägt so dazu bei, dass Emile in der Arbeit die eigentliche Grundlage für rechtmäßig erworbenes Eigentum erkennen und nicht nur sich selbst, sondern auch den Gärtner als arbeitenden Menschen anerkennen kann. Eine solche Anerkennung bringt auch der Gärtner Emile entgegen. Er verzichtet darauf, für die Bereitstellung des Landes auf einen Teil vom Emiles Ernte Anspruch zu erheben und stellt damit sicher, dass Emile zu ihm weder in eine feudale noch in eine besitzbürgerliche Abhängigkeit gerät.

Im vierten Buch des Emile findet sich zu Beginn des Abschnitts, in dem ein Vikar aus Savoyen Emile und Jean-Jacques sein Leben erzählt und sein Glaubensbekenntnis vorstellt, ein weiteres Beispiel für eine durch Erziehung zu vermittelnde streitende Bildung. Diesmal ist Rousseau als Erwachsenenbildner unterwegs, der mit seinen Lesern über Alternativen zu dogmatischen Einführungen in bestehende Offenbarungsreligionen nachdenkt. Gesucht werden eine religiöse Bildung und Kompetenz, die Gläubige nicht länger religiösen Dogmen unterwirft und von ihnen keinen religiösen Unterwerfungsgehorsam mehr verlangt, wie ihn Jahwe vom Stammvater der abrahamitischen Religionen forderte. Die durch Vertiefung in das Glaubensbekenntnis des Vikars von Emile zu entwickelnde religiöse Urteils- und Handlungskompetenz beschreibt Rousseau mit den gleichermaßen an Gläubige wie Atheisten adressierten Worten:

> „Das Wesentliche ist, daß man anders denkt als die anderen. Bei den Gläubigen ist (Emile, DB) ein Gottesleugner, bei den Gottesleugnern würde er ein Gläubiger sein" (Rousseau 1762/1979, 339).

Die Fähigkeit, mit Gläubigen als Atheist und mit Atheisten als Gläubiger zu streiten, ist keine, die Emile erst als Erwachsener beherrscht. Er entwickelt sie schon im Jugendalter. Rousseau plädiert mit dem Zitat nicht für eine antiautoritäre Widerspruchskultur, sondern für eine Streitkultur, in der Kontroversen nicht nur in und zwischen Religionen, sondern auch zwischen Religion, Ethik und Politik sowie Religion, Philosophie und Wissenschaft ausgetragen werden.

## 2 Von operativen Differenzierungen der Praktik des Streitens in der Erziehung in klassischen Begründungstexten moderner Pädagogik

Solange die Ziele der Erziehung durch Ethik und Theologie und später durch Staat und Ökonomie normiert wurden, war Streiten nur im Rahmen des theologisch und ethisch Erlaubten sowie politisch und ökonomisch Gebotenen zugelassen. Erst die Betonung der Eigenlogik der Erziehung durch Rousseau und später durch Kant, Herbart, Schleiermacher und Dewey eröffnete Möglichkeiten, das Miteinander-Streiten auch in der Erziehung zu etablieren (vgl. Benner 2019a). Wichtige, über Rousseau und Kant hinausführende Schritte leitete Herbart mit seiner Allgemeinen Pädagogik (1806) ein. In ihr entwarf er eine neue Ordnung für die gesamte Erziehung, die das Miteinander-Streiten unterschiedlich auf Kinder regierende, Erfahrung und Umgang erweiternde und beratende Erziehungspraktiken auslegte.

Herbart kehrte den alten Begründungszusammenhang um, der die richtige Erziehung aus der richtigen Ethik und Politik abgeleitet hatte, und unterschied die Adressaten und Praktiken der Pädagogik von jenen der Ethik und Politik. Von der Praktischen Philosophie sagte er, sie richte sich an Erwachsene und setze bei diesen eine schon entwickelte Ansprechbarkeit für das Gute voraus. Diese aber sei dem Menschen nicht von Natur gegeben, sondern müsse durch eine Erziehung gefördert werden, die auf die Entstehung des objektiven Charakters Einfluss nimmt und in diesem früh die Fähigkeit verankert, ethisch-moralisch zu argumentieren, zu urteilen und zu handeln. Erst wenn dies gesichert sei, fänden Praktische Philosophie und Ethik in Erwachsenen Ansprechpartner vor, die ihren objektiven Charakter und die in diesem verankerten Orientierungen und Grundsätze prüfen und beurteilen können.

Statt Kinder und Jugendliche durch Gehorsam einen mit der gerade herrschenden Ethik und Moral abgestimmten moralischen Charakter anzuerziehen, kommt es nach Herbart darauf an, Heranwachsende in einer „heilsamen Charakterlosigkeit" zu halten (Herbart 1806, 300), die Raum für eine Urteilsbildung lässt, die sich unter dem Einfluss einer gegenwirkenden und unterstützenden Erziehung vollzieht. Vornehmste Aufgabe der Erziehung ist es, bei Heranwachsenden die Entstehung eines Habitus zu unterstützen, der kein Resultat erziehender, belehrender und unterwerfender Gewöhnungen sowie Brechungen des Willens ist, sondern pädagogischen Interaktionen und Handlungen entspringt, in denen Kinder und Jugendliche weder einfach ihren Willensstrebungen noch dem Willen ihrer Erzieher folgen, sondern einem von ihnen selbst kultivierten und beurteilten Willen entwickeln.

Herbarts Rede von einer „heilsamen Charakterlosigkeit", in der Kinder und Jugendliche zu halten sind, hat Walter Asmus, als er Herbarts Pädagogische Schriften in der zweiten Hälfte des 20. Jahrhunderts auf der Grundlage älterer Ausgaben neu herausgab, derart überrascht, dass er den in älteren Ausgaben richtig wiedergegebenen Begriff, ohne dies kenntlich zu machen, durch denjenigen einer „heilsamen Charakterfestigkeit" ersetzte, die durch Erziehung früh ausgebildet werden müsse. Er entstellte auf diese Weise den Sinn des von Herbart Gemeinten bis zur Unkenntlichkeit (vgl. Herbart 1965, 104; vgl. Benner 2017). Herbart definierte die operativen Praktiken der Erziehung so, dass der sich entwickelnde objektive Charakter gerade kein unmittelbares Resultat der Erziehung ist, sondern einer edukativ unterstützten Willensbildung entspringt, die über das Urteilen und Handeln der Heranwachsenden verläuft. Unter heilsamer Charakterlosigkeit fasste er Bestrebungen zusammen, die traditionellen Kontinuitäten zwischen den Lebensformen und Charakteren der Eltern und jenen der Kinder, wie sie in der Ständegesellschaft üblich gewesen waren, aufbrechen und der Reproduktion einer durch den Stand der Eltern definierten frühen Charakterfestigkeit entgegenwirken. Als Raum für eine in diesem Sinne heilsame oder bildende Charakterlosigkeit sah er ein vielseitiges Interesse, einen weiten Gedankenkreis und eine an den Maximen motivlosen Wohlwollens sowie mitmenschlicher Güte und Rechtlichkeit orientierte Sozialität an.

In seinen Ausführungen über Erziehung betonte Herbart den Grundbegriff einer weltoffenen Bildsamkeit des Willens sowie die Notwendigkeit einer Kultivierung des Miteinander-Streitens durch operative Praktiken der Erziehung. Im Bereich der Kinderregierung suchte er – wie vor ihm schon Rousseau – jegliches Streiten zu vermeiden und das Kind solange von Handlungen, durch die es sich selbst oder andere gefährden würde, abzuhalten, bis es diese selbst beurteilen kann. Die Operationen, die gefährlichen Handlungen entgegenwirken können, unterschied er in solche der „Drohung", der „Aufsicht", der „Autorität" und der „Liebe". Drohungen sollen Kinder nicht mehr vor Strafen, sondern vor Gefahren warnen, in die sie sich durch bestimmte uneinsichtige Handlungen begeben. Aufsicht kontrolliert nicht mehr einen von Kindern geforderten Unterwerfungsgehorsam, sondern wie sie mit Gefahren umgehen. Dies kann dazu führen, dass Heranwachsende die Regierungsautorität ihrer erziehenden Bezugspersonen anerkennen und gleichzeitig lernen, sich selbst zu regieren. Aus der einsichtigen und freien Anerkennung einer das Kind und seine Umgebung schützenden Regierungsautorität kann eine wechselseitige Zuneigung und Liebe hervorgehen, die nicht auf Gehorsam, sondern auf Einsicht und gegenseitiger Achtung basieren (vgl. den Abschnitt über die Regierung der Kinder in Herbart 1806/1965, 30–38). Solche Anerkennung ist kein Prinzip pädagogischen Handelns, sondern das Resultat einer Erziehung, die darum weiß, was in der Erziehung – auf Seiten der Erziehenden und der zu Erziehenden – nicht zugelassen und deshalb auch nicht anerkannt werden darf.

Über das, was nicht zuzulassen und anzuerkennen ist, soll nach Herbart, übereinstimmend mit Rousseau, nicht zwischen Erziehenden und zu Erziehenden gestritten werden. Anders als Rousseau, lässt Herbart jedoch ein Miteinander-Streiten über den richtigen Zeitpunkt für den Übergang der Regierungsautorität in die Selbstregierungsautorität von Kindern und Jugendlichen zu. Das eigentliche Gebiet des Miteinander-Streitens verortet er mitten im Erfahrung und Umgang erweiternden Unterricht und in einer beratenden Erziehung, die schon früh Übergänge in ein von Kindern selbst verantwortetes oder mitzuverantwortendes Handeln unterstützt (vgl. hierzu und zum Folgenden die Hinweise zu einem durch Erziehung zu unterstützenden Kampf und Streit in Herbart 1806/1965, 127–155). Er erstreckt sich auf das ganze individuellen und sozialen Leben, das nicht nur aus Erziehung, sondern wesentlich auch aus dem Zusammenleben in einer gemeinsamen Welt besteht. Für seine Kultivierung ist eine Kultivierung der inneren Freiheit erforderlich, die mehr als eine Freiheit zum Wollen, nämlich immer auch eine solche gegenüber eigenen und fremden Willensstrebungen ist.

Der Raum des Miteinander-Streitens öffnet sich dadurch für die Entwicklung eines vielseitigen Interesses und eines weiten Gedankenkreises, die einen immer auch streitbaren vielfältigen Austausch von Erfahrungen möglich machen. Zu seiner Kultivierung gehört unverzichtbar, dass Erfahrungen nie nur aus Eigeninteresse, sondern stets mit Wohlwollen für das Andere und die Anderen erweitert werden. Streit und Wohlwollen stehen nicht in einem kontradiktorischen Verhältnis, sondern in einem Widerstreit, der keiner zwischen Erziehern und zu Erziehenden ist, sondern zwischen Eigenem und Fremden sowie Bekanntem und Unbekannten verläuft. Dieser Widerstreit darf nicht vermieden, sondern muss so ausgerichtet werden, dass er immer wieder neu anfangen kann: nicht nur im individuellen Leben und miteinander Handeln, sondern auch in den ausdifferenzierten gesellschaftlichen Handlungsfeldern. Diese unterscheidet Herbart – ähnlich wie in unseren Tagen Michael Walzer (2006) – in Ordnungen des Rechts und der gesellschaftlichen Gratifikationen, in ein kommunales Verwaltungssystem, das Menschen nach Fähigkeiten und Bedürfnissen ungleich behandelt, besonders Begabte fördert und Bedürftige unterstützt, sowie in ein Kultursystem, in dem Menschen verschiedenen Tätigkeiten nachgehen und ihre Erfahrungen austauschen. Die genannten Teilsysteme lassen sich nach Herbart durch eine „beseelte Gesellschaft" verbinden, die der heutigen Zivilgesellschaft ähnlich ist, in der Menschen miteinander diskutieren, sich selbst aufklären und miteinander beraten (vgl. Herbart 1808, 3–106).

Vom Streiten als einer unverzichtbaren Praktik der Erziehung sagt er mit Blick auf die Entwicklung einer solchen Sozialität voller Zuversicht:

> „An sich [...] würde die große Angelegenheit der Erziehung, daß in der Jugend der rechtliche Sinn früh lebhaft werde [...] von selbst gehen: die sittlichen Auffassungen, welche hierher gehören, würden unter allen die ersten und natürlichsten sein, wenn man die Kinder mehr nach eigener Weise sich untereinander schicken und gesellen ließe [...]. Nur das Eingreifen der Erwachsenen und das Vorhersehen eines solchen möglichen Eingreifens macht alles Rechtliche unter Kindern ungewiß und entzieht es ihrer Achtung" (Herbart 1806/1965, 149).

Wenig später heißt es dann, sittliche Kritik am individuellen Leben dürfe nicht zu einer von Kindern und Jugendlichen ausgehenden Kritik der bestehenden Gesellschaft ausgeweitet werden:

> „Ist die (beratende Erziehung, D. B.) über die ersten Anfänge hinweg, so darf sie überhaupt nicht zulassen, daß der Zögling sich gewöhne, sein Recht zum bestimmenden Grunde seines Handelns zu machen; nur das Recht andrer muß ihm ein strenges Gesetz sein. Niemand darf sich ein ursprüngliches Recht erdichten, niemand eigenmächtig ein vernünftigeres statt des vorhandenen einzuschieben sich unterfangen" (ebd., 150).

In diesen Zitaten zeigt sich die ganze Weite, aber auch eine eigentümliche Grenze in Herbarts Überlegungen zur Bedeutung des Miteinander-Streitens in der Erziehung. Die Weite steht im Zentrum der vier Beratungsformen einer „haltenden", „bestimmenden", „regelnden" und „unterstützenden Zucht". Unter ihrem Einfluss können Heranwachsende lernen,

- ihre vergangenen Handlungen Revue passieren zu lassen, zu erinnern und sich vor Augen zu halten,
- sie im Lichte der in ihnen gemachten Erfahrungen und deren Folgen und Nebenwirkungen erneut zu bewerten und zu bestimmen,
- danach die Regeln zu reflektieren, die ihren Beurteilungen zugrunde lagen, und auch diese zu prüfen sowie
- den möglichen Widerstreit zwischen individuellen und gesellschaftlichen Gerechtigkeitssphären zu erkennen und Kollisionen zwischen innerer Freiheit, bildender Vielseitigkeit, motivlosem Wohlwollen und der einer auf sie gegründeten Rechtlichkeit zu reflektieren und zu bearbeiten.

Die haltenden, bestimmenden, regelnden und unterstützenden Formen der Beratung können einen „Kampf" im Motivationshorizont der Heranwachsenden fördern, der zu von diesen selbst zu treffenden sittlichen „Entschließung(en)" führt (ebd., 104–141).

Die Grenze dieser Konzeption liegt zweifellos darin, dass sie Streit und Kampf nur so auszutragen erlaubt, dass keine Kritik an der bestehenden gesellschaftlichen Ordnung aufkommt. Die höhere Gerechtigkeit soll entweder unmittelbar aus dem Umgang der Kinder miteinander hervorgehen oder sich im Einvernehmen mit schon eingetretenen Veränderungen in Bräuchen, Sitten, Konventionen und Rechtsordnungen entwickeln.

Ähnlich urteilte Schleiermacher 20 Jahre später, als er in seinen Vorlesungen über Erziehung und Erziehungskunst empfahl, Kinder und Jugendliche so zu erziehen, dass sie in die sich historisch darbietenden Verbesserungen eintreten und an diesen in einer sich neu entwickelnden Geselligkeit mitwirken können (siehe Schleiermacher 1826, 33–34). – Hier deutet sich an, dass von Rousseau, der nur sehr vorläufige Anschauungen und Erfahrungen mit der neuen Erziehung hatte, in bestimmten Hinsichten weitergehende Inspirationen für ein Miteinander-Streiten in der Erziehung ausgehen können, als sie in den Texten der beiden deutschen Mitbegründer der modernen Pädagogik zu finden sind.

## 3 Von Schleiermachers Verankerung der sittlichen Missbilligung in der Erziehung zu Wilhelm von Humboldts zivilgesellschaftlicher Verortung des Miteinander-Streitens in öffentlichen Räumen

Während Herbart die neue, Streit zulassende Sittlichkeit und Rechtlichkeit im Umgang der Kinder und Jugendlichen ohne Kollisionen mit bestehenden Sitten und Ordnungen zu verankern suchte, ging Schleiermacher in seinen Vorlesungen über Theorie der Erziehung und Erziehungskunst aus dem Jahre 1826 einen

Schritt weiter. Er warf die Frage auf, was Erziehung tun und wie sie wirken könne, wenn die Maßnahmen einer von bestimmten Handlungen abhaltenden Erziehung scheitern, weil Heranwachsende Handlungen entwerfen und realisieren, an denen es nichts gibt, das unterstützt werden könnte. Auf diese Frage hätten Rousseau und Herbart geantwortet, dieser Fall könne bei einer an den Ideen der Güte und Rechtlichkeit ausgerichteten Erziehung gar nicht eintreten (siehe Benner et al. 2015, 133–135). Anders Schleiermacher, der einen solchen Fall ausdrücklich in seine Überlegungen einbezog. Die Einsicht, dass Erziehende das Böse durch Unterstützung des Guten verhindern sollen, erweiterte er um die Pflicht der Erwachsenen, das Handeln der Heranwachsenden auch vor diesen zu beurteilen und wo erforderlich sittlich zu missbilligen.

Von der sittlichen Missbilligungen sagte er, sie müssten eindeutig und klar als sittliche Gegenwirkung gekennzeichnet sein, dürften aber nicht so vorgenommen werden, dass sie Heranwachsenden das pädagogische Wohlwollen entziehen (Schleiermacher 1826, 97–103). Der von Schleiermacher geforderte Spagat zwischen edukativer Unterstützung und sittlicher Missbilligung kann nur gelingen, wenn sittliche Distanzierung auch öffentlich gezeigt und mit wiedergutmachenden Handlungen verbunden wird, wie dies für unsere Zeit Fritz Oser in seinen Ausführungen über Negative Moralität und Entwicklung (1998) an Beispielen aus der Schweiz ausgeführt hat. Negative Moralität im modernen Sinne unterscheidet sich von negativer Moralität im vormodernen Sinne dadurch, dass sie ihre Missbilligungen mit einem Respekt verbindet, der Heranwachende nicht von der Ausfechtung des Streits ausschließt, sondern an diesem beteiligt und sie dazu anhält, an wiedergutmachenden Problemlösungen mitzuwirken. So wie es in Moral und Politik kein legitimes Recht des Stärkeren gibt, so kann es unter erziehungs- und bildungstheoretischen Prämissen auch kein Recht des Besseren geben. Von der Beratung über das Gute und Gerechte darf niemand ausgeschlossen werden.

Dem mit ‚sittlichen Mißbilligungen' einhergehenden Streiten inmitten der Erziehung hat Schleiermacher ein außerhalb der Erziehung stattfindendes öffentliches Streiten zur Seite gestellt. Dieses kann Voraussetzungen dafür sichern, dass Erziehung tatsächlich an sich darbietende Verbesserungen anschließen kann, ohne für sich den Status einer Erzieherin der Gesellschaft zu beanspruchen. In seinem um 1800 verfassten „Katechismus der Vernunft für edle Frauen", den Ingrid Jacobi 200 Jahre nach seiner Niederschrift neu gewürdigt hat, entwickelte Schleiermacher eine Neufassung der Zehn Gebote, die Frauen zu Veränderungen in den Geschlechterbeziehungen aufforderte. Das an Männer adressierte Gebot, „Weib, Knecht, Magd (und) Vieh" eines anderen Mannes nicht zu begehren, überführte Schleiermacher in die an „edle Frauen" gerichtete Aufforderung: „Laß dich gelüsten nach der Männer Bildung, Kunst, Weisheit und Ehre". Vergleichbar überführte er das an Kinder gerichtete Gebot, die Eltern zu ehren und ihnen zu gehorchen, in die an erziehende Frauen gerichtete Maxime, „die Eigenthümlichkeit und die Willkühr" ihrer Kinder zu achten. Dem siebten Gebot der ehelichen Treue stellte er die an beide Geschlechter gerichtete Weisung zur Seite: „Du sollst keine Ehe schließen, die gebrochen werden müßte".

Auch Wilhelm von Humboldt betonte die zivilgesellschaftliche Seite des Miteinander-Streitens, ohne allerdings seine pädagogischen Voraussetzungen zu thematisieren. Er wies dem Streiten weitergehende Funktionen zu, die bis heute nichts von ihrer Bedeutung verloren haben (siehe Humboldt 1792; vgl. zum Folgenden Benner 2023a, 178–197). In seinem Versuch, die Gränzen staatlicher Wirksamkeit zu bestimmen entwickelte er acht Jahre vor Schleiermacher einen Begriff der modernen Zivilgesellschaft, den Dewey zu Beginn des 20. Jahrhunderts durch die Formel „Demokratie" als eine „Lebensform" mit „einer gemeinsamen und miteinander geteilten Erfahrung" weiter ausgeführt hat (Dewey 1916, 93; 1964/1993, 120 f.). In der modernen Gesellschaft erkannten Humboldt und später Dewey einen Raum, in dem Menschen eine freie Geselligkeit entwickeln und gleichzeitig mehreren Gemeinschaften angehören können, ohne dass es hierzu einer alles normierenden substanziellen Sitte und eines alles überwölbenden sittlichen Staats bedarf. Von diesem Raum sagte Humboldt:

> „Es ist unläugbar, dass gerade daraus sehr heilsame Folgen entspringen, dass der Mensch in der Gestalt, welche ihm seine Lage und die Umstände gegeben haben, im Staate selbstthätig [...] und nun durch den Streit [...] der ihm vom Staat angewiesenen Lage [...] und der von ihm selbst gewählten [...] anders geformt wird", so dass schließlich „die Verfassung des Staats selbst Aenderungen erleidet", die als „auf einmal fast unbemerkbare [...] Modifikationen des Nationalcharakters [...] bei allen Staaten unverkennbar sind" (Humboldt 1792, 105–106).

Der Streit, von dem hier die Rede ist, ist mehr als bloß ein zwischen den Einzelnen und dem Staat auszutragender Streit um die Aufhebung der geburtsständischen Ordnungen, die in Preußen das Allgemeine Landrecht von 1794 einleitete, nämlich ein Streit in und zwischen der in Entstehung begriffenen Zivilgesellschaft und dem absolutistischen Staat, der in modernen Staaten mit demokratischen und republikanischen Verfassungen nicht abgeschlossen ist, sondern fortgeführt wird. In der Zivilgesellschaft streiten Menschen untereinander und mit staatlicher Politik über das gemeinsame Gute. Die Zivilgesellschaft ist ein gesellschaftlicher Raum für eine von den Einzelnen ausgehende Meinungsbildung, die in alle Praxisfelder und Teilsysteme von der Werktätigkeit, über Moral und Sitte, Erziehung und Bildung sowie Politik bis zu den Künsten, Wissenschaften und Religionen hineinreicht. In ihm ist das Politische, ohne Aufgaben staatlicher Politik übernehmen zu können, nicht mit staatlicher Politik identisch. Die in den Grundrechten demokratischer Verfassungen verankerten Freiheiten sind solche, welche die Einzelnen nicht nur als Staatsbürger, sondern auch und gerade als Zivilbürger wahrnehmen. Die zivilgesellschaftliche Praxis macht auch nicht bei den gesellschaftlichen Teilsystemen und ihren Abgrenzungen untereinander halt, sondern greift gleichermaßen in die staatliche Politikfelder und Ordnungen der Teilsysteme moderner Gesellschaften ein und reflektiert dabei auch Folgen und Nebenwirkungen funktionaler Differenzierung.

Für den Streit und das Zusammenspiel zwischen Staat und Zivilgesellschaft hat Humboldt die folgende in der Ideenschrift noch nicht auf das Erziehungssystem ausgelegte Forderung aufgestellt:

> „Daher müsste, meiner Meinung zufolge, die freieste, so wenig als möglich schon auf die bürgerlichen Verhältnisse gerichtete Bildung des Menschen überall vorausgehen. Der so gebildete Mensch müsste dann in den Staat treten, und die Verfassung des Staats sich gleichsam an ihm prüfen. Nur bei einem solchen Kampfe würde ich wahre Verbesserung der Verfassung durch die Nation mit Gewissheit hoffen, und nur bei einem solchen schädlichen Einfluss der bürgerlichen Einrichtung auf den Menschen nicht besorgen" (ebd., 106).

Der Kampf soll freien, regen und mannigfaltigen Tätigkeiten der Menschen entspringen und Verbesserungen der Verfasstheit der Einzelnen wie der Gesellschaft anstoßen und unterstützen. Die Transformation standesbürgerlicher in zivilbürgerliche Lebensformen war zu Beginn des 19. Jahrhunderts mit neuartigen Aufgaben und Herausforderungen verbunden. Die Eltern mussten lernen, ihre Kinder in Unkenntnis ihrer späteren Bestimmung zu erziehen und ihr Erziehungsrecht mit öffentlichen Bildungseinrichtungen zu teilen; die Menschen mussten Lebensformen entwickeln, in denen sie nicht mehr vorrangig mit Menschen gleicher Herkunft kommunizieren, sondern in Familie, Freizeit und Beruf einer Vielzahl von Gemeinschaften sowie einer diskutierenden Öffentlichkeit angehören. Moderne Lebensformen bedürfen bis heute eines zweifachen Schutzes. Sie müssen vor den Interessen und Zugriffen eines Staates geschützt werden, der Menschen vorrangig als gesetzestreue Untertanen zu seinen Zwecken gebraucht, aber auch vor gesellschaftlichen Entwicklungen, die einen freien Verkehr der Menschen behindern und erschweren.

Humboldts Forderung, die Verfassung des Staats an der Bildung der Menschen zu überprüfen, schließt zivilgesellschaftliche Überprüfungen der Ordnungen des gesellschaftlichen Lebens ein. Nur wenn beides geschieht, kann die Bildung einer nicht aus homogenen Ständen, sondern aus Individuen und individuellen Vergemeinschaftungen bestehenden Nation gelingen und ist „Verbesserung (der staatlichen und gesellschaftlichen) Verfassung durch die Nation" möglich. Das Agonale muss dabei, wie Roland Reichenbach gezeigt hat, in Staat, Zivilgesellschaft sowie jedem Einzelnen verankert werden:

> Das „Wesen der Demokratie, ein bestimmtes Ethos des Kampfes zu sein und zu pflegen, muss sich auch in den Köpfen ihrer Mitglieder [...] widerspiegeln. Demokratische Bildung heißt deshalb auch, den Hypergüterkampf im Selbst aushalten zu ler-

nen, und demokratische Erziehung, in das Ethos dieses Kampfes einzuführen" (Reichenbach 2001, 253).

Humboldt hat die Zivilgesellschaft als einen Raum gedacht, in dem Bedürfnisse gebildet und Rechtsordnungen transformiert werden und freie Kooperationen sowie eine nicht mehr auf den Gelehrtenstand konzentrierte räsonierende Öffentlichkeit entstehen (vgl. Brüggen 2004). Lebte er heute, er würde die Frage nach den „Gränzen staatlicher Wirksamkeit" zweifellos auch auf die Zivilgesellschaft bezogen und auch hier vor Zuständigkeitsillusionen gewarnt haben. Vielleicht ist das einer der Gründe, warum er in den aktuellen zivilgesellschaftlichen Bewegungen praktisch keine Rolle mehr spielt (vgl. Strachwitz / Priller / Triebe 2020).

Die Bedeutung, die ihm heute gleichwohl zukommt, scheint mir darin zu liegen, dass es Aufgaben und Zuständigkeiten gibt, die vom Staat selbst dann nicht auf die Zivilgesellschaft übergehen können, wenn einzelne Bewegungen dies fordern. Hierzu gehören die rechtlichen Regelungen zur inneren und äußeren Sicherheit und der ganze Bereich staatlicher Gesetzgebung, aber auch die Gewaltenteilung. Diese Aufgaben, für die Humboldt eine staatliche Zuständigkeit reklamiert hat, lassen sich nicht rein zivilgesellschaftlich organisieren. Wo zivilgesellschaftliche Gruppierungen die staatlich geordnete Gewaltenteilung infrage stellen und staatliche Funktionen an sich ziehen, droht Bürgerpraxis in Bürgerkrieg und Terror überzugehen.

## 4 Neue Diskurse über Streitgebote und Einschränkungen des Streitens sowie Schärfung der gefundenen Regeln

Ich bedauere zuweilen, in den vor 45 Jahren erschienenen „Entgegnungen zum Bonner Forum ‚Mut zur Erziehung'" die von dem damals an der Universität Zürich lehrenden Philosophen Hermann Lübbe als Streitverbote formulierten Thesen (siehe Erklärung 1978) nur mit Verweis auf die um 1800 entstandene modernen Pädagogik kritisiert, nicht aber zugleich mit jenem Text konfrontiert zu haben, der bereits zwei Jahre vorher von dem Tübinger Politikwissenschaftler Hans-Georg Wehling (1976) verfasst wurde und als „Beutelsbacher Konsens" in die Geschichte eingegangen ist (siehe Grammes 2017). In diesem Konsenspapier findet sich der Gedanke, dass das, was in Wissenschaft und Gesellschaft umstritten ist, auch im politischen Unterricht kontrovers behandelt werden muss und nicht durch eine fachliche oder ideologische Überwältigung von Schülerinnen und Schüler überspielt werden darf.

Der Beutelsbacher Konsens hat breite Anerkennung gefunden und das in ihm ausgesprochene Kontroversitätsgebot und Überwältigungsverbot ist von der politischen Bildung auf andere Bildungsbereiche und den gesamten wissenschaftspropädeutischen Unterricht sowie die zivilgesellschaftliche Bildung ausgeweitet worden (vgl. Benner 2023a, 195, 287). In letzter Zeit sind die Beutelsbacher Gebote und Verbote dann jedoch durch Hinweise problematisiert worden, die besagen, dass das Miteinander-Streiten in der Erziehung kriteriengeleitet begründet und begrenzt werden muss (vgl. z. B. Drerup/Zulqica y Mugica/Yacek 2021). Der wohl allgemeinste Einspruch wurde von dem Berner Erziehungswissenschaftler Thomas Rucker (2021b) formuliert. In seiner Studie „Moderne Gesellschaft, nicht-affirmative Erziehung und das Problem der Kontroversität" weist er daraufhin, dass ein bloß formell verstandenes Kontroversitätsgebot in ein affirmativ gemeintes Streitgebot umschlagen kann, das die Frage nicht mehr stellt, welche „Sachverhalte [...] im Kontext öffentlicher Erziehung als kontrovers thematisiert werden" sollen und welche nicht (Rucker 2021b, 136).

Ruckers Einwand ist auch für die Beantwortung der Frage bedeutsam, ob das „Miteinander-Streiten" eine allgemeine „Praktik der Erziehung" sein oder werden kann. Werden Streiten als ein allgemeines Kontroversitätsgebot und dieses als ein generelles Streitgebot interpretiert, dann entsteht tatsächlich die von Rucker gesehene Gefahr, dass öffentliche Erziehung zu einer indifferenten Streitpraxis über beliebige Themen mit Verläufen und Ergebnissen pervertiert, bei denen es am Ende keine wirklichen Einsichten gibt und Erziehung in die Ideologie abgleitet, Streit und Kontroversen seien die Quelle aller Weisheit.

Auf diesen von mir hier überspitzt vorgetragenen Einwand haben einige die Antwort geben, Kontroversen in der Erziehung müssten an bestehenden Rechtsordnungen ausgerichtet und Bildung wieder dem von Aristoteles begründeten Primat eines unbedingt zu bejahenden Politischen unterstellt werden. Ein Streiten, das in der Verfassung eines Staates nicht zugelassen werde, sei daher von Erörterungen innerhalb der öffentlichen Erziehung und Bildung auszuschließen. Die Bedeutung und das Verdienst der Studie von Rucker scheint mir vor diesem Hintergrund darin zu liegen, dass er eine solche Sichtweise nicht nur vermieden, sondern die Auffassung, Kontroversen in Erziehung und Unterricht so zu begrenzen, „dass allein ‚vernünftige Meinungsverschiedenheiten' als kontrovers thematisiert" werden dürfen, ausdrücklich zurückgewiesen hat (ebd., 153).

Mit Thomas Rucker stimme ich darin überein, dass es in der öffentlichen Erziehung keine Vorab-Zensur geben darf, die festlegt, worüber gestritten bzw. nicht gestritten werden darf. Vernünftiges kann nie nur an Vernünftigem, sondern muss immer auch in Auseinandersetzung mit Unvernünftigem, Unvernünftiges nie nur an Unvernünftigem, sondern immer auch in Auseinandersetzung mit Vernünftigem untersucht werden. Hilfreicher, als die Legitimität kontroverser Diskurse in der Erziehung an außerpädagogischen Normen auszurichten, die keinen Begriff von der Komplexität von Erziehung und Bildung haben, ist es, die Erörterung der Frage, was, wie, wann, wo und von wem in der Erziehung als strittig und kontrovers behandelt oder nicht behandelt werden darf, mit Blick auf die Eigenlogik pädagogischen Denkens, Urteilens und Handelns zu erörtern und zu klären.

Die Erziehung, insbesondere die öffentliche, muss Kinder so annehmen – nicht anerkennen! –, wie sie in diese eintreten, und Kontroversen thematisieren, die in ihrem Umfeld stattfinden. Nur so kann sie Heranwachsende darauf vorbereiten, an ihrer Erörterung mitzuwirken. Ob die Verfassung eines Staates dies vorsieht, erlaubt oder nicht erlaubt, kann niemals erstes oder absolutes Kriterium für die Bearbeitung strittiger Fragen, Themen und Sachverhalte sein. Über die Rechte z. B. von Kindern, Frauen, Ausländern, Behinderten usw. muss in Erziehungs- und Bildungsprozessen auch dann kontrovers diskutiert werden können, wenn sie in der Verfassung eines Staates nicht verankert sind. Die Verfassung zu interpretieren und weiterzuentwickeln, ist in demokratischen Gesellschaften keine Aufgabe, die der Berufspolitik vorbehalten ist, sondern etwas, über das auch in der Zivilgesellschaft diskutiert und gestritten wird. Zu den Bildungsaufgaben im öffentlichen Erziehungssystem gehört daher unabdingbar, nachwachsende Generationen so auf einen Eintritt in die bestehende Gesellschaft vorzubereiten, dass sie an Diskursen über Bewahren und Verändern diesseits und jenseits der Erziehung partizipieren können. Das verlangt nach einer Unterrichtsdidaktik, die Streiten lernen nicht als bloße Technik behandelt, sondern mit „Verstehen lehren" verbindet (Gruschka 2011).

Zivilgesellschaften können Verfassungen nur interpretieren, wenn ihre Menschen und Bürger nicht vorab in verfassungstreue und -untreue unterschieden werden. Die Verfassung nicht interpretieren und über ihre Weiterentwicklung nicht streiten zu dürfen, wäre selbst ein Verstoß gegen die demokratische Grundordnung. Das heißt nicht, dass in Kontroversen alle Positionen als gleich sinnvoll angesehen werden müssen. Aber die Bildung von Wille und Urteilskraft darf gerade dort, wo Willensäußerungen partikular und beschränkt sind und Urteilsfähigkeit und Partizipationskompetenz zu verkümmern drohen, nicht auf vorab zensierte Kontroversen fokussiert werden, sondern muss am Anspruch und der Eigenlogik der Praktiken moderner Erziehung ausgerichtet werden.

Unter den drei pädagogischen Handlungsformen kommt nur die regierende Erziehung, die Heranwachsende an uneinsichtigem Handeln hindert, ohne Streiten in der Erziehung aus. Kinderregierung ist ohnedies nur erlaubt, wo Gefahr im Verzug ist, und muss in Erfahrungserweiterungen, Beratungen und Aufklärung übergehen, sobald die Gefahr unter edukativer Aufsicht gemeistert ist. In der unterrichtlichen Handlungsform muss das Miteinander-Streiten Verfahren nutzen, durch die sich Erfahrung und Umgang nach Maßgabe etablierter, einander ergänzender und problematisierender Wissensformen erweitern lassen (siehe Ruhloff 1996; vgl. Benner 2020/2022, 76–195; 237–271). In solchem Unterricht wird nicht einfach gezankt und auch nicht beliebig gestritten, sondern Fragwürdiges, Unbekanntes, Problematisches und Widerstreitendes so untersucht, dass verschiedene Wissensformen zum Zuge kommen, die untereinander in einen Streit geraten können, der, wie Ines Breinbauer (2021) jüngst gezeigt hat, methodisch und voraussetzungskritisch ausgetragen werden muss. Auch die beratende Erziehung bewegt sich jenseits des Duals von Verfassungstreue oder -untreue und kommt von Fall zu Fall nicht ohne sittliche Missbilligungen aus.

Wie sehr diese Sichtweise auch andere Kulturen interessieren kann, habe ich im Verlauf der Covid-19-Pandemie bei einem gemeinsam mit Dr. Tao Peng gehaltenen Vortrag am Zentrum für Deutsch-Chinesische Pädagogik an der Pädagogischen Universität Nanjing erfahren, der im Chinesischen Internet am 24. August 2021 übertragen wurde. In dem Vortrag legten wir Herbarts Regulative für sittliches und politisches Streiten, Urteilen und Handeln vor dem chinesischen Publikum, dessen Bewegungsfreiheit geraden auf seine Wohnungen begrenzt worden war, auf die ganze Vielfalt der in Europa während der Pandemie eingeleiteten Maßnahmen im Beschäftigungs-, Medizin- und Erziehungssystem sowie die im öffentlichen Fernsehen verbreiteten Spezialnachrichten und Konferenzen mit Bürgern und Experten aus, in denen über Wege, Irrwege, Nebenwirkungen sowie gelingende und misslingende Problemlösungen gestritten wurde. Beim chinesischen Veranstalter trafen darauf etwa 300 Rückmeldungen ein, die fragten, was wohl in China alles geschehen sei, wo sicher auch Menschen in großer Zahl einsam gestorben seien und Kinder Unterbrechungen in ihren Bildungsgängen mit weitreichenden Folgen erlitten hätten, aber nichts dergleichen öffentlich diskutiert wurde. Von all dem wisse man nichts, man müsse es daher erforschen.

Das im Titel meines Vortrags zu Beginn noch hinter dem Thema „Miteinander-Streiten – eine Praktik der Erziehung“ stehende Fragezeichen kann nun entfallen. Sofern die von der modernen Pädagogik aufgestellten Regeln für ein zu Urteilen und Partizipation befähigendes Streiten in der Erziehung beachtet werden und die Brauchbarkeit der Regeln an den jeweils neuen Themen geprüft wird, ist Miteinander-Streiten eine Praktik, ein Gegenstand und eine Aufgabe, die moderne Erziehungsverhältnisse und Bildungsprozesse mitkonstituiert. Wichtig ist, dass das Streiten nicht zu einer bloßen Technik verkommt, sondern mit regierenden, unterrichtenden und beratenden Handlungsformen abgestimmt wird, in denen es um die Unterstützung von ernsthaften Vertiefungen in Sachen und Probleme, Aufgaben und Einsichten und Entwürfe von Handlungen und Unterlassungen geht. Das gilt auch für Debattierpraktiken aus dem politischen Raum und ihre demokratietheoretisch motivierte Verwendung in pädagogischen Kontexten. Sie können als parlamentarische Techniken eines politischen Streitens mit Mehrheitsentscheidungen nicht einfach auf die Erziehung übertragen, sondern müssen mit an uneinsichtigem Handeln hindernden, unterrichtlichen Erfahrungserweiterungen sowie darauf aufbauenden Beratungen und Anbahnungen von Handlungsentwürfen verbunden werden (vgl. Otto 1919).

Miteinander-Streiten in der Erziehung ist kein autotelisches Prinzip, sondern auf Verbindungen zu und zwischen regierenden, didaktischen und beratenden Praktiken der Erziehung angewiesen. Streiten in der Erziehung darf nicht zum

Selbstzweck werden. Strittige Erfahrungen müssen durchlaufen, problematisiert und reflektiert sowie in beratende Bildungsprozesse jenseits der Erziehung überführt werden. So verlangt es die Eigenlogik moderner Erziehung. Die Zwecke des Streitens aber sind Selbstregierung, Horizonterweiterung und Beratung über das Gute. Sie reichen in alle Praxisfelder hinein und verlangen nach einer räsonierenden Öffentlichkeit, in der nicht Einzelne mit festen und starren Identitäten, sondern an ihrer Bildung und Bestimmung arbeitende Menschen miteinander kommunizieren.

Die Bedeutung, die dem Streiten in Erziehungs- und Bildungsprozessen zukommt, geht nicht nur über die traditionelle Gehorsamserziehung hinaus, die früher den Willen der Heranwachsenden einem vermeintlich immer schon vernünftigen Willen der Erwachsenen unterworfen hat, sie transzendiert zugleich die um 1800 neu entwickelten Konzepte einer Erziehung zum Gehorsam gegenüber selbst gewonnenen Einsichten. Sie bereitet auf eine Teilhabe an einer intergenerationellen Öffentlichkeit vor, in der alle miteinander kommunizieren und streiten dürfen. Solche Teilhabe lässt sich nicht mehr nach dem Dual ‚gehorsam' und ‚ungehorsam' qualifizieren. Sie führt über die Transformation des alten Untertanengehorsams in einen Gehorsam aus Einsicht hinaus und weist das Miteinander-Streiten wie das Miteinander-Fragen als eine allgemeine Praktik aus, die spezifische Verbindungen mit elementaren pädagogischen Handlungsformen eingehen kann und diese mit der Eigenlogik der Erziehung abstimmen muss.

An dieser Programmatik lohnt es sich weiterzuarbeiten. Ein nächster Schritt könnte darin liegen, den Bereich sittlicher Missbilligungen sowohl einzugrenzen und als auch zu öffnen und vor allem nicht mehr auf Missbilligungen der zu erziehenden Generation durch die Generation der Erwachsenen zu zentrieren. Für das Streiten in der Erziehung sollte der allgemeine Grundsatz „fortiter in re suaviter in modo" gelten. Die zu Beginn meines Vortrags geäußerte Vermutung, dass Menschen zu allen Zeiten gestritten haben, nicht ständig und überall, aber immer wieder, lässt sich nun präzisieren. Streiten ist nichts Erstes und nicht Letztes, sondern ein Prozedur mit Unterbrechungen und nur als eine solche ist sie in Erziehungsprozessen legitim. Sie ist daher keine Praktik der Erziehung im engeren Sinne, sondern eine allgemeine menschliche Praktik, die unter den genannten, immer wieder zu überprüfenden Regeln Eingang in pädagogische Praktiken finden kann.

# 3 Plädoyers für eine operativ ausgewiesene Erziehungs- und Bildungsforschung

Der letzte Teil präsentiert zwei Texte, die Beziehungen zwischen Erziehungswissenschaft und empirischer Bildungsforschung untersuchen. In ihnen werden die in den vorausgegangenen Teilen behandelten Themen zu einem Plädoyer für eine operativ ausgewiesene Erziehungs- und Bildungsforschung zusammengeführt.

Der erste Text erschien 2018 als Beitrag zu dem von Hans-Christoph Koller, Fabian Kessl und Katja Schmidt im Heft 56 der Zeitschrift Erziehungswissenschaft zusammengestellten Thementeil „Der Beitrag der Erziehungswissenschaft zur Bildungsforschung", der wohl bis heute am umfassendsten den Stand der Diskussion in diesem Gebiet wiedergibt (siehe: www.dgfe.de/fileadmin/Ordner-Redakteure/Zeitschrift_Erziehungswissenschaft/EW_56.pdf99). In ihm habe ich den Versuch unternommen, den Dank an die empirische Bildungsforschung, die meine eigene Forschungspraxis positiv beeinflusst hat, mit Anregungen zu ihrer Weiterentwicklung zu verbinden.

Demselben Anliegen ist auch der letzte Text verpflichtet, der alle in diesem Band angesprochenen Themen in ein Gespräch miteinander führt und neue Wege für Kooperationen zwischen Erziehungswissenschaft und Bildungsforschung skizziert.

# Der Beitrag der Erziehungswissenschaft zur Bildungsforschung

Der Text berücksichtigt nicht die ganze Breite vorliegender Antworten auf die Frage nach dem Beitrag der Erziehungswissenschaft zur Bildungsforschung, die in einem Überblicksartikel zweifellos vorgestellt, geprüft und miteinander verglichen werden müssten. Er nimmt eine Engführung und gegen Ende zugleich eine Erweiterung des Themas vor und konzentriert sich auf Fragestellungen, die ich in eigenen Studien sowie in zwei interdisziplinären DFG-Projekten mit Namen KERK und ETiK bearbeitet und bei der Internationalisierung des zweiten Projekts auch in internationalen Teams vertieft und weiterentwickelt habe (vgl. Benner / Schieder et al. 2011; Benner / Nikolova 2016; Peng / Benner et al. 2021).[10]

Die Ausführungen gliedern sich in vier Abschnitte: Der erste stellt eine systematische Klärung der mit den Begriffen Erziehung und Bildung bezeichneten Sachverhalte und eine daran anknüpfende Unterscheidung dreier Kausalitäten in Erziehungs- und Bildungsprozessen vor. Sie wurden die in den vorausgegangenen Texten dieses Bandes bereits ausführlich behandelt. Der zweite beschreibt, welchen Beitrag die Erziehungswissenschaft in KERK und ETiK sowie ETiK-International zur Bildungsforschung erbracht hat. Der dritte lässt die Bildungsforschung – in Gestalt der empirischen Bildungsforschung – selbst zu Worte kommen und berichtet über den Beitrag, den die empirische Bildungsforschung in den Projekten zur Erziehungswissenschaft erbracht hat. Der letzte Abschnitt öffnet den Blick auf weitere Diskurse in der Allgemeinen Erziehungswissenschaft und der Erziehungs- und Bildungsphilosophie, die im Beitrag selbst ausgeblendet wurden.

10 Die Abkürzungen stehen für: „Konstruktion und Erhebung religiöser Kompetenzniveaus am Beispiel des evangelischen Religionsunterrichts", geleitet von D. Benner, R. Schieder, H. Schluß und Willems in Zusammenarbeit mit R. Nikolova, T. Weiß, S. Dehghani und J. Scharrel; „Entwicklung eines Testinstruments zu einer didaktisch und bildungstheoretisch ausgewiesenen Erfassung moralischer Kompetenzen, bezogen auf den Ethikunterricht an öffentlichen Schulen", gemeinsam durchgeführt mit R. Nikolova, M. von Heynitz und S. Ivanov; sowie Anschlussprojekt ETiK Inernational Shanghai", geleitet von D. Benner und Z. Peng.

## 1 Zur Unterscheidung zwischen Erziehung und Bildung sowie Abgrenzung dreier für Erziehungs- und Bildungsprozesse grundlegenden Kausalitäten

Obwohl die deutschen Begriffe „Erziehung" und „Bildung" nicht leicht in andere Sprachen zu übersetzen sind, gibt es doch eine in ihnen angesprochene grundlagentheoretisch bedeutsame Unterscheidung, die in allen Kulturen vorkommt und bekannt ist. Es ist dies die Unterscheidung zwischen von Pädagogen (Eltern, Erziehern, Lehrern und Sozialpädagogen usw.) ausgehenden Erziehungshandlungen und Bildungsprozessen, die Heranwachsende in ihrem Bildungsgang durchlaufen.

Nach dieser Unterscheidung zielt Erziehung auf die Unterstützung von Bildungsprozessen, die ohne solche Unterstützung nicht möglich wären, durch diese allein aber nicht schon zustande kommen, sondern auf bildenden Wechselwirkungen zwischen Mensch und Welt basieren. Was die Erziehung durch Unterricht betrifft, sind erziehende Unterstützungen in allen in Schulcurricula verankerten Fächern und Domänen unverzichtbar, weil das, was in ihnen vermittelt und angeeignet wird, weder durch ein einfaches Erfahrungslernen noch durch Selbstbildungsprozesse erlernbar und auf unterrichtliche Lehr-Lernprozesse angewiesen ist.

In Schulen lernen Schülerinnen und Schüler die Schrift, die mathematischen Grundoperationen, die Anfangsgründe der Geometrie sowie bestimmte gymnastische und musikalische Fähigkeiten, von denen schon Aristoteles am Ende seiner Politik sagte, sie könnten nicht unmittelbar im Leben erlernt werden, sondern seien auf unterrichtliche Lehr-Lernprozessen angewiesen. In ihnen lernen Schüler nicht unmittelbar von einem Lehrer, sondern eignen sich alles in Vertiefungen und Auseinandersetzungen mit Sachen, Fragen, Problemen und Aufgaben an. Zu den schon in der Antike bekannten Gegenständen einer lehrenden Vermittlung und lernenden Aneignung sind in Neuzeit und Moderne neue auf unterrichtliche Vermittlungen angewiesene Sachverhalte, Themen und Gegenstände hinzugekommen: die rechnenden Naturwissenschaften, die sich dem Leben in einer verwissenschaftlichten Welt nicht von selbst erschließen, die im gesellschaftlichen Zusammenleben der Menschen unmittelbar nicht erinnerbare Geschichte und als Spätankömmlinge in heutigen Bildungsplänen reflektierende Einführungen in Moral, Ethik, Recht, Politik und Religion. Sie alle sind auf unterrichtliche Lehr-Lernprozesse angewiesen, unter deren Einfluss sich die Weltinhalte im Unterricht aneignenden Schülerinnen und Schüler und die von ihnen angeeignete Welt verändern.

Aller Unterricht wird durch zwei weitere Formen der Erziehung gerahmt, von denen die eine dem Unterricht vorausgeht und die andere auf Unterricht folgt. In seiner Allgemeinen Pädagogik (1806) hat Johann Friedrich Herbart, einer der Begründer der modernen Pädagogik, drei Formen modernen pädagogischen Handelns unterschieden und die erste „Regierung der Kinder“, die zweite „Erziehung durch Unterricht“ und die dritte „Zucht“ genannt und von letztere gesagt, sie sei keine züchtigende, sondern eine erziehende Praktik, die Heranwachsende, nachdem ihr Gedankenkreis durch Unterricht erweitert worden sei, beim Übergang ins selbstverantwortetes Tun beratend unterstütze. Dieser Konzeption zufolge, bereitet die regierende Erziehung Übergänge von Fremdregierung in Selbstregierung und Selbstdisziplinierung vor, ohne die kein Unterricht beginnen kann. Der Unterricht zielt dann auf Übergänge von Fremdunterrichtung in Selbstunterrichtung und stellt sich, dass Lernende ohne Lehrer weiterlernen und sich auch Neues aneignen können. Die beratende Erziehung schließt an die unterrichtliche Erziehung an und unterstützt Heranwachsende beim Übergang in Bildungsprozesse und eine Lebensführung jenseits der Erziehung.

In allen drei Formen der Erziehung zielen die edukative Handlungen pädagogischer Akteure darauf, bei den Heranwachsende Bildungsprozesse frei zu setzen, die diese in der Form bildender Wechselwirkungen mit Welt durchlaufen. Edukativen Wirkungen der Erziehung stehen auf diese Weise bildende Wechselwirkungen gegenüber. Doch pädagogisches Handeln kommt mit den beiden von ihnen ausgehenden Kausalitäten nicht aus. Zur edukativen oder Erziehungskausalität und zur bildenden oder Wechselwirkungskausalität kommt eine dritte hinzu. Sie zeigt sich, wenn regierende Erziehungs- und Bildungsprozesse eine Selbstdisziplinierungskompetenz hervorgebracht haben, die es Heranwachsenden ohne weitere edukative Unterstützung und Kontrolle erlaubt, ihren Willen anzuhalten und zu beurteilen, ohne Lehrer weiterzulernen und auch Neues zu lernen sowie Erfahrungen und Erkenntnisse mit anderen zu teilen und jenseits pädagogisch unterstützter Beratung sich mit sich selbst und anderen zu beraten.

Von den drei pädagogischen Handlungsformen zeichnet sich die durch Unterricht erziehende und bildende Handlungsform dadurch aus, dass sie Kompetenzen in den Teilkompetenzen fachliche Grundkenntnisse, Urteilen und Partizipieren fördert, von denen letztere sich auf die Fähigkeit bezieht, mit fachlich ausgewiesenen Urteilskompetenzen an zivilgesellschaftlichen Diskursen teilnehmen zu können. Lehrende sollten sich als Experten für edukative Unterstützungen von Lehr-Lernprozessen verstehen, die bildende Wechselwirkungen zwischen Lernenden und Weltinhalten freisetzen, unter deren Einfluss Lernende ihre Kompetenzen entwickeln. Aufgabe der Lehrenden ist es, den Unterricht zu planen und zu leiten und durch lehrende Akte bildende Lernprozesse zu unterstützen. Die Aufgabe der Schülerinnen und Schüler besteht darin, sich in Sachen, Fragen und Probleme zu vertiefen und aus entsprechenden Vertiefungen Einsichten zu gewinnen, die ohne lehrende Unterstützung nicht gewonnen. Werden können. Lernenden übernehmen solche Einsichten niemals einfach von ihren Lehrern, sondern eignen sie sich in Auseinandersetzung mit Weltinhalten an (zur didaktischen Differenz siehe Prange 2005).

Die theoretische Klärung, Analyse und Erforschung des Zusammenspiels der drei Kausalitäten mit der Entstehung domänenspezifischer Wissensordnungen und Kompetenzen macht ein Zentrum pädagogischer Theorieentwicklung und erziehungswissenschaftlicher Forschung aus.

## 2 Zum Beitrag der Erziehungswissenschaft zur empirischen Bildungsforschung

Die vorgestellten Unterscheidungen zwischen Erziehung und Bildung und drei Kausalitäten in Erziehungs- und Bildungsprozessen könnten dazu verführen, die erste Kausalität der erziehungswissenschaftlichen, die zweite der bildungswissenschaftlichen und die dritte einer von beiden gemeinsam zu realisierenden interdisziplinären Theorieentwicklung und Forschung zuzuordnen. Doch das würde dem bisher Gesagten widersprechen. Von regierender, beratender und unterrichtlicher Erziehung sprechen wir ja erst dort, wo alle drei Kausalitäten im Spiel sind und regierende Akte in selbstregierende Handlungen, Lehren in Lernen und pädagogische Beratungen in Formen von Selbstberatung übergehen. In jedem dieser Bereiche gehören solche Übergänge zur Eigenlogik von Erziehung und pädagogischem Handeln.

Legitime Folgerungen aus den grundlagentheoretischen Überlegungen dürfen die Eigenstruktur der Erziehung nicht auflösen und daher auch keine Aufteilung von Forschungsfeldern vornehmen, die auseinanderreißt, was zusammengehört, und aus dem Blick verliert, was für pädagogisches Handeln, Erziehung als Praxis und erziehungswissenschaftliche Forschung unverzichtbar ist. Letztere muss in allen Forschungsfeldern von der Sozialisationsforschung über die Unterrichtsforschung bis hin zur sozialpädagogischen Interaktions- und Beratungsforschung das Zusammenspiel der drei Kausalitäten klären und Fehlformen, die eine oder mehrere der Kausalitäten vernachlässigen, aufdecken und beschreiben.

Fehlformen im Bereich der unterrichtlichen Praxis, der didaktischen Theorieentwicklung und der Unterrichtsforschung liegen, um nur einige Bereiche anzusprechen, beispielsweise vor,

- wenn Lehrpersonen im Unterricht das Lernen der Schülerinnen und Schüler ohne Wahrnehmung ihrer lehrenden Aufgaben und Pflichten zu fördern suchen,
- wenn allgemein- und fachdidaktische Theorien und Modelle einseitig lerntheoretisch argumentieren und die unverzichtbare Lehrtätigkeit ausblenden,
- oder wenn Unterrichtsforschung nicht als Lehr-Lern-, sondern als angewandte Lernforschung betrieben wird.

Entsprechende Verkürzungen sind weit verbreitet. Sie lassen sich dort beobachten, wo didaktische Ausführungen mit Problemstellungen des richtigen Lehrens beginnen, dann unvermittelt in Aussagen über Lernen wechseln und von diesen allenfalls appellativ, oft aber überhaupt nicht mehr zum Thema Lehren zurückkehren. Das geschieht in Abhandlungen und Untersuchungen, die allgemeine Didaktik und fachspezifische Didaktiken nicht mehr als Theorien des Lehrens, sondern als Theorien des Lernens interpretieren. Dabei wird verkannt, dass Unterricht weder stattfindet, wenn Lehrende lehren, ohne dass etwas gelernt wird, noch wenn Lernende etwas lernen, ohne dass Lehrende unterrichten. Überall ist gelingender Unterricht davon abhängig, dass Lehren und Lernen über die drei pädagogischen Handlungskausalitäten miteinander verbunden werden.

Verkürzungen der genannten Art finden sich auch innerhalb der Erziehungs- und Bildungsphilosophie, z. B. wenn – um einen berühmten Titel zu zitieren – bildungstheoretische Grundlagen von „Lernen und Erfahrung" als Grundlagen von Erziehung und Unterricht ausgegeben (vgl. Buck 1969, 14) oder Versuche unternommen werden, Aussagen über Erziehung aus Bildungstheorien abzuleiten, die nicht zwischen auf edukative Unterstützung angewiesenen Bildungsprozessen und solchen vor, neben und jenseits der Erziehung unterscheiden.

Dies führt zu einer ersten Antwort auf die im Thema des Beitrags gestellte Frage. Ein wesentlicher Beitrag der Erziehungswissenschaft zur Bildungsforschung könnte – jedenfalls aus der Sicht erziehungswissenschaftlicher Grundlagenforschung – darin liegen, auf das für Bildungsprozesse im Raum der Erziehung unverzichtbare Zusammenspiel zwischen edukativen, bildenden und zwischen beiden methodisch vermittelnden Kausalitäten hinzuweisen und an der Entwicklung von Theorie- und Forschungskonzepten mitzuarbeiten, die dieses Zusammenspiel explizit thematisieren.

Was hiermit gemeint ist, lässt sich an den Beziehungen zwischen Erziehung, Bildung und Kompetenz erläutern. In den neueren Bildungsplänen dominieren Bezüge zwischen Bildung und Kompetenz. In ihnen findet sich eine ausufernde Verwendung des Kompetenzbegriffs, die früheren Verwendungen des Bildungsbegriffs in nichts nachsteht. Völlig abwegig wird der Gebrauch des Kompetenzbegriff dann, wenn zwischen Sachkompetenz und Methodenkompetenz sowie Selbstkompetenz und Sozialkompetenz so unterschieden wird, als seien dies vier voneinander abgrenzbare Teilkompetenzen, die einzeln gefördert werden können und zusammen ein Ganzes ergeben (zur Kritik siehe Oelkers 2003, 111–120). In didaktischen und erziehungswissenschaftlichen Zusammenhängen kommt es darauf an, Methodenkompetenzen in der Vermittlung von Sachen zu entwickeln und Selbst- und Sozialkompetenzen durch Operationen eines Fragens, Zeigens und Antwortens zu fördern, in dem zwischen ihrem Zusammenspiel in regierenden, Erfahrung und Umgang erweiternden und beratenden Erziehungs- und Bildungsprozessen unterschieden wird.

Was aber unterrichtliche Lehr-Lernprozesse betrifft, kann, wie in den Projekten KERK und ETiK geschehen, an die Stelle der abstrakten, didaktisch unzulässigen und bildungstheoretisch sinnlosen Rede von Sach- und Methoden- sowie Selbst- und Sozialkompetenzen die Unterscheidung zwischen wissensbasierten Grundkenntnissen, Urteils- und Partizipationskompetenz treten, für deren Beschreibung, Vermittlung und Aneignung besondere Regeln, spezifische Operationen und konkrete Aufgabenstellungen bereitstehen. Zu den Grundkenntnissen gehören z. B. im Bereich der Sprachkompetenz die Kenntnis der Regeln der Orthographie, die der Transformation der gesprochenen Sprache in schriftsprachliche Zeichensysteme zugrunde liegen, zur Urteilskompetenz die Regeln und das rhetorische Verständnis des Sprachbaus und zur Partizipationskompetenz die Fähigkeit, in der gesprochenen und der verschriftlichten Sprache Themen unter Einbeziehung eigener, fremder und öffentlich bedeutsamer Problemstellungen erörtern zu können.

Für ihre Vermittlung ist eine domänenspezifisch zu konkretisierende Unterscheidung zwischen didaktischen Aufgaben, Testaufgaben und Prüfaufgaben hilfreich, die didaktische Aufgaben als solche des Lehrens und edukativen Unterstützens, Testaufgaben als bildungstheoretisch ausgewiesene Aufgaben zur Kontrolle von Lehr-Lernprozessen und Prüfaufgaben als Aufgaben ausweist, die weder primär didaktischen noch Testzwecken dienen, sondern von Lernenden selbstständig bearbeitet und von Lehrenden kriteriengeleitet beurteilt werden können.

Domänenspezifische Grundkenntnisse, Urteils- und Partizipationskompetenz aber sollten nicht nur mit Blick auf szientifisches Wissen, sondern unter Einbeziehung älterer teleologischer, historisch-hermeneutischer, ideologiekritischer, voraussetzungskritischer sowie lebensweltlicher und pragmatischer Wissensformen definiert werden, die niemals alle zugleich im Unterricht bearbeitet werden können, aber für die Entwicklung didaktischer Aufgaben und Testaufgaben – und darüber hinaus auch für die Formulierung von Prüfaufgaben – bedeutsam sind. Ein guter Unterricht zeichnete sich dann dadurch aus, dass er Erfahrung und Umgang der Lernenden nicht in einer monopolisierten, meist szientifischen Wissensform, sondern in mehreren Wissensformen erweitert und eine Urteils- und Partizipationsfähigkeit fördert, welche Sachverhalte in mehreren Wissensformen unter Einschluss der Spannungen zwischen diesen zu reflektieren erlauben. Nur dann können Schülerinnen und Schüler z. B. lernen, zwischen verschwörungsideologischen Interpretationen natur- und sozialwissenschaftlicher Sachverhalte zu unterscheiden und ihre lebensweltlichen differenziert zu interpretieren.

Vor allem aber käme es dann zu aussagekräftigeren Verbindungen von unterrichtlich vermittelten Inhalten, in Wechselwirkung mit diesen sich entwickelnder Bildung und einer auf beiden basierenden Kompetenz. Bildungstheoretisch ausgewiesene didaktische Aufgaben verlangten dann von Kompetenzmessungen, dass diese mit mehrperspektivischen Profilen durchgeführt und mit fachlich ausgewiesenen Bildungsplänen abgestimmt sind. Das muss nicht zu einer vollständigen Ablösung der von der empirischen Bildungsforschung bisher entwickelten literacy-basierten Kompetenzmodelle führen, sondern könnte

- den Bereich der Domänen und Fächer beträchtlich erweitern;
- die zum Einsatz kommenden Testkonzepte und Auswertungsverfahren pluralisieren;
- die Anschlussfähigkeit von didaktischen Aufgaben und Testaufgaben in beide Richtungen erhöhen sowie
- zu Einsichten führen, die Zusammenhänge zwischen Erziehung, Bildung und Kompetenz klären.

## 3 Zum Beitrag der empirischen Bildungsforschung zur Erziehungswissenschaft

Der Beitrag, den Erziehungswissenschaft aus der Sicht der Allgemeinen Erziehungswissenschaft und der Erziehungs- und Bildungstheorie bzw. -philosophie zu einer solchen Entwicklung erbringen kann, liegt u. a. in ihrer Mitwirkung an der Aufstellung anspruchsvoller, zugleich bildungstheoretisch und kompetenztheoretisch ausgewiesener und didaktisch und evaluativ relevanter Items. Dass Optimierungen der Items in enger Zusammenarbeit mit den in Projekten wie PISA und TIMMS entwickelten und erprobten Verfahren erreichbar sind, konnte in den bereits genannten Projekten KERK und ETiK nachgewiesen werden und hat sich auch in der Internationalisierung von ETiK – insbesondere im chinesischen Kontext – bewährt.

Allgemein lässt sich sagen, dass die Pluralisierung ethisch-moralischer Wissensformen und die Bezugnahme auf verschiedene Traditionen der Praktischen Philosophie zu differenzierten Testungen ethisch-moralischer Bildung und Kompetenzen in den Teildimension ethisch-moralische Grundkenntnisse, Urteilskompetenz und Partizipationskompetenz geführt hat. Insbesondere die Modellierungen von Testaufgaben, die sich auf Abstimmungsprobleme und Konflikte zwischen eigener, fremder und öffentlicher Religion/Moral beziehen, haben einen wichtigen Beitrag zu einer Schärfung der Testungen geführt. Dies gilt gleichermaßen für Testungen von interreligiöser Partizipationskompetenz und ethisch-moralischer Partizipations- und Handlungsentwurfskompetenz und der Fähigkeit, zwischen moralischen, rechtlichen und politischen Aspekten reflektierender Problembearbeitungen zu unterscheiden.

Ohne Mitwirkung der empirischen Bildungsforschung wären Fortschritte wie die genannten nicht erreichbar gewesen. Durch den Einsatz der von ihr entwickelten Fragestellungen und Verfahren gelang es,

- Items zu identifizieren, die in Pretestungen nur eine geringe Trennschärfe aufwiesen und bei der anschließenden fachlichen Kontrolle inhaltliche Fehler aufwiesen, deren Bearbeitung zu einer Verbesserung der Trennschärfe führte;
- die Dimensionierung der getesteten Teilkompetenzen in Grundkenntnisse, Urteilen, Partizipieren/Handeln auf ihre Unabhängigkeit zu kontrollieren und durch Modellrechnungen zu erhärten;
- die Aufgabensets erfolgreich zu kalibrieren;
- in beiden Kompetenzbereichen für alle Teildimensionen Anforderungsniveaus zu ermitteln, die von Problemen in der eigenen Religion/Moral über interreligiösen Problemen bzw. Konflikten zwischen verschiedenen Moralen zu Fragen öffentlichen Moral aufsteigen;
- die didaktische, bildungstheoretische und kompetenztheoretische Aussagekraft der für religiöse-interreligiöse Bildung und ethisch-moralische Bildung entwickelten Testinstrument zu erhärten sowie
- differenzierte Rückmeldungen an einzelne Schulen, Klassen und Lehrpersonen mit Anregungspotenzial für die inhaltliche und methodische Weiterentwicklung von Unterricht und Schulprogrammen auszuarbeiten.

Die Zusammenarbeit von erziehungswissenschaftlicher Grundlagenforschung und empirischer Bildungsforschung hat sich auch bei der Internationalisierung des in ETiK entwickelten Modells und Testinstrument bewährt. Die empirischen Fragestellungen und Verfahren erwiesen sich insgesamt als hilfreich, um

- die Lehrplanvalidität des in Deutschland bzw. Europa entwickelten Modells und Instruments am Shanghaier Bildungsplan zu kontrollieren und den Bedarf an neu zu konstruierenden Aufgaben insbesondere im Bereich ethisch-moralischer Abstimmungsprobleme zwischen unterschiedlichen Kollektiven zu ermitteln,
- nach vorausgegangenen Pretestungen mit dem erweiterten Instrument in China eine Hauptuntersuchung durchzuführen, diese auszuwerten und die öffentliche Diskussion ihrer Ergebnisse vorzubereiten,
- im chinesischen Kontext eine Modell- und Dimensionalitätsprüfung unter Einschluss der Anforderungsniveaus in den drei Teildimensionen vorzunehmen und
- wenige Testitems zu identifizieren, deren Schwierigkeitsgrade im deutschen/europäischen Kontext und im chinesischen Kontext deutlich voneinander abweichen,
- die Abweichungen mit dem chinesischen Publikum auf kulturelle Differenzen hin zu befragen, und

- Anregungspotenziale für die Weiterentwicklung der chinesischen Konzepte des Ethik-Unterrichts zu erörtern sowie
- Anschlussprojekte zu konzipieren, die mit Variationen von Methoden und Fragestellungen im chinesischen Ethikunterricht experimentieren und
- den Einsatz der für China neu entwickelten Aufgaben auch in Deutschland vorzubereiten und Anregungspotenziale aus den in China gesammelten Erfahrungen für den deutschen Kontext zu ermitteln (siehe hierzu Benner / Nikolova 2016; Peng Tao 2018; Peng et al. 2021).

## 4 Ausblick

In diesem Beitrag war vor allem von der Optimierung von Testaufgaben und Kompetenzmodellen sowie der Differenzierung von Anforderungsniveaus in den Teildimensionen Grundkenntnisse, Urteilen und Partizipieren / Handlungen entwerfen die Rede, weniger aber von der Verbesserung unterrichtlichen Lehr-Lernprozesse. Was diese betrifft, gilt es Forschungsvorhaben zu entwickeln und zu intensivieren, die Zusammenhänge zwischen Erziehungs- und Bildungsprozessen im Unterricht und den Einfluss der drei pädagogischen Handlungskausalitäten auf die Entwicklung von Kompetenzen untersuchen. Von dieser Aufgabe handelt der letzte Beitrag.

# Pädagogik und Erziehungswissenschaft auf dem Weg zu einer praxistheoretisch und empirisch ausgewiesenen Erziehungs-, Bildungs- und Unterrichtsforschung[11]

Ich danke den Veranstaltern für die Einladung, aus Anlass der Tagung zum 25-jährigen Bestehen des Hamburger KESS-Netzwerks einen Vortrag zum Thema „Pädagogik und Erziehungswissenschaft auf dem Weg zu einer praxistheoretisch und empirisch ausgewiesenen Erziehungs- Unterrichts- und Bildungsforschung" zu halten. Vortrag und Anliegen des KESS-Netzwerks stimmen darin überein, dass sie eine Zusammenarbeit von Erziehungswissenschaft, Bildungsforschung und Schulpraxis anstreben, in der eine praxisbegleitende Bildungsforschung mit Erziehungs- und Unterrichtsforschung verbunden wird.

Beginnen möchte ich mit einer Vorbemerkung, die offenlegt, in welcher Beziehung mein Vortrag zum KESS Netzwerk steht, in dem ich nie als Mitarbeiter tätig war, zu dem ich aber seit 2005 enge personelle und sachliche Beziehungen unterhalte, die mit der Thematik des Vortrags zusammenhängen.

Die personelle Seite meiner Beziehung zum KESS Netzwerk ist darüber vermittelt, dass Dr. habil. Roumiana Nikolova und Dipl. Psych. Stanislav Ivanov gleichzeitig Erziehungs- und Bildungswissenschaftler am Hamburger „Institut für Bildungsmonitoring und Qualitätssicherung" und an der Humboldt-Universität zu Berlin empirische Bildungsforscher sind. Sachlich basiert unsere Beziehung darauf, dass wir in drei wissenschaftlichen Projekten zusammengearbeitet haben, von denen die Projekte 1 und 2 DFG-Projekte waren, in denen Modelle und Testinstrumente entwickelt, erprobt und validiert wurden, die religiöse und interreligiöse sowie ethisch-moralische Kompetenz als Teil öffentlicher Bildung definiert haben (vgl. Benner / Schieder et al. 2011; Benner / Nikolova 2016; Nikolova 2017). Im dritten Projekt wurde das Modell und Instrument zur Erfassung ethisch-moralischer Kompetenzen mit Kooperationspartnern in Wien, Warschau und Shanghai internationalisiert (siehe hierzu Ritzer et al. 2016; Stępkowski et al 2016; Peng et al. 2021). In weiteren Vorhaben wollen wir die Lücke (Blackbox), die zwischen Unterrichtswirklichkeit und Outputmessungen besteht und zur Zeit angesichts der Misserfolgsmeldungen über sinkende Kompetenzen von Schülerinnen und Schülern immer noch zunimmt, durch eine nur in en-

11 Überarbeitete Fassung eines auf dem Jubiläumssymposion „Wissen schafft Praxis" – 25 Jahre datengestützte Schulentwicklung. Fachtagung des praxisbegleitenden KESS-Netzwerks am 11. November 2022 an der Neuen Schule Wolfsburg gehaltenen Vortrags.

ger Zusammenarbeit mit einzelnen Schulen zu realisierenden Praxisforschung bearbeiten, die Unterrichtsforschung mit Erziehungs- und Bildungsforschung verbindet, die Wirksamkeit pädagogischer Praktiken in der Erziehung zu verbessern sucht und Erfolgs- sowie Misserfolgskontrollen auf den Ebenen Optimierung der Kompetenzen von Lehrpersonen und Lernenden nicht nur in vermeintlichen Kernfächern, sondern in erweiterten, auch zivilgesellschaftliche Kompetenzen einbeziehenden Bildungsbereichen durchführt.

Zu Beginn unserer Zusammenarbeit haben Roumiana Nikolova, Stanislav Ivanov und ich den Rat von Bildungsforschern eingeholt. Rainer Lehmann und Olaf Köller haben uns wichtige Hinweise für die Konstruktion erster Testitems gegeben. Jürgen Baumert verdanken wir entscheidende Impulse zur Verankerung proximaler Skalen in unserem Forschungsdesign. Und das Bewilligungsverfahren in der DFG wurde durch Expertisen von Detlev Leutner und Eckhard Klieme gestützt, die strittige Fragen zum Einsatz des Raschmodells geklärt haben.

In den genannten Vorhaben verfolgen wir ein erziehungs- und bildungswissenschaftliches Forschungsprofil, das die Testung von Kompetenzen an der Entwicklung von bildungs- und schultheoretisch ausgewiesenen Items ausrichtet und Zusammenhänge zwischen unterrichtlichen Erziehungs- und Bildungsprozessen und domänenspezifischen Kompetenzentwicklungen untersucht. Dieses Profil ist eine wichtige Brücke zum KESS-Netzwerk, das auf einzigartige Weise in einem deutschen Stadtstaat Bildungs- und Evaluationsforschung mit praxisbegleitender Unterrichts- und Schulforschung sowie Weiterbildung und Schulentwicklung verbindet und dabei eine Vielfalt pädagogischer und erziehungswissenschaftlicher Aspekte berücksichtigt. Wir haben die von uns entwickelten Testinstrumente kostenlos für den Einsatz im KESS-Netzwerk zur Verfügung gestellt und sind dankbar, dass wir aufgrund dieses Einsatzes heute über längsschnittliche Daten verfügen, die die Wirksamkeit des Ansatzes sichtbar machen.

Mein Vortag ist in drei Teile gegliedert.

1. Der erste Teil blickt auf die Umstellung der Bildungspläne in Deutschland von einer bildungstheoretischen auf eine kompetenztheoretische Argumentationsweise zurück und arbeitet an dieser eine bis heute fehlende Abstimmung zwischen Erziehungs- und Bildungs- sowie Unterrichts- und Kompetenzforschung heraus.
2. Der zweite Teil unterscheidet zwischen Bedingungsfeldern und Entscheidungsfeldern der Erziehung und drei Kausalitäten in pädagogischen Interaktionen, die für eine erziehungswissenschaftlich ausgewiesene Bildungsforschung von grundlegender Bedeutung sind.
3. Der dritte Teil beschreibt das Zusammenspiel der drei Kausalitäten, das in Lehr-Lernprozessen über Operationen des Fragens, Zeigens und Antwortens

verläuft, die Hinweise dafür geben, wie Bildung und Kompetenzentwicklung durch Unterricht besser gefördert werden können.

## 1 PISA 2000 und die Folgen

PISA war als eine Erfolgsgeschichte geplant, in der Unterricht aus seiner Bevormundung durch wechselnde bildungstheoretische, darunter auch ideologische Programme befreit und durch Kompetenzmessungen kontrolliert werden sollte. Als Resultat der Umstellung der bis dahin bildungstheoretisch legitimierten Lehrpläne auf kompetenztheoretisch ausgerichtete Pläne wurde ein deutlicher Abbau der sozialen Bildungsbenachteiligung im deutschen Bildungssystem erwartet. Zwanzig Jahre später kann keine der an PISA mitwirkenden Instanzen auf eine wirkliche Erfolgsgeschichte zurückblicken. Das an der Humboldt-Universität angesiedelte IQB berichtet nicht über abnehmende, sondern über steigende Lernstandsdefizite, die durch den Unterrichtsausfall während der Covid-19-Pandemie noch verstärkt werden und auf eine Zunahme der Bildungsbenachteiligung hinweisen. Es drängt sich daher heute die Frage auf, ob ein „Weiter so!", welches das von empirischer Bildungsforschung und Bildungspolitik entwickelte und durch Bildungspläne auf die Planung von Unterricht ausgelegte Kompetenzverständnis nun auch zum Inhalt der Ausbildung für pädagogische Berufe und der Weiterbildung und Professionalisierung von Erziehern, Lehrpersonen und Sozialpädagogen erheben würde, nicht in die Irre führt. Gegen entsprechende Tendenzen formiert sich ein immer breiter werdender Widerstand, der aktuell in Forderungen kulminiert, Output-Evaluationen ganz abzusetzen und in Pädagogik und Erziehungswissenschaft eine qualitative statt quantitative Bildungsforschung zu etablieren, die qualitätssteigernde Rückmeldungen an Lehrende, Schulen, Schulaufsicht, Bildungspolitik und Öffentlichkeit erlaubt.

Darüber, wie eine Bildungsforschung, die ohne Erziehungs-, Bildungs- und Schultheorie auskommt und ihre Kooperationen mit Unterrichtsforschung vorrangig im eigenen Paradigma sucht, mit neuen Aufgaben betraut werden kann, nachdem sie die alten nicht zielführend bearbeitet hat, herrscht derzeit eine weitgehende Ratlosigkeit. Dies zeigte sich schon auf einer Tagung, die Ende 2014 an der Universität Hamburg stattgefunden hat. Auf ihr sollte, durch die Ankündigung gut vorbereitet, eine Auseinandersetzung der empirischen Bildungsforschung mit ihren Kritikern stattfinden, zu der es aber nur ansatzweise kam. In der Veröffentlichung wichtiger Tagungsbeiträge (siehe: Baumert/Tillmann 2017) wird das Anliegen gut begründet, fehlt aber der einzige Vortrag, der die fehlende pädagogische und erziehungswissenschaftliche Abstimmung mit Unterrichtstheorie und -forschung vorzunehmen versuchte und nicht vornehmen konnte. In ihm unterbreitete eine Bildungsforscherin den Vorschlag, weiterhin Kompetenzmessungen an Schulen durchzuführen, dann jedoch Lehrende durch Abstracts und Summarys aus Forschungsberichten über Vorhaben der empirischen Bildungsforschung weiterzubilden und die Wirkungen dieser Maßnahme durch erneute Kompetenzmessungen an von den Lehrenden unterrichteten Schülern zu kontrollieren, die eine positive Wirksamkeit der von empirischer Bildungsforschung entwickelten Erkenntnisse anzeigen würden.

Der Vorschlag eröffnete keinerlei Aussichten für eine tiefergreifende Erörterung der anstehenden Fragen. Schon der Ausgang von Abstracts und Summarys sah keine wirkliche Prüfung der domänenspezifischen Items vor, mit denen empirische Bildungsforschung arbeitet, auch keine Überwindung der Konzentration der Outputmessungen auf sogenannte Kernfächer, durch die in den beiden zurückliegenden Jahrzehnten die ästhetisch-literarische, künstlerische und moralisch-evaluative Grundbildung abgewertet worden sind. Vor allem aber blendete der Vorschlag das Erfordernis einer Erforschung von Zusammenhängen aus, die zwischen der didaktischen Binnenstruktur von Unterricht und der von Lernenden erreichten Kompetenzstände bestehen. Im Folgenden werden drei Zusammenhänge benannt, die an Hand von Summarys und Abstracts aus Arbeiten der empirischen Bildungsforschung nicht thematisiert werden können, deren Klärung aber erforderlich ist, wenn Erkenntnisse darüber gewonnen werden sollen, wie die erziehende, bildende und an Kompetenzen ablesbare Qualität von Unterricht verbessert werden kann.

Als erstes sei die Umstellung der Bildungspläne in Deutschland von bildungstheoretischen auf kompetenztheoretische Normierungen sowie die Einführung von Bildungsstandards genannt. Vergleicht man ältere mit neueren Lehrplänen, so wird ein Paradigmenwechsel erkennbar, der freilich nicht darüber hinweg täuschen kann, dass in bildungstheoretisch orientierten wie an Bildungsstandards ausgerichteten Rahmenplänen zwar durchgängig behauptet wird, die in ihnen gesetzten Bildungs- und Kompetenzziele seien durch Unterricht vermittelbar und würden von Schülerinnen und Schülern auch erreicht, dass diese Aussagen aber durch Outputmessungen nicht verifiziert, sondern eher falsifiziert werden. Dennoch zeigt sich in den neueren Bildungsplänen ein nicht gering zu schätzender Fortschritt. Er darin liegt, dass die bildungstheoretischen Ziele oft so formuliert wurden, dass ihre Erreichbarkeit gar nicht überprüft werden konnte, während die nach 2000 entstandenen Lehrplänen Kompetenzziele verfolgen, die auch dann, wenn man ihre bildungstheoretische Qualität in Zweifel zieht, Möglichkeiten einer empirischen Kontrolle ihrer Vermittelbarkeit eröffnen.

Weithin ungeklärt aber bleibt in älteren wie neueren Rahmenplänen, worauf sich die Vermittelbarkeit der gesetzten Bildungs- und Kompetenzziele gründen soll. Seit dem Strukturplan des deutschen Bildungsrates (1979) wird in Reformplänen die lehrende Seite des Unterrichts immer weniger berücksichtigt und die lernende Seite immer stärker betont. Dabei ist aus dem Blick geraten, dass in unterrichtlichen Lehr-Lernprozessen Bildungsprozesse deshalb durch Lehren unterstützt und gefördert werden müssen, weil sie ohne eine solche Unterstützung gar nicht erreichbar wären. Was in schulischem Unterricht gelernt werden soll, ist durch Lernen aus Erfahrung allein nicht vermittelbar. Und dies ist unabhängig davon der Fall, ob die Zeile als Bildungs- oder Kompetenzziele definiert werden. Inhalte und Kompetenzen wie Schreiben und Lesen, die Anfangsgründe der Mathematik und der Wissenschaften, die Geschichte des eigenen Landes und die anderer Länder, aber auch Leibesbildung, Kunst und Musik sowie neuerdings, verstärkt durch unterbrochene Tradierungen, auch religiöse und ethisch-moralische Bildung sind im unmittelbaren Zusammenleben der Generationen nicht anzueignen und zu vermitteln. Weil sie in einer Einheit von Leben und Lernen nicht tradiert werden können, aber für den Fortbestand moderner Gesellschaften notwendig sind, müssen sie künstlich in Schulen gelehrt und gelernt werden (vgl. die Hinweise in Baumert 2002 auf sich im Leben nicht von selbst erschließende Weltzugänge; siehe auch Benner 2004; 2020, 48–54).

Lehren und Didaktisieren waren also schon vor PISA aus der Mode gekommen. Ihre Bedeutung ist seitdem durch Erziehungswissenschaft, Lehrerausbildung und Bildungspolitik weiter vernachlässigt worden. Die Konzentration der Bildungspläne auf Lernen und Lernstände hat durch die Umstellung von Bildung auf Bildungsstandards und Kompetenzmessungen die Vernachlässigung von Didaktik und Lehren noch weiter verstärkt. Diese Fehlentwicklung muss auf allen Ebenen korrigiert werden. Und zwar nicht dadurch, dass dem Lehren und Unterrichten ein Vorrang vor dem Unterrichtetwerden und Lernen zuerkannt wird, sondern dadurch, dass die lehrende Seite des Unterrichts wieder in ihrer Bedeutung für Lern- und Bildungsprozesse erkannt wird, die auf eine lehrende Unterstützung angewiesen sind (vgl. Gruschka 2014; Biesta 2008; 2017; Uljens 2022).

## 2 Vom Fehlen einer erziehungs-, bildungs- und kompetenztheoretisch ausgewiesenen Erziehungs-, Unterrichts- und Bildungsforschung und drei vernachlässigten Kausalitäten in Lehr-Lernprozessen und pädagogischem Handeln

Über den im ersten Abschnitt angesprochenen Problemen darf allerdings nicht vergessen werden, dass die empirische Bildungsforschung durch den Einsatz des methodischen Verfahrens der Raschskalierung auch dann bedeutende Schritte bei der Ermittlung domänenspezifischer Anforderungsniveaus eingeleitet hat, wenn diese zur Verbesserung der von Lernenden erreichten Kompetenzstände wenig und in bestimmten Domänen sogar gar nichts beigetragen haben. Darum sollte es kein Zurück zu einer rein bildungstheoretisch argumentierenden Didaktik und Schulpädagogik geben, aber auch keine Zukunft, in der Bildungstheorie und Didaktik weiterhin ausgeblendet bleiben und Anforderungen einer pädagogisch und erziehungswissenschaftlich ausgewiesenen Bildungsforschung weiterhin vorrangig psychometrisch definiert werden. Die in aktuellen Diskursen zuweilen vertretene Alternative „Entweder Bildung oder Kompetenz" ist irreführend und falsch. Auf Bildung und bildungstheoretische Orientierungen des Unterrichts kann nicht verzichtet werden, weil die in Schulen zu vermittelnden Kenntnisse und zu fördernden Kompetenzen kein unmittelbares Resultat von Lernen, sondern auf unterrichtliche Lehr-Lernprozesse angewiesen sind. Und auf Kompetenzorientierung und -messungen kann nicht verzichtet werden, weil der Erfolg von Erziehung und Unterricht nicht dem Zufall überlassen werden darf und Bildungsprogramme und Reformen evaluiert werden müssen.

Die Alternative Bildung oder Kompetenz ist auch deshalb irrig, weil Kompetenzen nicht nur entwicklungspsychologisch, sondern vor allem auch bildungstheoretisch definiert werden müssen, nämlich als Resultate bestimmter Blickwendungen, darunter solche vom Eigenen zum Fremden und von dort zu Fragen nach einem Übergreifenden oder Gemeinsamen. In den eingangs genannten Projekten zur ethisch-moralischen Grundbildung und Kompetenz haben wir zeigen können, dass Kohlbergs präkonventionelle, konventionelle und postkonventionelle Stufenfolge moralischer Urteilsentwicklung keine Kompetenzentwicklung, sondern Urteilspräferenzen beschreibt, die allerdings Parallelen zu den von uns ermittelten bildungs- und kompetenztheoretischen Stufen der Beurteilung der eigenen Moral, der Beurteilung von Beziehung zwischen eigener und fremder Moral und der Arbeit an einer öffentlichen Moral aufweist. Wer in unseren raschskalierten Kompetenzmessungen höhere Anforderungsniveaus erreicht, erreicht diese auch in Testungen, die mit den von Kohlberg entwickelten Testinstrumenten durchgeführt werden. Das ändert jedoch nichts daran, dass Kohlbergs präkonventionelle Moralstufe, auf der Kinder aus ängstlicher Abhängigkeit von Bezugspersonen oder heteronomen Instanzen urteilen, parapädagogisch und bei einer klugeregelten Erziehung ebenso wenig nachweisbar ist wie ein kompetentes Urteilen, das sich völlig außerhalb konventioneller Orientierungen auf einer prinzipiellen Stufe bewegt (siehe Benner et al. 2015; Ivanov 2016; vgl. auch Nunner-Winkler 1998; 2007; 2009).

Bildungstheoretisch ausgewiesene Kompetenzmodellierungen haben gegenüber entwicklungslogisch-psychometrischen den Vorteil, dass sie an unterrichtliche Lehr-Lernprozesse anschließbar und für die Planung, Ausführung und Evaluation von Unterricht hilfreich sind. Bildungsprozesse finden niemals nur in Auseinandersetzung mit schon Bekanntem, sondern immer auch über Vertiefungen in Fremdes statt und öffentliche Kompetenzen müssen nicht postkonventionell sein. In jedem Fall gilt es, Kontroversen zu überwinden, in denen Bildung in Opposition zu Kompetenz oder diese in Opposition zu Bildung definiert wird. Vielmehr gilt es, eine erziehungs-, bildungs- und kompetenztheoretisch ausgewiesene Unterrichts- und Bildungsforschung zu entwickeln, die praxistheoretisch relevante Rückmeldungen an pädagogische Praxis, Schulaufsicht und Bildungspolitik erlaubt.

Eine solche Forschung muss zwei in gegenwärtigen Diskursen vernachlässigte oder ausgeblendete Erfordernisse berücksichtigen. Das eine bezieht sich auf die Unterscheidung zwischen Bedingungsfeldern und pädagogischen Kausalitäten. Bedingungsfelder sind Determinanten erziehender und bildender Interaktionen, die sich durch pädagogisches Handeln nur sehr begrenzt verändern lassen. Pädagogische Kausalitäten sind Handlungskausalitäten, auf die Lehrende großen Einfluss haben, weil es sich um Kausalitäten handelt, die von ihrem Handeln ausgehen. Es ist lange her, dass in der Didaktik der Berliner und Hamburger Schule eines Paul Heimann, Gunther Otto und Wolfgang Schulz (1965, 23) und der an sie anschließenden Unterrichtsforschung zwischen anthropogenen und sozial-kulturellen Voraussetzungen und Entscheidungsfeldern des Unterrichts unterschieden und letztere als zentrale Bereiche didaktischen Handelns ausgewiesen wurden. Empirisches Bildungsmonitoring korreliert dagegen Alter, Geschlecht, Schulabschlüsse der Eltern, sozialen Status und Milieu sowie die Anzahl von Büchern zu Hause und vieles andere mehr mit von Schülern erreichten Kompetenzniveaus und blendet den tatsächlichen Unterricht und die Anzahl der stattgefundenen bzw. nicht stattgefundenen Unterrichtsstunden aus und sie vernachlässigt, schlimmer noch, die basalen Handlungskausalitäten, über die Lehren und Lernen im Unterricht verbunden sind. Die Interpretation von Ergebnissen aus Kompetenzmessungen geht korrelationsstatistisch vor und hofft, verlässliche Auskünfte über die Qualität von Lehr-Lernprozessen geben zu können. Das aber ist ohne Erfassung der Handlungskausalitäten in Lehr-Lernprozessen gar nicht möglich (vgl. kritisch Baumert 2016; Benner 2018b; Tenorth 2021/2023).

Man stelle sich einmal vor, in der Medizin würde nicht nach den medizinischen Ursachen bestimmter Krankheiten und Krankheitsverläufe, sondern eine korrelationsstatistische Begleitforschung betrieben, die über den in anthropogenen und sozialen Bedingungsfeldern erhobenen Daten die Erforschung der medizinischen Ursachen vernachlässigt. Der Vergleich ist keineswegs abwegig, denn die Vernachlässigung der Handlungskausalitäten hat in Pädagogik und Erziehungswissenschaft durchaus Tradition und die Hinweise auf eine evidenzbasierte Medizin sind für eine Legitimation dieser Tradition nicht wirklich hilfreich, weil die Medizin die in der empirischen Bildungsforschung vernachlässigten Handlungskausalitäten bei der Evaluation ihrer Operationen und Therapien berücksichtigt und nicht ausblendet.

Erinnert sei hier an das sogenannte Dahrendorf'sche Mädchen vom Lande aus einer katholischen Arbeiterfamilie mit mehreren Kindern, das Ende der 1950er, Anfang der 1960er Jahre alle für Bildungsbenachteiligung signifikanten sozialstatistischen Merkmale auf sich versammelte (Dahrendorf 1955). Wäre dieses Mädchen nicht selten als Studierende an Universitäten anzutreffen gewesen, sondern häufig an bestimmten Krankheiten gestorben, die Medizin hätte alles unternommen, um die medizinischen, nicht durch Geschlecht, Region, Religion usw. definierbaren Ursachen zu finden und geeignete Behandlungskonzepte zu entwickeln. Anders die Pädagogik und weite Teile der Erziehungswissenschaft. Letztere argumentierte korrelationsstatistisch und evidenzbasiert. Sie wies auf bedeutende sozialisationstheoretische Zusammenhänge hin, blendete aber die Kausalitäten und Praktiken pädagogischen Handelns, die von der Erziehungsstilforschung allenfalls gestreift wurden, aus. Ende der 1970er Jahr entwickelte der in Zürich lehrende Philosoph Hermann Lübbe eine beißende Kritik an bestimmten Richtungen emanzipatorischer Erziehung, welche die Außerkraftsetzung varianter Gesetzmäßigkeiten im Bereich der Bedingungsfelder zu ihrem Programm erhoben. Lübbe explizierte dieses an Beispiel des katholischen Mädchens, dessen Bildungsbenachteiligung verschwinden werde, wenn man es nur seiner Religion, seinen Eltern, seiner Heimat und seinen Geschwistern entfremde und einer emanzipatorischen Erziehung in der Stadt zuführe.

Was die Ausbildung für pädagogische Berufe betrifft, ist es heute um die Unterscheidung zwischen Bedingungs- und Handlungsfeldern zuweilen nicht besser als zu Zeiten des katholischen Mädchens vom Lande bestellt, wie sich an einem Vergleich zwischen Ausbildungsgängen für angehende Hebammen und Sozialpädagogen zeigen lässt. Während angehende Hebammen in die Techniken der Geburtshilfe eingeführt werden, lernen angehenden Sozialpädagogen mancherorts, zwischen den von Bourdieu unterschiedenen Kapitalsorten zu unterscheiden, nicht aber durch welche pädagogischen Praktiken und aufgrund welcher pädagogischen Kausalitäten sich soziale Benachteiligung reduzieren oder korrigieren lässt.

Damit sind wir beim zweiten Erfordernis einer bildungs- und kompetenztheoretisch argumentierenden Unterrichts- und Bildungsforschung angelangt, bei den Kausalitäten des pädagogischen Handelns und ihrem Zusammenspiel untereinander sowie mit anderen Kausalitäten in Erziehungs- und Bildungsprozessen. Jede pädagogische Interaktion wird durch drei pädagogische Handlungskausalitäten konstituiert, die nicht mit Korrelationen innerhalb der Bedingungsfelder sowie zwischen diesen Bildungsprozessen identisch sind. Von den drei Handlungskausalitäten geht die erste von pädagogischen Akteuren aus, während die zweite bildenden Wechselwirkungen zwischen Heranwachsenden und Weltinhalten entspringt und die dritte sich immer dann zeigt, wenn Erziehung an ihr Ende gelangt. Die erste lässt sich genauer als edukative Kausalität fassen. Durch sie unterstützen pädagogisch Handelnde Kinder, Schüler und Jugendliche darin, in konkrete Lern- und Bildungsprozesse einzutreten, die – wie z. B. das Erlernen der Schrift, einer fremden Sprache oder der Anfangsgründe der Geometrie – ohne unterrichtliche Unterstützungen gar nicht möglich wären. Die zweite Kausalität geht nicht von Erziehenden, Lehrenden und Sozialarbeitern aus, sondern basiert auf Wechselwirkungen zwischen Lernenden und Welt, in denen beide sich verändern. So wird in der Schule Schrift und Mathematik, Fremdsprache und Naturwissenschaft nie von Lehrpersonen, wohl aber mit deren Unterstützung an Schriftzeichen, mathematischen und sprachlichen Aufgaben und Artikulationen erlernt. Edukative Fremdaufforderungen gehen in bildende Aneignungsprozesse von Weltinhalten über und werden dort, wo diese erfolgreich verlaufen, überflüssig. Wo Heranwachsende ohne weitere pädagogische Unterstützungen zu lernen beginnen, kommt eine dritte Kausalität ins Spiel, die ein Weiterlernen oder auch Umlernen jenseits der Erziehung freisetzt, und darum zu Recht durch den Begriff Kompetenz definiert wird (vgl. Benner 2018a und 2019b; 2020, 65–75).

## 3 Von den Kausalitäten zu den Operationen unterrichtlichen Handelns und ihrer Bedeutung für die Entwicklung einer in Netzwerken wie KESS kooperierenden Praxis-, Unterrichts- und Bildungsforschung

Die Trias von Erziehung, Bildung und Kompetenz ist eine unverzichtbare Trias, die für alles pädagogische Handeln gilt, insbesondere aber für die drei klassischen Formen einer gegenwirkenden und an uneinsichtigem Handeln hindernden, schützenden und disziplinierenden Erziehung, eines erziehenden und bildenden Unterrichts und einer beratenden Erziehung. In der ersten Form zeigen sich Kompetenzen, wenn Heranwachsende gelernt haben, sich selbst zu regieren und zu disziplinieren, sodass sie nicht mehr durch andere vor uneinsichtigen Handlungen bewahrt werden müssen. In der zweiten Form zeigen sich unterrichtlich geförderte Kompetenzen daran, dass Heranwachsende gelernt haben, ohne weitere Unterstützung durch Lehrpersonen Neues zu lernen und mit anderen jenseits der Erziehung über Gelerntes und Zu-Lernendes zu kommunizieren. In der dritten Form kommt es auf Übergänge von Fremd- in Selbstberatung an, in denen sich die Kompetenz zeigt, sich mit sich selbst und mit anderen jenseits der Erziehung beraten zu können.

Jetzt lässt sich auch der erziehungs-, bildungs- und kompetenztheoretische Schlusspunkt der bisherigen Überlegungen benennen. Die drei Kompetenzen lassen sich nicht verschiedenen Fächern zuordnen, sondern sind für erfolgreiche Erziehungs-, Bildungs- und Unterrichtsprozesse in jedem Fach und auch außerhalb des Schulunterrichts bedeutsam. Unterricht ist für künstliche Bildungsprozesse da, in denen vermittelt und angeeignet wird, was im Leben unmittelbar nicht erlernt und tradiert werden kann. Er muss daher überall drei fachliche Teilkompetenzen stärken: erstens die Teilkompetenz eines Wissens, das durch Erfahrung allein nicht lernbar ist, zweitens die Teilkompetenz, dieses Wissen urteilend zu gebrauchen, und drittens die Teilkompetenz, Aufgaben und Probleme reflektierend zu bearbeiten – nicht aber unbedingt auch zu lösen. Angewandt auf den Bereich des Lesen, Schreibens und freien Redens bedeutet dies: der Lese- und Schreibunterricht muss erstens Grundkennnisse der Orthographie vermitteln, nach denen die gesprochene Sprache in die Schriftsprache transformiert wird, zweitens in den sprachlich richtigen, also grammatisch und rhetorisch urteilenden Gebrauch der Schriftsprache einführen sowie drittens die fachliche und zivilgesellschaftliche Kompetenz stärken, in der Schriftsprache darstellend und beschreibend, urteilend und verstehend sowie partizipatorisch kommunizieren zu können. Solche Übergänge dürfen nicht erst mit der Erreichung der Volljährigkeit einsetzen, sondern müssen die gesamte Erziehung begleiten. Erziehung ist nur dort notwendig und erlaubt, wo edukative Gegenwirkungen und Unterstützungen erforderlich sind, um Bildungsprozesse zu unterstützen und vermittelt über die Kompetenzen zu stärken.

Was aber die unterrichtlichen Lehr-Lernprozessen betrifft, gilt es in allen Bereichen von der mathematischen und wissenschaftlichen über die historische und gesellschaftliche bis zur ethisch-moralisch-zivilgesellschaftlichen Grundbildung Grundwissen so zu vermitteln, dass Urteils- und Partizipationskompetenzen entstehen können. Um zu erkennen, wie das geschieht, reichen Outputmessungen nicht aus, sondern müssen die hierfür maßgeblichen Zusammenhänge zwischen didaktischen Kompetenzen von Lehrenden und Kompetenzentwicklungen bei Lernenden erforscht werden. Optimierungen von Outputkompetenzen sind nur im Durchgang durch Erziehungs- und Bildungsprozesse möglich. Eine Bildungsforschung, die die hierfür grundlegenden Zusammenhänge zwischen Lehren und Lernen nicht thematisiert, ist keine erziehungswissenschaftliche Bildungsforschung, kann aber zu einer solchen weiterentwickelt werden. Aber auch umgekehrt gilt, dass eine Weiterentwicklung erziehungswissenschaftlicher und fachdidaktischer Forschung ohne empirische Bildungsforschung nicht gelingen kann (vgl. hierzu die unredlichen Kritiken an dem oben vorgestellten Projekt zur Modellierung und Testung ethisch-moralischer Kompetenz in Martens 2017, 163–207; die Verfasser haben nicht einmal die vorliegenden Projektveröffentlichungen studiert und statt dessen eine der in den Projekten gar nicht eingesetzte Probe-Testaufgabe ohne Angabe der Quelle verwendet).

Im Folgenden ist von didaktischen Operationen und unterrichtlichen Interaktionen die Rede, die im Zentrum von Schulnetzwerken wie KESS, aber auch in aktuellen Diskursen über eine erziehungswissenschaftlich ausgewiesene Unterrichts- und Bildungsforschung stehen. Es wird gefragt und gezeigt, durch welche Operationen Lehr- und Lernprozesse im Unterricht miteinander verbunden werden und wie fachliche Grundkenntnisse so vermittelt und angeeignet werden können, dass bei den Lernenden eine reflektierende Urteils- und Partizipationskompetenz entsteht, die sie fachlich qualifiziert und befähigt, an fachlichen und zivilgesellschaftlichen Diskursen teilzunehmen.

In seinen Studien zu einer operativen Pädagogik hat Klaus Prange immer wieder die didaktische Bedeutung des Zeigens betont und das Zeigen als zentrale Operation des Lehrens ausgewiesen (vgl. Prange 2005; siehe auch Prange / Strobel-Eisele 2006). Vom Zeigen im Unterricht sagte er, es habe eine sachliche, eine soziale und eine temporäre Seite. Die Kunst des zeigenden Lehrens basiert darauf, dass jemand jemandem etwas zu einem Zeitpunkt zu zeigen versteht, zu dem die zeigende Geste vorbereitet, notwendig und hilfreich ist. Dieser von Prange beschriebene Zusammenhang hat mich dazu inspiriert, das Zeigen durch das bis auf Sokrates und Platons Dialoge zurückzuverfolgende lehrende Fragen und ein Antworten zu ergänzen, mit dem Lernende nicht auf ein Gezeigtes, sondern auf lehrendes Fragen und Zeigen antworten (vgl. Benner 2020, 17–21; 222–228).

Die Trias von Fragen, Zeigen und Antworten wendet sich gegen einen Unterricht, in dem Lehrende Fragen stelle, dann Antworten bei Schülerinnen und Schülern abrufen, die falschen nicht berücksichtigen, um ihren Unterricht mit den (oft wenigen) richtigen fortzusetzen. Entsprechende Unterrichtsverläufe oder Zusammenfassungen von Unterricht kommen ohne didaktisches Zeigen aus. Einen solchen Unterricht kann jeder veranstalten, der die Antworten weiß und ein Publikum hat, das an dem Ratespiel mitzuwirken bereit ist. Das ist besonders dann der Fall, wenn die Fragen, wie in Quizsendungen üblich, vorgegeben sind und es nichts gibt, das gelehrt und gelernt werden könnte, und nur ein Sieger ermittelt werden soll. In einem ohne Zeigen auskommenden Unterricht gibt es nur Sieger und Verlierer, im erziehenden und bildenden Unterricht aber werden Kompetenzen nicht einfach abgerufen, sondern gefördert, entwickelt und überprüft.

Die Funktion des Fragens ist nicht die, einen Sieger zu ermitteln, sondern etwas fragwürdig zu machen und Irritationen zu erzeugen, die erfahrbar machen, dass das Vorverständnis von einer Sache nicht schon das Gesuchte ist. Solches Fragen überlässt die, an die die Frage gerichtet wird, nicht sich selbst, sondern bereitet Wendungen des Blicks vor, in denen klar wird, dass es an dieser neben dem, was klar erscheint, auch Ungeklärtes, Nicht-Verstandenes, Zu-Suchendes und erst noch Zu-Erkennendes gibt. Sobald dies erreicht ist, geht das didaktische Fragen in ein didaktisches Zeigen über. Dieses zeigt nicht auf das Richtige und gibt auch keine Antwort, bei der Lehrende vorsagen, was Lernende nachsprechen sollen, sondern zeigt auf etwas, das noch nicht im Blick der Lernenden liegt, aber für die Beantwortung der Frage hilfreich ist. Der die fragwürdig gewordene Sache klärende Prozess muss durch das lehrende Fragen und Zeigen angestoßen, darf aber dadurch nicht schon abgeschlossen werden. Vorsagen ist hier gleichermaßen für Lehrer und Schüler verboten. Die Antworten müssen von den Lernenden kommen und Antworten auf die zuvor fragend und zeugend erzeugte Irritation sein. Nur dann sind sie zugleich Antworten, über die Lernende mit anderen kommunizieren können. Das wechselseitige Fragen, einander Zeigen und Suchen findet nicht mehr in einem von Lehrenden geführten Unterricht, sondern in einer Praxis statt, in der Probleme nicht wie in PISA gelöst, sondern bearbeiten werden. Bildungstheoretisch ausgewiesene Kompetenztestaufgaben sollten darum keine Problemlöseaufgaben, sondern Problembearbeitungsaufgaben sein und zu didaktischen Aufgaben in Beziehung stehen, die im Literatur-, Geschichts- und Kunstunterricht, aber auch im Ethik- und Religionsunterricht in der Regel ohne endgültige Lösungen auskommen.

Eine Unterrichtsforschung, die so strukturierten Unterricht protokolliert und mit Lehrenden analysiert und erforscht, wird herauszufinden suchen, wann innerpädagogische Kausalitäten des Fragens, Zeigens und Antwortens Bildungsprozesse unterstützen und wann sie ins Leere gehen. Ob Fragen, Zeigen und Antworten zielführend zusammenwirken, hängt von vielem ab, nicht nur von der Aufgabenfolge, sondern auch davon, ob nur auf etwas oder auch auf die Wissensform gezeigt wird, in der etwas angeeignet werden soll. Unterrichtsqualität ist methodisch davon abhängig, dass im Fragen, Zeigen und Antworten der Blick auf die Erfahrung und Umgang erweiternden mathematisierenden, interpretierenden, historisierenden und problematisierenden Wissensformen gelenkt wird, die nicht nur den Gegenstand, sondern auch die auf ihn bezogenen Lehr- und Lernprozessen konstituieren. Der Blick der Lernenden muss darum immer auch auf die gegenstandskonstituierende Methode umgelenkt werden. Hier gilt es zu beachten, dass solche Blickwendungen nicht schon aus der gegenstandskonstituierenden Methode folgen, sondern didaktische unterstützte Blickwendungen zu einer den Lernenden nicht von Anfang an bekannten Methode sind.

## 4 Schluss

Die datengestützte Schulbegleitung in KESS ist bei Lehrerinnen und Lehrern angesehen und beliebt, weil in ihr nicht lediglich Outputkompetenzen gemessen und anonymisierte Ergebnisse für Bildungspolitik und interessierte Öffentlichkeit produziert werden. In KESS erhalten Lehrende, aber auch ganze Schulkollegien, Rückmeldungen, welche die Kompetenzstände der Schülerinnen und Schüler im Kontext interpretieren und Hinweise für aus den Kontextvariablen erkennbare Optimierungsmöglichkeiten von Unterricht und Lehr-Lernprozessen geben.

Eine solche Evaluationspraxis geht in eine wissenschaftliche Beratungspraxis über, für die eine Vertraulichkeit der individualisierten Befunde, wie wir sie aus dem medizinischen und rechtlichen Bereich kennen, unverzichtbar ist. Nur eine freiheitliche Gesellschaft, die auch im Erziehungs- und Bildungssystem das demokratische Prinzip der Gewaltenteilung anerkennt, kann eine solche Zusammenarbeit zwischen Schulen, Wissenschaft und Forschung ermöglichen und garantieren.

Die Rückmeldungen der KESS-Erhebungen basieren auf korrelationsstatistischen Auswertungen, die in den Rückmeldungen an Schulen mit didaktischen, erziehungs- und bildungstheoretischen sowie schultheoretischen Fragen der Schulentwicklung und Weiterbildung verbunden werden. In der in KESS stattfindenden Weiterbildung werden Lehrende, Schulkollegien und Schulleitungen nicht als nachgeordnete Instanzen behandelt, sondern als nicht nur an der Unterrichtspraxis, sondern auch an ihrer Optimierung und Erforschung eigenständig Mitwirkende einbezogen und geachtet.

Die hierbei stattfindenden Prozesse verlangen nach einer nicht nur quantitativen, sondern auch qualitativ argumentierenden Unterrichts- und Bildungsforschung, die die Wirksamkeit pädagogischer Handlungsformen und Praktiken beschreibt und untersucht. Für ihre Begründung reicht die übliche Abgrenzung quantitativer und qualitativer Forschung nicht aus, da beide Ausrichtungen derzeit die pädagogischen Handlungsformen weitgehend ausblenden und ihre Kausalitäten vernachlässigen. Ich hoffe, dass meine Überlegungen Anregungen für eine stärkere Einbeziehung pädagogischer Handlungsformen und ihrer Wirkungsweisen geben können und auch für die Weiterentwicklung des KESS-Konzepts hilfreich sind.

In einem im Berliner „Tagesspiegel" am 30. Oktober dieses Jahres erschienenen Interview hat Karin Prien, Ministerin für Bildung, Wissenschaft und Kultur in Schleswig-Holstein und Präsidentin der Kultusministerkonferenz, kürzlich festgestellt, „Nach Pisa ist viel zu wenig passiert" und als Perspektiven für die Zukunft empfohlen: wir brauchen „Kita-Pflicht", „Tablets" und „mehr Lehrkräfte" (Christmann/Vieth). Diese Diagnose ist zugleich richtig und problemverkürzend.

Wir brauchen eine Bildungspolitik, die das Jammern darüber, dass die Kompetenzen im Lesen und Rechnen immer schlechter werden, beendet, ihre einseitige Orientierung an Outputmessungen, die dies konstatieren, aufgibt und sich anspruchsvolleren erziehungs-, bildungs- und kompetenztheoretisch ausgewiesenen Themen und Reformmöglichkeiten zuwendet.

Wir brauchen eine pädagogisch ausgewiesene Erziehungs-, Unterrichts- und Bildungsforschung, die das Zusammenspiel pädagogische Kausalitäten in unterrichtlich gestützten Kompetenzentwicklungsprozessen untersucht und evaluiert.

Und wir brauchen Lehrerinnen und Lehrer, die nicht nur Lernbegleiter, sondern Experten sind, die Unterricht so zu entwerfen, zu analysieren, zu verbessern und auszuwerten verstehen, dass Erfahrung und Umgang der Schülerinnen und Schüler wirklich erweitert und bei diesen reflektierende Lern- und Bildungsprozesse gefördert werden.

Und weil bei alledem die Rede vom „brauchen" und „fordern" wenig hilft, gilt es Netzwerke wie KESS zu erhalten und in ihnen pädagogische Grundlagentheorie und erziehungswissenschaftliche Forschung zusammenzuführen.

# Literatur


Anhalt, E. (2012): Komplexität der Erziehung. Geisteswissenschaft – Modelltheorie – Differenztheorie. Bad Heilbrunn: Klinkhardt.

Ariès, P. (1998): Geschichte der Kindheit. München: dtv.

Aristoteles (1995): Politik. Übersetzt von E. Rolfes. In: Philosophische Schriften in sechs Bänden. Band 4. Darmstadt: Wissenschaftliche Buchgesellschaft.

Baumert, J. (2002): Deutschland im internationalen Bildungsvergleich. In: N. Killius / J. Kluge / L. Reisch (Hrsg.): Die Zukunft der Bildung. Frankfurt a. M.: Suhrkamp, 100–150.

Baumert, J. (2016): Was wissen wir über Unterricht und welche Fragen können wir nicht beantworten? (unveröffentlichter Vortrag vom 10.02.2016)

Baumert, J. / Tillmann, K.-J. (2017) (Hrsg.): Empirische Bildungsforschung. Der kritische Blick und die Antwort auf die Kritiker. Sonderheft der Zeitschrift für Erziehungswissenschaft. Wiesbaden: VS Verlag für Sozialwissenschaften.

Beck, K. (1982): Die Struktur didaktischer Argumentationen und das Problem der Wissenschaftsorientierung des Unterrichts. In: Zeitschrift für Pädagogik 28, 139–154.

Beck, K. (1990): Philosophische Ethik als Basis moralpsychologischer Theoriebildung? In: P. Strittmatter (Hrsg.): Zur Lernforschung: Befunde – Analysen – Perspektiven. Weinheim: Deutscher Studien Verlag, 7–23.

Bellmann, J. (2017): Datengetrieben und/oder evidenzbasiert? Wirkungsmechanismen bildungspolitischer Steuerungsansätze. In: J. Baumert / K.-J. Tillmann: Empirische Bildungsforschung. Der kritische Blick und die Antwort auf die Kritiker. Sonderheft 31 (2017) 147–161.

Bellmann, J. / Müller, T. (2011): Wissen, was wirkt. Kritik evidenzbasierter Pädagogik. Wiesbaden: VS Verlag für Sozialwissenschaften.

Benner, D. (1973/2001): Hauptströmungen der Erziehungswissenschaft. 4. Auflage. Weinheim: Beltz UTB.

Benner, D. (1987/2015): Allgemeine Pädagogik. Eine systematisch-problemgeschichtliche Einführung in die Grundstruktur pädagogischen Denkens und Handelns. 1. Auflage. München: Juventa 1987. 8., überarbeitete Auflage. Weinheim und Basel: Beltz Juventa. Der Band wird nach der 8. Auflage zitiert.

Benner, D. (2000): Die Struktur der Allgemeinbildung im Kerncurriculum moderner Bildungssysteme. Ein Vorschlag zur bildungstheoretischen Rahmung von PISA. In: Zeitschrift für Pädagogik 48 (2002), 68–90.

Benner, D. (2002): Die Struktur der Allgemeinbildung im Kerncurriculum moderner Bildungssysteme. Ein Vorschlag zur bildungstheoretischen Rahmung von Pisa. In: Zeitschrift für Pädagogik, 48, 68–90.

Benner, D. (2003): Zur Rolle der Negativität in Erziehung und Bildung. In: J. Beillerot / Ch. Wulf (Hrsg.): Erziehungswissenschaftliche Zeitdiagnosen. Deutschland und Frankreich. Münster: Waxmann, 239–250.

Benner, D. (2004): Erziehung und Tradierung. Grundprobleme einer innovatorischen Theorie und Praxis der Überlieferung. In: Vierteljahrsschrift für wissenschaftliche Pädagogik 80, 163–181.

Benner, D. (2005): Schulische Allgemeinbildung versus allgemeine Menschenbildung? Von der doppelten Gefahr einer wechselseitigen Beschädigung beider. In: Zeitschrift für Erziehungswissenschaft 8, 563–575.

Benner, D. (Hrsg.) (2005): Erziehung – Bildung – Negativität. Weinheim. Beiheft 49 der Zeitschrift für Pädagogik. Weinheim: Beltz.

Benner, D. (2006): Negative Moralisierung und experimentelle Ethik als zeitgemäße Formen der Moralerziehung. In: A. Hügli/U. Thurnherr (Hrsg.): Ethik und Bildung. Bern: Lang, 83–196.

Benner, D. (2015): Erziehung und Bildung ! Zur Konzeption eines erziehenden Unterrichts, der bildet. In: Zeitschrift für Pädagogik, 61, 48–496. Der Beitrag findet sich in einer überarbeiteten Fassung in diesem Band, 27–40.

Benner, D. (2017): Heilsame Charakterlosigkeit oder Charakterfestigkeit? In: H.-U. Grunder (Hrsg.): Mythen – Irrtümer – Unwahrheiten. Essays über „das Valsche“ in der Pädagogik. Bad Heilbrunn: Klinkhardt, 61–68.

Benner, D. (2018a): Bildung und Kompetenz. Von der kategorialen Bildung zur Kompetenzorientierung unterrichtlichen Lehrens und Lernens? Überlegungen zur Bedeutung von Wolfgang Klafkis Studien zur Bildungstheorie und Didaktik für eine pädagogisch und kompetenztheoretisch ausgewiesene Didaktik, Unterrichts- und Bildungsforschung. In: K.-H. Braun/F. Stübig/H. Stübig (Hrsg.): Pädagogische Reflexion und pädagogisch-politisches Engagement. Wolfgang Klafki weiterdenken. Heidelberg: Springer, 73–91.

Benner, D. (2018b): Über drei Arten von Kausalität in Erziehungs- und Bildungsprozessen und ihre Bedeutung für Didaktik, Unterrichtsforschung und empirische Bildungsforschung. In: Zeitschrift für Pädagogik 64, 107–120. Der Beitrag findet sich in einer überarbeiteten Fassung in diesem Band, 41–52.

Benner, D. (2018c): Der Beitrag der Erziehungswissenschaft zur Bildungsforschung, erörtert aus der Perspektive der Allgemeinen Erziehungswissenschaft und der Erziehungs- und Bildungsphilosophie. In: Erziehungswissenschaft 29, Heft 56, 9–18.

Benner, D. (2019a): Über die eigenlogische Normativität der Erziehung und ihre Bezüge zu anderen Normativitätsansprüchen. In: Vierteljahrsschrift für wissenschaftliche Pädagogik 95, 317–332. Der Beitrag findet sich in einer überarbeiteten Fassung in diesem Band, 15–26.

Benner, D. (2019b): Bildung – Literalität – Kompetenz. Über konkurrierende Interpretationen der pädagogischen Aufgaben der Schule und die Notwendigkeit, neue Verbindungen zwischen Unterrichts- und Bildungsforschung zu entwickeln. In: W. Böttcher/U. Heinemann/B. Priebe (Hrsg.): Allgemeinbildung im Diskurs. Seelze: Friedrich, 75–93.

Benner, D. (2020/2022): Umriss der allgemeinen Wissenschaftsdidaktik. Grundlagen und Orientierungen für Lehrerbildung, Unterricht und Forschung. 1. Auflage. Weinheim und Basel: Beltz Juventa 2020. 2. Auflage. Weinheim und Basel: Beltz Juventa 2022. Der Band wird nach der 2. Auflage zitiert.

Benner, D. (2022a): Über grundlegende pädagogische Unterscheidungen und ihre Bedeutung für erziehungswissenschaftliche Theorieentwicklung und Forschung. In: Bildung und Erziehung 75, Heft 1, 7–23. Der Beitrag findet sich in einer überarbeiteten Fassung in diesem Band, 53–66.

Benner, D. (2022b): Bildungsmedien als Mittler in edukativ unterstützten Bildungsprozessen. Eine Problemskizze aus erziehungs- und bildungstheoretischer sowie didaktischer und kompetenztheoretischer Sicht. In: D. Balcke/J. Benecke/A. Richter/M. Schmid/H. Schulz-Gade (Hrsg.): Bildungsmedien im wissenschaftlichen Diskurs. Festschrift für Eva Matthes zum 60. Geburtstag. Bad Heilbrunn: Klinkhardt, 27–38.

Benner, D. (2023a): Wilhelm von Humboldts Bildungstheorie. Eine problemgeschichtliche Studie zum Begründungszusammenhang moderne Anthropologie, Gesellschaftstheorie und Bildungsreform. 4., vollständig überarbeitete und ergänzte Auflage. Weinheim und Basel: Beltz Juventa.

Benner, D. (2023b): Über Freiheit – im pädagogischen Sinn. In: Paragrana 32, Heft 1, 181–195. Der Beitrag findet sich in einer überarbeiteten Fassung in diesem Band, 69–83.

Benner, D./von Oettingen, A./Peng, Z./Stępkowski, D. (2015): Bildung – Moral – Demokratie. Theorien und Konzepte moralischer Erziehung und Bildung und ihre Beziehungen zu Ethik und Politik. Paderborn: Schöningh.

Benner, D./Brüggen, F. (2004): Bildsamkeit/Bildung. In: D. Benner/J. Oelkers (Hrsg.): Historisches Wörterbuch der Pädagogik. Weinheim: Beltz, 174–215.
Benner, D./Brüggen, F. (2014): Die Bildung pädagogischer Urteils- und Handlungskompetenz als Aufgabe des Pädagogikunterrichts im öffentlichen Schulsystem. In: R. Bolle/J. Schützenmeister (Hrsg.): Die pädagogische Perspektive. Anstöße zur Bestimmung pädagogischer Bildung und Profilierung des Pädagogikunterrichts. Baltmannsweiler: Schneider Verlag Hohengehren, 77–97.
Benner, D./Brüggen, F./Göstemeyer, K.-F. (1982/2009): Heydorns Bildungstheorie. In: C. Bünger/P. Euler/A. Gruschka (Hrsg.): Heydorn lesen! Paderborn: Schöningh, 13–37.
Benner, D./English, A. (2004): Critique and Negativity. Towards the Pluralisation of Critique in Educational Practice, Theory and Research. In: Journal of Philosophy of Education 3, 409–428.
Benner, D./Nikolova, R. (Hrsg.) (2016) Ethisch-moralische Kompetenz als Teil öffentlicher Bildung. Paderborn: Schöningh.
Benner, D./Peng, Z. (2013): Wilhelm von Humboldt und Cai Yuanpei als Bildungstheoretiker und Modernisierer Preußens und Chinas. In: M. Lackner (Hrsg.): Aufklärung im Dialog. Eine deutschchinesische Annäherung. Essen: Stiftung Mercator, 111–145.
Benner, D./Piper, S. (2022): Anmerkungen zu den frühpädagogischen Passagen im Abschlussbericht der Berliner Expertenkommission und in zwei Stellungnahmen zu seinen Empfehlungen, erstellt auf eine Anfrage des Verbands Evangelischer Tageseinrichtungen für Kinder (VETK) im Mai 2022. www.diakonie-portal.de/aktuelles/alle-meldungen/einladung-zur-podiumsdiskussion-perspektiven-vorschulischer-bildung-am-27-april (01.02.2024)
Benner, D./Schieder, R./Schluß, H./Willems, J. gemeinsam mit Nikolova, R./Weiß, T. (2011): Religiöse Kompetenz als Teil öffentlicher Bildung. Versuch einer empirisch, bildungstheoretisch und religionspädagogisch ausgewiesenen Konstruktion religiöser Dimensionen und Anspruchsniveaus. Paderborn: Schöningh.
Benner, D./Stępkowski, D. (2011): Die Höhle als Metapher zur Beschreibung von Bildungsprozessen. Eine Studie zur Transformation von Platons Höhlengleichnis in bildungstheoretischen Diskursen. In: O. Zlatkin-Troitschanskaia (Hrsg.): Stationen empirischer Bildungsforschung. Traditionslinien und Perspektiven. Wiesbaden: Springer, 91–104.
Benner, D./von Oettingen, A./Peng, Z./Stępkowski, D. (2015): Bildung – Moral – Demokratie. Theorien und Konzepte moralischer Erziehung und Bildung und ihre Beziehungen zu Ethik und Politik. Paderborn: Schöningh.
Benner, D./Wunsch, R. (2022): Zehn Thesen zu Ursprung und Pragmatik modernen Pädagogik und Sozialpädagogik. In: neue praxis. Zeitschrift für Sozialarbeit, Sozialpädagogik und Sozialpolitik 52, 345–356.
Berdelmann, K./Fritzsche, B./Rabenstein, K./Scholz, J. (Hrsg.) (2019): Transformationen von Schule, Unterricht und Profession. Erträge praxistheoretischer Forschung. Wiesbaden: Springer.
Berliner Erklärung und Offener Brief gegen eine Verengung des Bildungsdiskurses vom 9.12.2022: https://offenerbriefbildungsforschung.wordpress.com (08.01.2024)
Biesta, G. (2008): Wider das Lernen. Die Wiedergewinnung einer Sprache für Erziehung im Zeitalter des Lernens. Übersetzung aus dem Englischen von J. Bellmann. In: Vierteljahrsschrift für wissenschaftliche Pädagogik 84, 179–194.
Biesta, G. (2017): The Rediscovery of Teaching. New York: Routledge.
Biesta, G. (2019): ‚Bildung' and ‚Erziehung': On the Possibility of a Distinction (and its importance for educational research). www.ucsyd.dk/files/inline-files/Bildung%C2%A0and%20Erziehung%20On%20the%20Possibility%20of%20a%20Distinction.pdf (01.02.2024)
Biesta, G. (2020): Risking Ourselves. In: Education: Qualification, Socialization, and Subjectification Revisited. 16 June 2020. https://doi.org/10.1111/edth.12411 (08.01.2024)

Blankertz, G. (1967): Leitbild und Unterrichtsziel. Methodische Erwägungen unter dem Aspekt didaktischer Neuorientierung. In: Vierteljahresschrift für wissenschaftliche Pädagogik 4, 104–115.

Blankertz, H. (1969/1975): Theorien und Modelle der Didaktik. 1. Auflage. München: Juventa 1969. 9. Auflage. München: Juventa 1975. Der Band wird nach der 9. Auflage zitiert.

Blankertz, H. (1990): Rousseau wechselt die Methode nicht. In: Pädagogische Korrespondenz 7, 5–14.

Blankertz, H. / Mannzmann, A. / Lenzen D. / Ewers, M. (1973): Fachdidaktische Curriculumforschung. Strukturansätze für Geschichte, Deutsch, Biologie. Essen: Neue Deutsche Schule.

Bockrath, F / Franke, E. (2001): Vom sinnlichen Eindruck zum symbolischen Ausdruck – im Sport. Hamburg: Czwalina.

Böhm, W. (2004): Pädagogik. In: D. Benner / J. Oelkers (Hrsg.): Historisches Wörterbuch der Pädagogik. Weinheim und Basel: Beltz, 750–782.

Breinbauer, I. M. (2021): Lernen an den Grenzen unseres Wissens. In: S. Krause / I. M. Breinbauer / M. Proyer (Hrsg.): Corona bewegt – auch die Bildungswissenschaft. Bildungswissenschaftliche Reflexionen aus Anlass einer Pandemie. Bad Heilbrunn, 49–66.

Brinkmann, M. (2009): Fit für PISA? – Bildungsstandards und performative Effekte im Testregime. Vorschläge zur theoretischen und pädagogischen Differenzierung von Bildungsforschung und Aufgabenkultur. In: J. Bilstein / J. Ecarius (Hrsg.): Standardisierung – Kanonisierung. Erziehungswissenschaftliche Reflexionen. Wiesbaden: VS Verlag für Sozialwissenschaften, 97–116.

Brinkmann, M. (2015): Allgemeine Erziehungswissenschaft als Erfahrungswissenschaft. Versuch einer sozialtheoretischen Bestimmung als theoretisch-empirische Teildisziplin. In: Zeitschrift für Pädagogik 61, 527–545.

Brinkmann, M. (2021): Die Wiederkehr des Übens. Praxis und Theorie eines pädagogischen Grundphänomens. Stuttgart: Kohlhammer.

Brinkmann, M. (2020) (Hrsg.): Forschendes Lernen. Pädagogische Studien zur Konjunktur eines hochschuldidaktischen Konzepts. Wiesbaden: Springer VS.

Brinkmann, M. / Tüsting, J. / Weber-Spanknebel, M. (Hrsg.) (2024): Praxen des Erziehens. In Vorbereitung.

Brüggen, F. (1988): Lernen – Erfahrung – Bildung. Über Kontinuität und Diskontinuität im Lernprozess. In: Zeitschrift für Pädagogik 34, 299–314.

Brüggen, F. (2022a): „Was man im allgemeinen unter Erziehung versteht, ist als bekannt vorauszusetzen". Über einen Satz Friedrich Schleiermachers. In: D. Paulus / P. Gollub (Hrsg.): Reise durch die Pädagogik und Bildung. Berlin: Lang, 57–78.

Brüggen, F. (2022b): Bildsamkeit und Mündigkeit. In: C. Püttmann / E. Wortmann (Hrsg.): Handbuch des Pädagogikunterrichts. Stuttgart: UTB, 242–258.

Buck, G. (1969): Lernen und Erfahrung. Zum Begriff der didaktischen Induktion. 2. Auflage. Stuttgart: Kohlhammer.

Comenius, J. A. (1658/1755): Orbis Sensualium pictus. Nürnberg: Joh. Andr. Endtel.

Cortina, K. S. (2015): PIAAC und PISA. Pädagogisch paradoxe Parallelen. In: Zeitschrift für Pädagogik 61, 223–242.

Cortina, K. S. (2016): Kompetenz, Bildung und Literalität. Anmerkungen zum Unbehagen der Pädagogik mit zentralen Konzepten der empirischen Bildungsforschung. In: S. Blömeke / M. Caruso / S. Reh / U. Salaschek / J. Stiller (Hrsg.): Traditionen und Zukünfte. Beiträge zum 24. Kongress der Deutschen Gesellschaft für Erziehungswissenschaft. Opladen: Budrich, 29–28.

Dahrendorf, R. (1965): Arbeiterkinder an deutschen Universitäten. Tübingen: Mohr.

deMause, L. (1980): Hört ihr die Kinder weinen. Eine psychogenetische Geschichte der Kindheit. Frankfurt a. M.: Suhrkamp.

Derbolav, J. (1955/1987): Lehrer- und Schülertum in der Philosophie. In: Geist und Erziehung. Kleine Bonner Festgabe für Theodor Litt, 6–54. Bonn 1955. Zitiert nach: J. Derbolav (1987): Impulse europäischer Geistesgeschichte. Sankt Augustin 1987: Richarz, 1–29.
Derbolav, J. (1966/1970): Das Problem einer philosophischen Grundlegung der Pädagogik. In: R. Wisser (Hrsg.): Integritas. Geistige Wandlung und menschliche Wirklichkeit. Festschrift für K. Holzamer. Tübingen 1966: Wunderlich. Zitiert nach J. Derbolav: Frage und Anspruch. Wuppertal/Kastellaun 1970: Henn, 49–63.
Deutsches PISA-Konsortium (Hrsg.) (2001): PISA 2000. Basiskompetenzen von Schülerinnen und Schülern im internationalen Vergleich. Opladen: Leske + Budrich.
Dewey, J. (1910/2002): Wie wir denken (How we think). In: R. Horlacher/J. Oelkers (Hrsg.): John Dewey: Wie wir denken. Zürich: Pestalozzianum.
Dewey, J. (1916): Democracy and Education. In: J. A. Boydston (Hrsg.): The Middle Works, 1899–1924, Volume 9. Carbondale/Edwardsville: SUP.
Dewey, J. (1916/1964): Democracy and Education. The Middle Works 1899–1924, Vol. 9. Carbondale/Edwardsville: Southern Illinois University Press.
Dewey, J. (1964/1993): Demokratie und Erziehung, dt. von E. Hylla. 3. Auflage. Braunschweig: Westermann 1964. Neu hrsg. von J. Oelkers. Weinheim: Beltz 1993.
DGfE (2023): Erziehungswissenschaftliches Wissen in seiner ganzen Breite repräsentieren. Schreiben an die Vizepräsidentin der Kultusministerkonferenz Senatorin Astrid-Sabine Busse bezüglich der Zusammensetzung der Ständigen Wissenschaftlichen Kommission vom April 2023. www.dgfe.de/fileadmin/OrdnerRedakteure/Stellungnahmen/2023.04_Anschreiben_KMK.pdf (08.01.2024)
Drerup, J./Zulqica y Mugica, M./Yacek, D. (Hrsg.) (2021): Dürfen Lehrer ihre Meinung sagen? Demokratische Bildung und die Kontroverse über Kontroversitätsgebote. Stuttgart: Kohlkammer.
Elternschule (2018): Dokumentarfilm von J. Adolph und R. Bücheler. www.elternschulefilm.de (22.05.2019)
English, A. R. (2013): Discontinuity in Learning. Dewey, Herbart, and Education as Transformation. Cambridge: Cambridge University Press.
English, A. R. (2023): Dewey, existential uncertainty, and non-affirmative democratic education. In: M. Uljens (Hrsg.): Non-Affirmative Theory of education and Bildung, Berlin/New York: Springer.
Erklärung (1978): Herausgegeben vom Vorbereitenden Kreis. In: Mut zur Erziehung. Beiträge zu einem Forum am 9./10. Januar 1978. Stuttgart: Klett-Cotta, 163–165.
Fend, H. (1982): Gesamtschule im Vergleich. Weinheim: Beltz.
Fend, H. (2006): Schule gestalten. Wiesbaden: VS Verlag für Sozialwissenschaften.
Fichte, J. G. (1796): Grundlage des Naturrechts nach Prinzipien der Wissenschaftslehre. In: Ders.: Ausgewählte Werke in sechs Bänden, hrsg. von F. Medicus. Band. 2. Darmstadt: Wissenschaftliche Buchgesellschaft.
Fichte, J. G. (1808): Reden an die deutsche Nation. Ebd. Band 5.
Fink, E. (1960): Menschenbildung – Schulplanung [Begründungstext zum Bremer Plan zur Neugestaltung des Deutschen Schulwesens]. MUND – Material und Nachrichten-Dienst der Arbeitsgemeinschaft Deutscher Lehrerverbände, 11 (Sondernummer Juni), 5–23.
Fink, E. (1970): Metaphysik der Erziehung im Weltverständnis von Plato und Aristoteles. Frankfurt a. M.: Klostermann.
Fink, E. (1979): Grundphänomene des menschlichen Daseins. Aus dem Nachlass hrsg. von E. Schütz und F.-A. Schwarz. München: Alber.
Fischer, W. (1991): Über den Mangel an Skepsis in der Pädagogik. In: W. Fischer/J. Ruhloff (Hrsg.): Skepsis und Widerstreit. Neue Beiträge zur skeptisch-transzendentalkritischen Pädagogik. Sankt Augustin: Academia, 11–28.

Fischer, W. (2004): Sokrates pädagogisch. Hrsg. von J. Ruhloff und C. Schönherr. Würzburg: Königshausen & Neumann.
Fischer, W. / Ruhloff, J. (1993): Skepsis und Widerstreit. Neue Beiträge zur skeptisch-transzendentalkritischen Pädagogik. Stankt Agustin: Akademia.
Flašar, M. M. (2012): Ich nannte ihn Krawatte. Berlin: Wagenbach.
Franke, E. (1978): Theorie und Bedeutung sportlicher Handlungen. Voraussetzungen und Möglichkeiten einer Sporttheorie aus handlungstheoretischer Sicht. Schorndorf: Hofmann.
Giesinger, J. (2010): Die Vereinbarkeit von Willensfreiheit und Erziehung. In: Zeitschrift für Erziehungswissenschaft 13, 421–435.
Grammes, T. (2017): Inwiefern ist der Beutelsbacher Konsens Bestandteil der Theorie politischer Bildung? In: S. Frech / D. Richter (Hrsg.): Der Beutelsbacher Konsens. Bedeutung, Wirkung, Kontroversen. Schwalbach / Ts.: Wochenschau.
Gräsel, C. (2014): Die Praxisrelevanz der empirischen Bildungsforschung. Vortrag auf dem ZfE-Forum „Kritik der empirischen Bildungsforschung" an der Universität Hamburg vom 05./06.12. 2014.
Gruschka, A. (2009): Erkenntnis in und durch Unterricht. Wetzlar: Büchse der Pandora.
Gruschka, A. (2011): Verstehen lehren. Ein Plädoyer für guten Unterricht. Stuttgart: Reclam. 2., erweiterte und aktualisierte Auflage von 2019 unter dem Titel: Erziehen heißt Verstehen lehren.
Gruschka, A. (2014): Lehren. Stuttgart: Kohlhammer.
Gruschka, A. / Kutscha, G. (1983): Berufsorientierung als „Entwicklungsaufgabe" der Berufsausbildung. Thesen und Forschungsbefunde zur beruflichen Identitätsbildung und Kompetenzentwicklung in der Sekundarstufe II. In: Zeitschrift für Pädagogik 29, 877–891.
Haueis, E. / Lösener, H. (2022): Die sprechbare Schrift – Zur Sprachlichkeit des literarischen Lernens im Deutschunterricht. Berlin: Lang.
Hegel, G. W. F. (1811/1971): Gymnasialrede vom 2. September 1811. In: Ders.: Sämtliche Werke, hrsg. v. H. Glockner. Band 3,. Stuttgart: Frommann, 264–280.
Heid, H. (2015): Über Relevanz und Funktion des Fehlerkriteriums. In: M. Garmeier / H. Gruber / T. Hascher / H. Heid (Hrsg.): Fehler. Ihre Funktionen im Kontext individueller und gesellschaftlicher Entwicklung. Münster: Waxmann, 33–51.
Heid, H. / Fink, G. (2004): Begabung. In: D. Benner / J. Oelkers (Hrsg.): Historisches Wörterbuch der Pädagogik. Weinheim: Beltz, 146–152.
Heimann, O. / Otto, G. / Schulz, W. (1965): Unterricht. Analyse und Planung. Hannover: Schroedel.
Helmke, A. (2012): Unterrichtsqualität und Lehrerprofessionalität. Diagnose, Evaluation und Verbesserung des Unterrichts. 4. Auflage. Seelze: Klett-Kallmeyer.
Herbart, J. F. (1804): Über die ästhetische Darstellung der Welt als das Hauptgeschäft der Erziehung. In: Ders.: Pädagogische Schriften, hrsg. von W. Asmus. Band 1. Düsseldorf, München 1964: Küpper, 105–121.
Herbart, J. F. (1806/1965): Allgemeine Pädagogik aus dem Zweck der Erziehung abgeleitet. In: Ders.: Pädagogische Schriften, hrsg. von W. Asmus. Band 2. Düsseldorf und München 1965: Küpper, 9–155.
Herbart, J. F. (1806): Allgemeine Pädagogik aus dem Zweck der Erziehung abgeleitet. Göttingen: Röwer.
Herbart, J. F. (1808): Allgemeine Practische Philosophie. Göttingen: Danckwerts.
Herbart, J. F. (1814/1965): Replik auf Jachmanns Rezension der Allgemeinen Pädagogik. In: Ders.: Pädagogische Schriften in drei Bänden, hrsg. v. W. Asmus. Band 2. Düsseldorf: Küpper, 260–266.
Herrmann, S. (2021): Die geheimnisvolle Macht in unserem Kopf. Süddeutsche Zeitung. Ressort Wissen. 30. September 2021.
Hesiod (1999): Theogonie. Griechisch / Deutsch, übers. u. hrsg. von O. Schönberger. Stuttgart: Reclam.

Heydorn, H.-J. (1969/2004): Zum Verhältnis von Bildung und Politik. In: Ders.: Werke. Band 2. Wetzlar: Büchse der Pandora, 180–236.
Heydorn, H.-J. (1970/2004): Erziehung. In: Ders.: Werke. Band 2. Wetzlar: Büchse der Pandora, 267–288.
Humboldt, W. v. (1792): Ideen zu einem Versuch, die Gränzen der Wirksamkeit des Staats zu bestimmen. In: Werke in fünf Bänden, hrsg. von A. Flitner, K. Giel. Darmstadt 1960–1981. Band 1, 97–254.
Humboldt, W. v. (1809a): Königsberger Schulplan. Ebd. Band 4, 168–187.
Humboldt, W. v. (1809b): Litauischer Schulplan. Ebd. Band 4, 187–195.
Humboldt, W. v. (1812): Ankündigung einer Schrift über die vaskische Sprache und Nation, nebst Angabe des Gesichtspunctes und Inhalts derselben. Ebd. Band 5, 113–126.
Ivanov, S. (2016): Die Validierung des ETiK-Instruments. In: D. Benner/R. Nikolova (Hrsg.): Ethisch-moralische Kompetenz als Teil öffentlicher Bildung. Paderborn: Schöningh, 101–129.
Jacobi, J. (2000): Friedrich Schleiermachers „Idee zu einem Katechismus der Vernunft für edle Frauen“. Ein Beitrag zur Bildungsgeschichte als Geschlechtergeschichte. In: Zeitschrift für Pädagogik 46, 159–173.
Jank, W./Meyer, H. (1991): Didaktische Modelle. Frankfurt a. M.: Cornelsen/Scriptor.
Kaiser, H.-J. (1972/2018): Erkenntnistheoretische Grundlagen pädagogischer Methodenbegriffe. In: P. Menck/G. Thomas (Hrsg.): Unterrichtsmethode. Intuition. Reflexion, Organisation. München: Kösel, 129–144.
Kaiser, H.-J. (1972): Erkenntnistheoretische Grundlagen pädagogischer Methodenbegriffe. In: Ders.: Gesammelte Aufsätze, hrsg. von F. Heß, L. Oberhaus, C. Rolle und J. Vogt. Münster 2018: Lit, 325–342.
Kant, I. (1781/1787): Kritik der reinen Vernunft. 1. und 2. Auflage. In: Ders.: Werke in 6 Bänden, hrsg. von W. Weischedel. Band 2. Darmstadt 1963–1966: Wissenschaftliche Buchgesellschaft.
Kant, I. (1786): Mutmasslicher Anfang der Menschengeschichte. Ebd. Band 6, 83–192.
Kant, I. (1788): Kritik der praktischen Vernunft. Ebd. Band 4, 193–302.
Kant, I. (1803): Über Pädagogik. Ebd. Band 6, 693–761.
Klafki, W. (1963): Studien zur Bildungstheorie und Didaktik. Weinheim: Beltz.
Klieme, E. (2006): Empirische Unterrichtsforschung. Aktuelle Entwicklungen, theoretische Grundlagen und fachspezifische Befunde. Einleitung in den Thementeil. In: Zeitschrift für Pädagogik 52, 765–773.
Kollegstufe NW (1972): Teil 1 Empfehlungen der Planungskommission – Teil 2 Planung der Ausführung des Modellversuchs – Teil 3 Beispiele für Schwerpunktprofile. Ratingen: Henn.
Koller, H.-Ch. (2005): Negativität und Bildung. Eine bildungstheoretisch inspirierte Lektüre von Kafkas „Brief an den Vater“. In: D. Benner (Hrsg.): Erziehung – Bildung – Negativität. Beiheft 49 der Zeitschrift für Pädagogik. Weinheim: Beltz, 136–149.
Koller, H.-C. (2012): Bildung anders denken. Einführung in die Theorie transformatorischer Bildungsprozesse. Stuttgart: Kohlhammer.
König, J. (2015): Thementeil „Kontextualisierte Erfassung von Lehrerkompetenzen“. In: Zeitschrift für Pädagogik 61, 305–389.
Kuhn, A. (2015): Ungleichheit, Teilhabe, Exklusion. Systematische Anfänge der Sonderpädagogik als pädagogischer Theorie und Praxis. Bad Heilbrunn: Klinkhardt.
Kultusminister des Landes Nordrheinwestfalen (1972): Kollegschule – Strukturförderung im Bildungswesen des Landes Nordrhein-Westfalen, Heft 17. Ratingen: Henn.
Kunter, M./Baumert, J./Blum, W./Klusmann, U./Krauss, S./Neubrand, M. (2011): Professionelle Kompetenz von Lehrkräften. Ergebnisse des Forschungsprogramms COACTIV. Münster: Waxmann.
Laux, H. (2017): Habitus oder habits? Die feinen Unterschiede zwischen Bourdieus Praxistheorie und Deweys Pragmatismus. In: D. Dietz/F. Nungesser/A. Pettenkofer (Hrsg.): Pragmatismus und Theorie sozialer Praktiken. Frankfurt a. M./New York: Campus, 163–191.

Litt, T. (1952/1968): Naturwissenschaft und Menschenbildung. 1. Auflage. Heideberg: Quelle & Meyer 1952. 5. Auflage. Heidelberg: Quelle & Meyer 1968.
Marotzki, W. (1990): Entwurf einer strukturalen Bildungstheorie. Biographietheoretische Auslegung von Bildungsprozessen in hochkomplexen Gesellschaften. Weinheim: Deutscher Studien Verlag.
Martens, E. (Hrsg.) (2017): Empirie und Erfahrung im Philosophieunterricht. Hannover: Siebert.
Matthes, E. (2011): Lehrmittel und Lehrmittelforschung in Europa. Einleitung in das Thema. In: Bildung und Erziehung 64, 1–5.
Maywald, J. (2018): Kinderrechte – Der Kinderrechtsansatz in der Kinder- und Jugendhilfe. In: K. Böllert (Hrsg.): Kompendium Kinder- und Jugendhilfe. Wiesbaden: Springer, 967–990.
Meijer, W. A. J. (1985): The Concept of Education in Contemporary Dutch Philosophy of Education. In: Journal of Philosophy of Education 19, 81–90.
Messner, R. (2003): PISA und Allgemeinbildung. In: Zeitschrift für Pädagogik 49, 400–412.
Messner, R. (2016): Bildungsforschung und Bildungstheorie nach PISA – ein schwieriges Verhältnis. In: J. Baumert/K.-J. Tillmann (Hrsg.): Empirische Bildungsforschung. Der kritische Blick und die Antwort auf die Kritiker. 19. Sonderheft der Zeitschrift für Erziehungswissenschaft. Heidelberg: Springer, 23–44.
Meyer-Drawe, K. (1986): Lernen als Umlernen. Zur Negativität des Lernprozesses. In: W. Lippitz/ K. Meyer-Drawe (Hrsg.): Lernen und seine Horizonte. Frankfurt a. M.: Scriptor, 19–45.
Meyer-Drawe, K. (2000): Illusionen von Autonomie. Diesseits von Ohnmacht und Allmacht des Ich. 2. Auflage. München: Kirchheim.
Meyer, H./Junghans, C. (2022): Unterrichtsmethoden. Theorieband. 20., komplett überarbeitete Neuauflage. Berlin: Cornelsen.
Mitgutsch, K. (2009): Lernen durch Enttäuschung. Eine pädagogische Skizze. Wien: Braumüller.
Möllers, C. (2015): Die Möglichkeit der Normen. Über eine Praxis jenseits von Moralität und Kausalität. Berlin: Suhrkamp.
Christmann, K./Vieth, S. (2022): „Nach Pisa ist viel zu wenig passiert". Kita-Pflicht, Tablets. Mehr Lehrkräfte: Karin Prien, Präsidentin der Kultusministerkonferenz, über Wege aus der Bildungsmisere. In: Der Tagesspiegel Sonntag, 30. Oktober 2022/Nr. 25058, 3.
Nikolova, R. (2017): Die bildungswissenschaftliche Konzeption der Projekte ETiK und KERK. Habilitationsschrift. Kultur-, Sozial- und Bildungswissenschaftlichen Fakultät der Humboldt-Universität zu Berlin.
Nunner-Winkler, G. (1998): Zum Verständnis von Moral – Entwicklungen in der Kindheit. In: F. E. Weinert (Hrsg.): Entwicklung im Kindesalter. Weinheim: Beltz, 133–152.
Nunner-Winkler, G. (2007): Moralentwicklung. In: M. Hasselhorn/W. Schneider (Hrsg.): Handbuch der Entwicklungspsychologie. Göttingen: Hogrefe, 315–325.
Nunner-Winkler, G. (2009): Prozesse moralischen Lernens und Entlernens. In: Zeitschrift für Pädagogik 55, 528–548.
Oelkers, J. (2003): Wie man Schule entwickelt. Eine bildungspolitische Analyse nach PISA. Weinheim: Beltz.
Oser, F. (1998): Negative Moralität und Entwicklung – Ein undurchsichtiges Verhältnis. In: Ethik und Sozialwissenschaften. Streitforum für Erwägungskultur 9, 597–608.
Otto, B. (1919): Etwas von Religionsunterricht und Toleranz. In: D. Benner/H. Kemper (Hrsg.): Quellentexte zur Theorie und Geschichte der Reformpädagogik. Teil 2. Weinheim 2001: Beltz . Deutscher Studien Verlag, 182–186.
Peng, T. (2018): Ethisch-moralische Kompetenzmessungen in China. Eine vergleichende Studie im Rahmen des Projekt ETiK-International-Shanghai. Berlin: Lit.
Peng, Z. (2017): Über Lernen und Sorge in Traditionen des Konfuzianismus. In: Zeitschrift für Pädagogik 63, 476–490.

Peng, Z./Benner, D./Nikolova, R./Ivanov, S./Peng, T. (2021): Ethical and Moral Competences of Upper Secondary Students: A Comparative Study. In: ECNU Review of Education 4, Heft 4, 686–706.

Petersen, P. (1924): Allgemeine Erziehungswissenschaft. Berlin und Leipzig: de Gruyter.

Petzelt, A. (1962): Von der Frage. Eine Studie zum Begriff der Bildung. 2., überarbeitete Auflage. Freiburg i. Br.: Lambertus.

Petzelt, A. (1963): Wissen und Haltung. Eine Untersuchung zum Begriff der Bildung. Freiburg i. Br.: Lambertus.

Petzelt, A. (1967): Über das Lernen. In: A. Petzelt/W. Fischer/M. Heitger (Hrsg.): Einführung in die pädagogische Fragestellung. Ansätze zur Theorie der Bildung. Teil 1. Freiburg i. Br.: Lambertus, 73–92.

Peukert, H. (1998): Zur Neubestimmung des Bildungsbegriffs. In: M. A. Meyer/A. Reinartz (Hrsg.): Bildungsgangdidaktik. Denkanstöße für pädagogische Forschung und schulische Praxis. Opladen: Leske + Budrich, 17–29.

Pico della Mirandola, G. (1496): De hominis dignitate. Über die Würde des Menschen. Lateinisch-deutsche Ausgabe, hrsg. und übers. von G. von der Gönna. Stuttgart 1997: Reclam.

Piper, S. (2018): Kindheitspädagogik auf dem Prüfstand. Umrisse einer allgemeinen Theorie frühkindlicher Erziehung und Bildung. Berlin: Springer.

Platon: Politeia/Der Staat. In: Werke in acht Bänden. Griechisch/Deutsch, in der Übers. von F. Schleiermacher. Band 4. Darmstadt: Wissenschaftliche Buchgesellschaft.

Platon: Protagoras. Ebd. Band 1, 83–217.

Popper, K. R. (1973): Logik der Forschung [1935]. Tübingen: Mohr.

Prange, K. (2000): Plädoyer für Erziehung. Baltmannsweiler: Schneider Verlag Hohengehren.

Prange, K. (2005): Die Zeigestruktur der Erziehung. Grundriss einer operativen Pädagogik. Paderborn: Schöningh.

Prange, K. (2010): Die Ethik der Pädagogik. Zur Normativität erzieherischen Handelns. Paderborn: Schöningh.

Prange, K./Strobel-Eisele, G. (2006): Die Formen des pädagogischen Handelns. Eine Einführung. Stuttgart: Kohlhammer.

Ramseger, J. (2023): So viele Daten und so wenig Orientierung. Eine kritisch-konstruktive Sichtung aktueller grundschulpädagogischer Forschungsbeiträge. In: M. Haider/R. Böhm/S. Gebauer/C. Gößinger/M. Munser-Kiefer/A. Rang: Nachhaltige Bildung in der Grundschule. Bad Heilbrunn: Klinkhardt, 43–53.

Reh, S. (2013): Häuslicher Fleiß und Klassenlektüre. Ideen zu einer Geschichte der Praktiken des Fachunterrichts. Antrittsvorlesung vom 04.12.2013 an der Humboldt-Universität zu Berlin.

Reinmann, G. (2018): Shift from Teaching to Learning und Constructive Alignment. Zwei hochschuldidaktische Prinzipien auf dem Prüfstand. In: Impact free, 1–11.

Reusser, K./Pauli, C. (2013): Verständnisorientierung in Mathematikstunden erfassen. In: Zeitschrift für Pädagogik 59, 308–335.

Reyer, J. (2015): Die Bildungsaufträge des Kindergartens. Geschichte und aktueller Status. Weinheim und Basel: Beltz Juventa.

Ritter (1798): Kritik der Pädagogik zum Beweis der Notwendigkeit einer allgemeinen Erziehungs-Wissenschaft. In: Philosophisches Journal einer Gesellschaft Teutscher Gelehrten 8, Heft 1, 47–85.

Ritter, J. (1961): Die Aufgabe der Geisteswissenschaften in der modernen Welt. Münster: Aschendorff.

Ritzer, G./Breinbauer, I. M./Schluß, H./Krobath, T. (2016): ETiK International Wien: Ethikunterricht und Religionsunterricht in Österreich: Forschungsfragen, Ansatz und Befunde. In: D. Benner/R. Nikolova (Hrsg.): Ethisch-moralische Kompetenz als Teil öffentlicher Bildung. Paderborn: Schöningh, 219–228.

Röber, C. (2011a): Die Leistungen der Kinder beim Lesen- und Schreibenlernen: Grundlagen der Silbenanalytischen Methode. Ein Arbeitsbuch mit Übungsaufgaben. Baltmannsweiler: Schneider Verlag Hohengehren.

Röber, C. (2011b): Ermittlung rechtschreiblicher Kompetenz. In: U. Bredel/T. Reißig (Hrsg.): Weiterführender Orthographieerwerb. Deutschunterricht in Theorie und Praxis. Band 5. Baltmannsweiler: Schneider Verlag Hohengehren, 509–545.

Rousseau, J.-J. (1762/1779): Emile oder Von der Erziehung. In der deutschen Erstübertragung von 1762. Emile und Sophie oder Die Einsamen. München 1979: Winkler.

Rousseau, J.-J. (1776–1778): Träumereien eines einsamen Spaziergängers. In der Übersetzung von U. Bossier. Stuttgart: Reclam.

Rousseau, J.-J. (1966): Der Gesellschaftsvertrag. Contrat social [1762]. In der verbesserten Übersetzung von H. Denhardt. Hrsg. von H. Weinstock. Stuttgart: Reclam.

Rucker, T. (2014): Komplexität der Bildung. Beobachtungen zur Grundstruktur bildungstheoretischen Denkens in der (Spät-)Moderne. Bad Heilbrunn: Klinkhardt.

Rucker, T. (2021a): Erziehung zur Moralität in einer komplexen Welt. In: Zeitschrift für Erziehungswissenschaft 24, 1573–1593.

Rucker, T. (2021b): Moderne Gesellschaft, nichtaffirmative Erziehung und das Problem der Kontroversität. In: Pädagogische Rundschau 75, 135–156.

Ruhloff, J. (1991): Widerstreit – eine architektonische Konstante im Aufbau der Pädagogik. In: W. Fischer/J. Ruhloff (Hrsg.): Skepsis und Widerstreit. Neue Beiträge zur skeptisch-transzendentalkritischen Pädagogik. Sankt Augustin: Academia, 81–95.

Ruhloff, J. (1996): Bildung im problematisierenden Vernunftgebrauch. In: M. Borrelli/J. Ruhloff (Hrsg.): Deutsche Gegenwartspädagogik. Band 2. Baltmannsweiler: Schneider Verlag Hohengehren, 148–157.

Ruhloff, J. (2015): Anfänge der Bildungs- und Erziehungsphilosophie in der Antike. In: Enzyklopädie Erziehungswissenschaft. Weinheim und Basel: Beltz Juventa.

Sauer (1798): Über das Problem der Erziehung. In: Philosophisches Journal einer Gesellschaft Teutscher Gelehrten 8, Heft 3, 264–290.

Schäffter, O. (2006): Lernen in der Zivilgesellschaft – aus der Perspektive der Erwachsenenbildung. In: H. Voesgen (Hrsg.): Brückenschläge. Neue Partnerschaften zwischen institutioneller Erwachsenenbildung und bürgerschaftlichem Engagement. Bielefeld: Bertelsmann, 21–33.

Schelsky, H. (1961): Der Mensch in der wissenschaftlichen Zivilisation. Zitiert nach: Ders.: Auf der Suche nach der Wirklichkeit. Gesammelte Aufsätze zur Soziologie der Bundesrepublik. München 1979: Goldmann, 449–499.

Schilling, J. (1998): Didaktik/Methodik der Sozialpädagogik/Sozialen Arbeit. In: B. Bonz/B. Ott (Hrsg.): Fachdidaktik des beruflichen Lernens. Stuttgart: Steiner, 242–267.

Schleiermacher, F. (~1800): Idee zu einem Katechismus der Vernunft für edle Frauen. In: Kritische Gesamtausgabe. Erste Abteilung. Schriften und Entwürfe. Band 2. Berlin 1984: de Gruyter, 153–154.

Schleiermacher, F. (1826): Vorlesungen des Jahres 1826. Grundzüge der Erziehungskunst. In: Ders.: Texte zur Pädagogik, hrsg. von M. Winkler/J. Brachmann. Band 2. Frankfurt a. M. 2000: Suhrkamp.

Schmahl, S. (2017): Kinderrechtskonvention mit Zusatzprotokollen – Handkommentar. 2. Auflage. Baden-Baden: Nomos.

Schmied-Kowarzik, W. (1974): Dialektische Pädagogik. München: Kösel.

Schmied-Kowarzik, W. (2008): Das dialektische Verhältnis von Theorie und Praxis in der Pädagogik. Kasseler Philosophische Studien – Neue Folge 1. Kassel: University Press.

Schönrock, N.-C. (2018): Film „Elternschule“. Staatsanwaltschaft stellt Ermittlungen gegen Kinderklinik Gelsenkirchen ein. https://web.de/magazine/panorama/film-elternschule-staatsanwaltschaft-ermittelt-kinderklinik-33268530 (22.05.2019)

Schulze, T. (2001): Die außerordentliche Tatsache des Lernens. In: Oldenburger Universitätsreden.

Schütz, E. (1992): Humanismuskritik und Humanitätskrise. Eine Exposition. In: Erziehungswissenschaft zwischen Modernisierung und Modernitätskrise. Beiträge zum 13. Kongress der Deutschen Gesellschaft für Erziehungswissenschaft. Weinheim: Beltz, 141–149.

Schwemmer, O. (2005): Kulturphilosophie. Eine medientheoretische Grundlegung. München: Fink.

Ständige Wissenschaftliche Kommission (2022): Präsentation der Perspektiven für die Grundschule am 21. Dezember 2022. www.youtube.com/watch?v=0H6MRiWmlaw (08.01.2024)

Stępkowski, D./Ivanov, S./Ksionek, A. (2016): ETiK-International-Warschau: Religions- und Ethikunterricht in Polen: Forschungsfragen, Ansatz und Befunde der Validierungsstudie. In: D. Benner/R. Nikolova (Hrsg.): Ethisch-moralische Kompetenz als Teil öffentlicher Bildung. Paderborn: Schöningh, 204–218.

Su, H./Bellmann, J. (2023): Pedagogical experimentalism and the principle of verification. A quest for non-affirmative educational research. In: M. Uljens (Hrsg.): Non-Affirmative Theory of education and Bildung. Berlin und New York: Springer.

Sünkel, W. (2002): Phänomenologie des Unterrichts. Grundriss einer theoretischen Didaktik. 2. Auflage. Weinheim und München. Juventa.

Sünkel, W. (2008): Protopädie und Pädeutik. Über eine notwendige Differenzierung im Erziehungsbegriff. In: W. Marotzki/L. Wigger (Hrsg.): Erziehungsdiskurse. Bad Heilbrunn: Klinkhardt, 15–28.

Tenorth, H.-E. (2002): Apologie einer paradoxalen Technologie – Über Status und Funktion von „Pädagogik“. In: W. Böhm (Hrsg.): Pädagogik – wozu und für wen?) Stuttgart: Klett-Cotta, 70–99.

Tenorth, H.-E. (2004): Stichwort „Grundbildung“ & „Basiskompetenzen“. Herkunft, Bedeutung und Probleme im Kontext allgemeiner Bildung. In: Zeitschrift für Erziehungswissenschaft 7, 169–182.

Tenorth, H.-E. (2011): ‚Bildung‘ – ein Thema im Dissens der Disziplin. Vortrag vom 01.06. anlässlich der Verleihung der Ehrendoktorwürde durch die Fakultät für Philosophie und Erziehungswissenschaft der Ruhr-Universität Bochum. In: Zeitschrift für Erziehungswissenschaft 14, 351–362.

Tenorth, H.-E. (2021/2023): Von Humboldt lernen … ein Plädoyer für bildungstheoretische Bildungsforschung. In: M. Brinkmann/S. Kipf/R. Mattig (Hrsg.) (2023): Wilhelm von Humboldt: Kulturwissenschaftliche Forschung zwischen Praxis, Theorie und Empirie der Bildung. Weinheim und Basel: Beltz Juventa, 17–37.

Tenorth, H.-E. (2023): Bildungsforschung – vernachlässigte Aspekte ihrer Geschichte am Beispiel der Theoriearbeit von Wolfgang Edelstein. In: Zeitschrift für Erziehungswissenschaft. https://doi.org/10.1007/s11618-023.01212-5 (08.01.2024)

Terhart, E. (2014): Empirische Bildungsforschung – eine Erfolgsgeschichte? Vortrag auf dem Kolloquium zur Verabschiedung von Prof. Dr. F. Brüggen „Bildungswissenschaften ohne Bildungstheorie?“ am 10. 10. 2014.

Tomasello, M. (2011): Die Ursprünge der menschlichen Kommunikation. Frankfurt a. M.: Suhrkamp.

Tomasello, M. (2014): Eine Naturgeschichte des menschlichen Denkens. Frankfurt a. M.: Suhrkamp.

Trabant, J. (2016): Rezension zu Michael Tomasello. Eine Naturgeschichte des menschlichen Denkens. In: Zeitschrift für Rezensionen zur germanistischen Sprachwissenschaft. https://doi.org/10.1515/zrs-2015-0034 (08.01.2024)

Uljens, M. (Hrsg.) (2022): Non-Affirmative Theory of education and Bildung. Berlin und New York: Springer.

Vogel, P. (1990): Kausalität und Freiheit in der Pädagogik. Frankfurt a. M.: Lang.

Walzer, M. (2006): Sphären der Gerechtigkeit. Ein Plädoyer für Pluralität und Gleichheit. Frankfurt a. M.: Campus.

Wehling, H.-G. (1976): Der Beutelsbacher Konsens. In: S. Schiele/H. Schneider (Hrsg.): Das Konsensproblem in der politischen Bildung, 179. Stuttgart 1977: Klett.

Wulf, C. (2001): Einführung in die Anthropologie der Erziehung. Weinheim und Basel: Beltz.

Wulf, C. (2022): Dankesworte anlässlich der Verleihung der Ehrenmitgliedschaft der DGfE (unveröffentl. Ms.).

Wulf, C./Zirfas, J. (Hrsg.) (1994): Theorie und Konzepte der pädagogischen Anthropologie. Donauwörth: Auer.

Zedler, P. (2011): Vom Verschwinden der „Erziehung" aus der Erziehungswissenschaft. Zum Nebeneinander von (Erziehungs-)Philosophie und sozialwissenschaftlicher Forschung. In: J. Breithausen/F. Caputo (Hrsg.): Pensiero critico. Scritti internazionali in onore di Michele Borrelli. Cosenza: Pellegrini, 319–347.

**Nachweise der Erstveröffentlichungen**

*S. 15–26:* Über die eigenlogische Normativität der Erziehung und ihre Bezüge zu anderen Normativitätsansprüchen. In: Vierteljahrsschrift für wissenschaftliche Pädagogik 95 (2019), 317–332.

*S. 27–40:* Erziehung und Bildung ! Zur Konzeptualisierung eines erziehenden Unterrichts, der bildet. In: Zeitschrift für Pädagogik 61 (2015), 481–496.

*S. 41–52:* Über drei Arten von Kausalität in Erziehungs- und Bildungsprozessen und ihre Bedeutung für Didaktik, Unterrichtsforschung und empirische Bildungsforschung. In: Zeitschrift für Pädagogik 64 (2018), 107–120.

*S. 53–66:* Über grundlegende pädagogische Unterscheidungen und ihre Bedeutung für erziehungswissenschaftliche Theorieentwicklung und Forschung. In: Bildung und Erziehung 75 (2022), 7–23.

*S. 69–83:* Über Freiheit – im pädagogischen Sinn. In: Paragrana. Band 32 (2023), 181–195.

S. 84–99: Lehren als didaktische Praktik der Erziehung. Gekürzte Fassung des gleichnamigen Beitrags, der in dem von M. Brinkmann, J. Tüsting und M. Weber-Spanknebel herausgegebenen Band zu den Praxen des Erziehens erscheinen wird.

*S. 100–115:* Miteinander-Streiten – eine unverzichtbare Praktik der Erziehung? In: Pädagogische Korrespondenz 68 (2023), 72–90.

*S. 119–127:* Der Beitrag der Erziehungswissenschaft zur Bildungsforschung. Überarbeitete Fassung von: Der Beitrag der Erziehungswissenschaft zur Bildungsforschung, erörtert aus der Perspektive der Allgemeinen Erziehungswissenschaft und der Erziehungs- und Bildungsphilosophie. In: Erziehungswissenschaft 29 (2018), Heft 56, 9–18.